Die Märchentruhe

110 Märchen gesammelt von Vilma Mönckeberg-Kollmar
Mit 11 Bildern gemalt von Lilo Fromm

Ellermann Verlag

6. Auflage 1987
© 1968 Verlag Heinrich Ellermann, München
Alle Rechte, auch der photomechanischen Vervielfältigung
und des auszugsweisen Nachdrucks, vorbehalten
ISBN 3-7707-6036-0
Printed in Germany

Kleinkindergeschichten

Der Schnee

In alten Zeiten hat der Schnee gar keine Farbe gehabt und hat so gern eine Farbe haben wollen. Da geht er hin und bittet das Gras, es soll ihm seine Farbe geben. Das Gras lacht ihn aber höhnisch aus und sagt, er soll man weitergehen.

Da geht er hin und bittet das Veilchen, das soll ihm seine Farbe geben. Das Veilchen lacht ihn auch aus und sagt: »Geh man weiter.« Da bittet er die Rose. Die Rose will aber auch nicht. Da geht er die Reihe herum zu allen anderen Blumen, aber die wollen nichts von ihm wissen und lachen ihn alle was aus.

Zuletzt kommt er zu dem Schneeglöckchen. Das Schneeglöckchen will erst auch nicht. Da wird der Schnee ganz traurig und sagt: »Dann geht mir das ja geradeso wie dem Wind. Der hat auch keine Farbe und brüllt und bläst bloß. Den kann auch niemand sehen.« Da erbarmt sich das Schneeglöckchen und gibt ihm seine Farbe. So ist der Schnee weiß geworden.

Seither ist der Schnee all den anderen Blumen gram und läßt sie erfrieren. Bloß das Schneeglöckchen, das friert nie, das schont der Schnee.

7

Was die Äffchen sagen
Ein indianisches Märchen

Die Äffchen, die kleinen Schwarzmäuler, sitzen nachts dicht aneinandergekauert auf den Palmblättern und schlafen. Wenn es regnet, frieren sie, und ihre Jungen schreien und wimmern vor Kälte. Und die Affenmütter weinen auch. Dann sagen die Affenväter: »Morgen bauen wir uns ein Haus!« Und alle sagen: »Ja, morgen!« Morgens aber scheint die Sonne, und es ist warm, und die Affenjungen springen vergnügt von Baum zu Baum. Dann sagen die Affenväter: »Wollen wir jetzt das Haus bauen?« Der eine antwortet: »Ich will erst noch essen.« Der andere sagt: »Ich auch.« Schließlich essen sie den ganzen Tag und denken nicht mehr an das Haus. Nachts aber, wenn es regnet und sie frieren, dann fällt es ihnen wieder ein, und sie sagen: »Morgen müssen wir ganz gewiß unser Haus bauen«, und so machen sie es alle Tage.
Morgen, morgen, nur nicht heute, sagen alle faulen Leute.

Die Unke

Unke ruft: »Huhu, huhu.« Kind spricht: »Komm herut.« Die Unke kommt hervor, da fragt das Kind nach seinem Schwesterchen: »Hast du Rotstrümpfchen nicht gesehen?« Unke sagt: »Ne, ik og nit: wie du denn? Huhu, huhu, huhu.«

Die alte Bettelfrau

Es war einmal eine alte Frau — du hast wohl ehe eine alte Frau sehn betteln gehn? Diese Frau bettelte auch, und wenn sie etwas bekam, dann sagte sie: »Gott lohn Euch.« Die Bettelfrau kam an die Tür, da stand ein freundlicher Schelm von Jungen am Feuer und wärmte sich. Der Junge sagte freundlich zu der armen alten

Frau, wie sie so an der Tür stand und zitterte: »Kommt, Altmutter, und erwärmt Euch.« Sie kam herzu, ging aber zu nahe ans Feuer, daß ihre alten Lumpen anfingen zu brennen, und sie ward's nicht gewahr. Der Junge stand und sah das; er hätt's doch löschen sollen? Nicht wahr, er hätte löschen sollen?

Und wenn er kein Wasser gehabt hätte, dann hätte er alles Wasser in seinem Leibe zu den Augen herausweinen sollen, das hätte so zwei hübsche Bächlein gegeben zu löschen.

Die drei kleinen Hühnchen

In Frankreich erzählen sie:

Es waren einmal drei kleine Hühnchen, welche der Vater und die Mutter aus dem Hause gejagt hatten: ein weißes, ein schwarzes und ein rotes. Nachdem sie eine Weile geweint hatten, sagten sie zueinander: »Was sollen wir machen?« Sie gingen auf Abenteuer aus und wanderten weit, weit, weit davon. Nachdem sie eine Zeitlang gewandert waren, fanden sie einen großen Steinhaufen. Sie machten halt und sagten zueinander: »Wenn wir mit diesen Steinen eine kleine Hütte bauen würden?« Gesagt, getan; sie machten sich an die Arbeit. Als die Hütte fertig war, sagte das rote Hühnchen, welches das schlauste war: »Ich will versuchen, ob sie gut schließt.« Es schloß sich ein und wollte den andern nicht öffnen. Das schwarze und das weiße Hühnchen sahen, daß hier auf keine Barmherzigkeit zu hoffen sei, und gingen weiter.

Sie fanden einen anderen Steinhaufen und sagten zueinander: »Wenn wir eine kleine Hütte bauen würden?« Gesagt, getan; sie machten sich an die Arbeit. Als die Hütte fertig war, sagte das schwarze: »Ich will versuchen, ob sie gut schließt!« Es schloß sich ein und wollte dem weißen nicht öffnen.

Das arme weiße ging unter Tränen davon; es begann zu laufen, aber das nützte nicht, nirgends fand es etwas. Die Nacht überraschte es, da hielt es inne und weinte. »Ach, was soll aus mir werden?« Im gleichen Augenblick bemerkte es eine schöne Frau, welche zu ihm sprach: »Was machst du da, liebes kleines Hühnchen? Warum weinst du?« Das kleine Hühnchen erzählte ihr, was geschehen war. Die schöne Frau aber war die heilige Jungfrau, sie sagte zu ihm: »Weine nicht mehr, du wirst eine schönere Hütte bekommen als deine Schwestern. Aber behalte gut in acht, was ich dir sage: Wenn jemand an deine Türe klopft, so darfst du nicht öffnen, denn es möchte der Wolf sein, der dich fressen will.« Mit diesen Worten verschwand die heilige Jungfrau, und an ihrer Stelle stand ein schönes Schloß.

Der Wolf kam zur Hütte des kleinen roten Hühnchens und sagte zu ihm: »Mach mir auf!« Das kleine Hühnchen antwortete: »Nein, nein, nein, du bist der Wolf, du würdest mich fressen!« Der Wolf sagte zu ihm: »Ich werde trampeln und trampeln, bis deine Hütte einbricht!«

Das kleine Hühnchen erwiderte: »Du magst trampeln und trampeln, meine Hütte wird nicht einbrechen!« Er trampelte und trampelte, die Hütte brach ein, und der Wolf fraß es.

Dann ging er zu der Hütte des kleinen schwarzen Hühnchens und sagte zu ihm: »Kleines Hühnchen, mach mir auf!« — »Nein, nein, nein, du bist der Wolf, du würdest mich fressen!«

»Ich werde trampeln und trampeln, bis deine Hütte einbricht!« — »Du magst trampeln und trampeln, meine Hütte wird nicht einbrechen.« Er trampelte und trampelte, die Hütte brach ein, und der Wolf fraß es.

Er ging zum Schlößchen des kleinen weißen Hühnchens und sagte zu ihm: »Kleines Hühnchen, mach mir auf!« — »Nein, nein, nein, du bist der Wolf, du würdest mich fressen!« — »Ich werde trampeln und trampeln, bis dein Schlößchen einbricht!« — »Du magst trampeln und trampeln, mein Schlößchen wird nicht einbrechen.«

Er trampelte und trampelte, aber das Schlößchen brach nicht ein, und der Wolf kam um. Der Hahn krähte, und das alberne Geschichtchen ist aus.

Das Hausgesinde

Widewidewenne heißt meine Putthenne, Kannichtruhn heißt mein Huhn, Wackelschwanz heißt meine Gans, Schwarzundweiß heißt meine Geiß, Dreibein heißt mein Schwein, Wettermann heißt mein Hahn, Kunterbunt heißt mein Hund, Ehrenwert heißt mein Pferd, Gutemuh heißt meine Kuh, Guckheraus heißt mein Haus, Schlupfheraus heißt meine Maus, Sammettatz heißt meine Katz, Hüpfinsstroh heißt mein Floh, Leberecht heißt mein Knecht, Spätbetagt heißt meine Magd, Wohlgetan heißt mein Mann, Sausewind heißt mein Kind.

Die Rübe im Schwarzwald

Ein Samenhändler reiste einst über den Rhein, ließ aber vorher auf dem Schwarzwalde ein Samenkorn fallen. Und als er wieder zurückkam, fand er, daß aus dem Körnlein eine gewaltige Rübe gewachsen war, mit der konnte er zwei große Schlachtochsen fett machen. Diese Ochsen hatten aber während der Fütterung so ungeheuer lange Hörner bekommen, denk dir nur, daß, wenn man zu Martini in eins hineinblies, der Ton erst zu Georgi wieder hervorkam und also ein ganzes halbes Jahr nötig hatte, bis er durch das lange, lange Horn hindurchfahren konnte.

Der Wolf und die sieben jungen Geißlein

Es war einmal eine alte Geiß, die hatte sieben junge Geißlein und hatte sie lieb, wie eine Mutter ihre Kinder lieb hat. Eines Tages wollte sie in den Wald gehen und Futter holen, da rief sie alle sieben herbei und sprach: »Liebe Kinder, ich will hinaus in den Wald, seid auf der Hut vor dem Wolf. Wenn er hereinkommt, so frißt er euch alle mit Haut und Haar. Der Bösewicht verstellt sich oft, aber an

seiner rauhen Stimme und an seinen schwarzen Füßen werdet ihr ihn gleich erkennen.« Die Geißlein sagten: »Liebe Mutter, wir wollen uns schon in acht nehmen, Ihr könnt ohne Sorge fortgehen.« Da meckerte die Alte und machte sich
getrost auf den Weg.

Es dauerte nicht lange, so klopfte jemand an die Haustür und rief: »Macht auf,
ihr lieben Kinder, eure Mutter ist da und hat jedem von euch etwas mitgebracht.«
Aber die Geißerchen hörten an der rauhen Stimme, daß es der Wolf war: »Wir
machen nicht auf«, riefen sie, »du bist unsere Mutter nicht, die hat eine feine
liebliche Stimme, aber deine Stimme ist rauh; du bist der Wolf.« Da ging der
Wolf fort zu einem Krämer und kaufte sich ein großes Stück Kreide: die aß er
und machte damit seine Stimme fein. Dann kam er zurück, klopfte an die Haustür und rief: »Macht auf, ihr lieben Kinder, eure Mutter ist da und hat jedem
von euch etwas mitgebracht.« Aber der Wolf hatte seine schwarze Pfote in das
Fenster gelegt, das sahen die Kinder und riefen: »Wir machen nicht auf, unsere
Mutter hat keinen schwarzen Fuß wie du, du bist der Wolf.« Da lief der Wolf
zu einem Müller und sprach: »Ich habe mich an den Fuß gestoßen, streich mir
Mehl auf meine Pfote.« Der Müller dachte, der Wolf will einen betrügen, und
weigerte sich; aber der Wolf sprach: »Wenn du es nicht tust, so fresse ich dich.«
Da fürchtete sich der Müller und machte ihm die Pfote weiß. Ja, so sind die
Menschen.

Nun ging der Bösewicht zum drittenmal zu der Haustüre, klopfte an und sprach:
»Macht mir auf, Kinder, euer liebes Mütterchen ist heimgekommen und hat jedem
von euch etwas mitgebracht.« Die Geißerchen riefen: »Zeig uns erst deine Pfote,
damit wir wissen, daß du unser liebes Mütterchen bist.« Da legte er die Pfote ins
Fenster, und als sie sahen, daß sie weiß war, so glaubten sie, es wäre alles wahr,
was er sagte, und machten die Türe auf. Wer aber hereinkam, das war der Wolf.
Sie erschraken und wollten sich verstecken. Das eine sprang unter den Tisch, das
zweite ins Bett, das dritte in den Ofen, das vierte in die Küche, das fünfte in den
Schrank, das sechste unter die Waschschüssel, das siebente in den Kasten der
Wanduhr. Aber der Wolf fand sie alle und machte nicht langes Federlesen: eins
nach dem andern schluckte er in seinen Rachen; nur das jüngste in dem Uhrkasten, das fand er nicht. Als der Wolf seine Lust gebüßt hatte, trollte er sich
fort, legte sich draußen auf der grünen Wiese unter einen Baum und fing an zu
schlafen. Nicht lange danach kam die alte Geiß aus dem Walde wieder heim. Ach,
was mußte sie da erblicken! Die Haustüre stand sperrweit offen: Tisch, Stühle

und Bänke waren umgeworfen, die Waschschüssel lag in Scherben, Decke und Kissen waren aus dem Bett gezogen. Sie suchte ihre Kinder, aber nirgends waren sie zu finden. Sie rief sie nacheinander bei Namen, aber niemand antwortete. Endlich, als sie an das jüngste kam, da rief eine feine Stimme: »Liebe Mutter, ich stecke im Uhrkasten.« Sie holte es heraus, und es erzählte ihr, daß der Wolf gekommen wäre und die andern alle gefressen hätte. Da könnt ihr denken, wie sie über ihre armen Kinder geweint hat.

Endlich ging sie in ihrem Jammer hinaus, und das jüngste Geißlein lief mit. Als sie auf die Wiese kam, so lag da der Wolf an dem Baum und schnarchte, daß die Äste zitterten. Sie betrachtete ihn von allen Seiten und sah, daß in seinem angefüllten Bauch sich etwas regte und zappelte. Ach Gott, dachte sie, sollten meine armen Kinder, die er zum Abendbrot hinuntergewürgt hat, noch am Leben sein? Da mußte das Geißlein nach Haus laufen und Schere, Nadel und Zwirn holen. Dann schnitt sie dem Ungetüm den Wanst auf, und kaum hatte sie einen Schnitt getan, so streckte schon ein Geißlein den Kopf heraus, und als sie weiterschnitt, so sprangen nacheinander alle sechse heraus und waren noch alle am Leben und hatten nicht einmal Schaden gelitten, denn das Ungetüm hatte sie in der Gier ganz hinuntergeschluckt. Das war eine Freude! Da herzten sie ihre liebe Mutter und hüpften wie ein Schneider, der Hochzeit hält. Die Alte aber sagte: »Jetzt geht und sucht Wackersteine, damit wollen wir dem gottlosen Tier den Bauch füllen, solange es noch im Schlafe liegt.« Da schleppten die sieben Geißerchen in aller Eile die Steine herbei und steckten sie ihm in den Bauch, so viel sie hineinbringen konnten. Dann nähte ihn die Alte in aller Geschwindigkeit zu, da er nichts merkte und sich nicht einmal regte.

Als der Wolf endlich ausgeschlafen hatte, machte er sich auf die Beine, und weil ihm die Steine im Magen so großen Durst erregten, so wollte er zu einem Brunnen gehen und trinken. Als er aber anfing zu gehen und sich hin und her zu bewegen, so stießen die Steine in seinem Bauch aneinander und rappelten. Da rief er:

> »Was rumpelt und pumpelt
> in meinem Bauch herum?
> Ich meinte, es wären sechs Geißlein,
> so sind's lauter Wackerstein.«

Und als er an den Brunnen kam und sich über das Wasser bückte und trinken wollte, da zogen ihn die schweren Steine hinein, und er mußte jämmerlich ersaufen. Als die sieben Geißlein das sahen, da kamen sie herbeigelaufen, riefen laut: »Der Wolf ist tot! der Wolf ist tot!« und tanzten mit ihrer Mutter vor Freude um den Brunnen herum.

Von dem Mäuschen, Vögelchen und der Bratwurst

Es waren einmal ein Mäuschen, ein Vögelchen und eine Bratwurst in Gesellschaft geraten, hatten einen Haushalt geführt, lange wohl und köstlich in Frieden gelebt und trefflich an Gütern zugenommen. Des Vögelchens Arbeit war, daß es täglich in den Wald fliegen und Holz beibringen müßte. Die Maus sollte Wasser tragen, Feuer anmachen und den Tisch decken, die Bratwurst aber sollte kochen.

Wem zu wohl ist, den gelüstet immer nach neuen Dingen! Also eines Tages stieß dem Vöglein unterwegs ein anderer Vogel auf, dem es seine treffliche Gelegenheit erzählte und rühmte. Derselbe andere Vogel schalt es aber einen armen Tropf, der große Arbeit, die beiden zu Haus aber gute Tage hätten. Denn wenn die Maus ihr Feuer angemacht und Wasser getragen hatte, so begab sie sich in ihr Kämmerlein zur Ruhe, bis man sie ließ den Tisch decken. Das Würstchen blieb beim Hafen, sah zu, daß die Speise wohl kochte, und wenn es bald Essenszeit war, schlingte es sich einmal viere durch den Brei oder das Gemüs, so war es geschmalzen, gesalzen und bereitet. Kam dann das Vöglein heim und legte seine Bürde ab, so saßen sie zu Tisch, und nach gehabtem Mahl schliefen sie sich die Haut voll bis den andern Morgen. Und das war ein herrlich Leben.

Das Vöglein wollte anderntags aus Anstiftung nicht mehr ins Holz, sprechend, es wäre lange genug Knecht gewesen und hätte gleichsam ihr Narr sein müssen, sie sollten einmal umwechseln und es auf eine andere Weise auch versuchen. Und wiewohl die Maus und auch die Bratwurst heftig dafür baten, so war der Vogel doch Meister: es mußte gewagt sein, spieleten derowegen und kam das Los auf die Bratwurst, die mußte Holz tragen, die Maus ward Koch, und der Vogel sollte Wasser holen.

Was geschieht? Das Bratwürstchen zog fort gen Holz, das Vöglein machte Feuer an, die Maus stellte den Topf zu und erwarteten allein, bis Bratwürstchen heimkäme und Holz für den andern Tag brächte. Es blieb aber das Würstlein so lang unterwegs, daß ihnen beiden nichts Gutes vorkam und das Vöglein ein Stück Luft hinaus entgegenflog. Unfern aber findet es einen Hund am Weg, der das arme Bratwürstlein als freie Beut angetroffen, angepackt und niedergemacht. Das Vöglein beschwerte sich auch dessen als eines offenbaren Raubes sehr gegen den Hund, aber es half kein Wort, denn, sprach der Hund, er hätte falsche Briefe bei der Bratwurst gefunden, deswegen wäre sie ihm des Lebens verfallen gewesen.

Das Vöglein, traurig, nahm das Holz auf sich, flog heim und erzählte, was es gesehen und gehört. Sie waren sehr betrübt, verglichen sich aber, das Beste zu tun und beisammen zu bleiben. Derowegen so deckte das Vöglein den Tisch, und die Maus rüstete das Essen und wollte anrichten und in den Hafen, wie zuvor das Würstlein, durch das Gemüs schlingen und schlupfen, dasselbe zu schmelzen. Aber ehe sie in die Mitte kam, ward sie angehalten und mußte Haut und Haar und dabei das Leben lassen.

Als das Vöglein kam und wollte das Essen auftragen, da war kein Koch vorhanden. Das Vöglein warf bestürzt das Holz hin und her, rief und suchte, konnte aber seinen Koch nicht mehr finden. Aus Unachtsamkeit kam das Feuer in das Holz, also daß eine Brunst entstand. Das Vöglein eilte, Wasser zu langen. Da entfiel ihm der Eimer in den Brunnen und es mit hinab, daß es sich nicht mehr erholen konnte und da ersaufen mußte.

Das kurze Märchen

Das Hühnchen fand ein Schlüsselchen im Mist, und das Hähnchen fand ein Kästchen. Das schlossen sie mit dem Schlüsselchen auf, und was lag darin? Ein kleines, kurzes, rotseidenes Pelzchen. Wär das Pelzchen länger gewesen, so wär auch mein Verzählchen länger geworden.

Geschichten zum Lachen

Die dummen Tierlein

Es ist einmal ein Bübele gewesen, das ist auf dem Feld spazierengegangen. Auf einmal fängt's an zu laufen, bis ein Entchen zu ihm kommt. Das Entchen hat gesagt: »Bübele, was laufst so?« — »Ei, der Himmel will zusammenfallen.« — »Bübele, wer hat dir's gesagt?« — »Es ist mir ein Stöckchen aufs Wädele gefallen.«

Da ist das Entchen auch mitgelaufen. In einer Weile kommen sie zu einem Gänschen. Das hat gesagt: »Warum lauft ihr denn so?« Entchen hat gesagt: »Der Himmel will zusammenfallen.« — »Entchen, wer hat dir's gesagt?« — »'s Bübele hat mir's gesagt.« — »Bübele, wer hat dir's gesagt?« — »Es ist mir ein Stöckchen aufs Wädele gefallen.«

Da ist das Gänschen mitgelaufen. Später kommen sie zu einem Hundchen. Das hat gesagt: »Warum lauft ihr denn so?« – 's Gänschen hat gesagt: »Ei, der Himmel will zusammenfallen.« — »Gänschen, wer hat's dir gesagt?« — »'s Entchen hat mir's gesagt.« – »Entchen, wer hat dir's gesagt?« – »'s Bübele hat mir's gesagt.« – »Bübele, wer hat dir's gesagt?« – »Es ist mir ein Stöckchen aufs Wädele gefallen.«

Da ist das Hundchen auch mitgelaufen. In einer Weile kommen sie zu einem Kälbchen, das hat gesagt: »Warum lauft ihr denn so?« Das Hundchen hat gesagt: »Ei, der Himmel will zusammenfallen!« — »Hundchen, wer hat dir's gesagt?« — »'s Gänschen hat mir's gesagt.« — »Gänschen, wer hat dir's gesagt?« — »'s Entchen hat mir's gesagt.« — »Entchen, wer hat dir's gesagt?« — »'s Bübele hat mir's gesagt.« — »Bübele, wer hat dir's gesagt?« — »Es ist mir ein Stöckchen aufs Wädele gefallen.«

Da ist das Kälbchen auch mitgelaufen. In einer Weile kommen sie zu einem Bübele, das hat gesagt: »Ihr Tierle, warum lauft ihr denn so?« Da haben sie alle gerufen: »Ei, der Himmel will zusammenfallen.« — »Wo denn?« — »Dem Bübele ist schon ein Stöckchen aufs Wädele gefallen.«

Da hat das Bübele sie mitgenommen und hat sie unter einen Kirschbaum geführt und hat angefangen zu schütteln. Davon sind die Kirschenstiele herabgefallen, allen auf die Wädele. Und 's Bübele hat gesagt: »Seht, ihr dummen Tiere: 's Bübele ist unterm Kirschbaum durchgegangen, da ist ihm ein Stiel aufs Wädele gefallen. Da hat's gemeint, jetzt würde der Himmel zusammenfallen.« Da haben sich die Tiere so geschämt, daß sie alle auseinandergelaufen sind. Sie laufen noch, wer eins davon fängt, der darf es behalten!

Der dicke, fette Pfannekuchen
Ein norwegisches Märchen

Es waren einmal drei alte Weiber, welche gern Pfannekuchen essen wollten; da gab die erste ein Ei dazu her, die zweite Milch und die dritte Fett und Mehl. Als der dicke fette Pfannekuchen fertig war, richtete er sich in der Pfanne in die Höhe und lief den drei alten Weibern weg und lief immerzu und lief kantapper kantapper in den Wald hinein. Da begegnete ihm ein Häschen, das rief: »Dicke fette Pannekauken, blief stahn, eck will di fräten!« Der Pfannekuchen antwortete: »Eck bin dree olen Wiewern entlopen, un schölle di Häschen Wippsteert nich entlopen?« und lief kantapper kantapper in den Wald hinein. Da kam ein Wolf herangelaufen und rief: »Dicke fette Pannekauken, blief stahn, eck will di fräten!« Der Pfannekuchen antwortete: »Eck bin dree olen Wiewern entlopen un

Häschen Wippsteert, un schölle di Wulf Dicksteert nich entlopen?« und lief kantapper kantapper in den Wald hinein. Da kam ein Reh herzugesprungen und rief: »Dicke fette Pannekauken, blief stahn, eck will di fräten!« Der Pfannekuchen antwortete: »Eck bin dree olen Wiewern entlopen, Häschen Wippsteert, Wulf Dicksteert, un schölle di Rick Blixsteert nich entlopen?« und lief kantapper kantapper in den Wald hinein. Da kam eine Kuh herbeigerannt und rief: »Dicke fette Pannekauken, blief stahn, eck will di fräten!« Der Pfannekuchen antwortete: »Eck bin dree olen Wiewern entlopen, Häschen Wippsteert, Wulf Dicksteert, Rick Blixsteert, un schölle di Ko Swippsteert nich entlopen?« und lief kantapper kantapper in den Wald hinein. Da kam eine Sau dahergefegt und rief: »Dicke fette Pannekauken, blief stahn, ich will di fräten!« Der Pfannekuchen antwortete: »Eck bin dree olen Wiewern entlopen, Häschen Wippsteert, Wulf Dicksteert, Rick Blixsteert, Ko Swippsteert, und schölle di Su Haff nich entlopen?« und lief kantapper kantapper in den Wald hinein. Da kamen drei Kinder daher, die hatten keinen Vater und keine Mutter mehr und sprachen: »Lieber Pfannekuchen, bleib stehen! Wir haben noch nichts gegessen den ganzen Tag!« Da sprang der dicke fette Pfannekuchen den Kindern in den Korb und ließ sich von ihnen essen.

Vom lütten Kuchen
So erzählt man's in England

An einem Bache lebten einmal ein alter Mann und eine alte Frau. Sie hatten zwei Kühe, fünf Hühner und einen Hahn, eine Katze und zwei Kätzchen. Der Alte besorgte die Kühe, und die Bäuerin spann auf dem Rocken. Die Kätzchen haschten oft nach der Spindel, wenn sie über den Herdstein trudelte. »Hsch, hsch!« sagte die Alte dann, »weg da«, und so ging es hin und her.
Eines Tages nach dem Frühstück nahm sie sich vor, Kuchen zu backen. So richtete sie zwei Kuchen aus Hafermehl zu und tat sie aufs Feuer zum Rösten. Nach einem Weilchen kam ihr Mann herein, setzte sich neben das Feuer, nahm einen der kleinen Kuchen und biß mitten hinein. Als der andere Kuchen das sah, rannte er davon so schnell wie der Wind und die Alte hinterher, die Spindel in

der einen Hand, den Rocken in der andern. Aber der lütte Kuchen nahm Reißaus und ward nicht mehr gesehen, bis er an ein hübsches, strohgedecktes Haus
kam und dreist zu der Feuerstelle eilte. Da saßen nun drei Schneider auf einer
großen Bank. Als sie den lütten Kuchen hereinkommen sahen, sprangen sie in
die Höhe und versteckten sich hinter der Haushälterin, die am Feuer Werg
kämmte. »Hopsa«, rief sie, »habt man keine Angst, es ist ja nur ein lütter Kuchen.
Packt ihn, und ich will euch einen Schluck Milch dazu geben.« Auf sprang sie mit
den Kämmen und der Schneider mit dem Bügeleisen und die beiden Gesellen mit
der großen Schere und dem Plättbrett, aber er entwischte ihnen und rannte ums
Feuer herum. Grade glaubte einer der Gesellen, ihn mit der Schere geschnappt zu
haben, da lag er schon in der Asche. Der Schneider warf nun mit seinem Bügeleisen und die Frau mit den Kämmen, aber es half nichts. Der Kuchen eilte davon
und rannte so lange, bis er zu einem Häuschen an der Landstraße kam; und
schwupp, war er drin. Da saß nun ein Weber am Stuhl, und seine Frau wickelte
ein Knäuel Garn auf. »Lieschen«, rief er, »was ist denn das?«
»Oh«, sagte sie, »das ist nur ein lütter Kuchen.«
»Das paßt ja«, sagte er, »denn unser Haferbrei war heute recht dünn. Pack ihn,
Frau, pack ihn!«
»Ja, das denkst du dir so«, sagte sie, »das ist ein schlauer Kuchen. Pack du ihn
mal, Willi, pack du ihn, Mann!«
»Hopsa«, schrie Willi, »wirf doch mal das Garn drauf!«
Aber der Kuchen tollte ringsherum, machte sich davon über den Hügel weg wie
ein gehetztes Schaf oder eine wild gewordene Kuh und rannte immer weiter
bis zu der Hirtenhütte, zum Feuerplatz. Und da war eine Hirtenfrau gerade beim
Buttern. »Komm doch her, lütter Kuchen«, rief sie, »da kann ich mal Kuchen
und Sahne essen!« Aber der Kuchen wirbelte um das Butterfaß herum und die
Frau immer hinterher, und in der Aufregung hätte sie beinahe das Butterfaß
umgeworfen. Und bevor sie es wieder in Ordnung hatte, war der lütte Kuchen
auf und davon den Hügel hinab zur Mühle; und wupps, war er drin.
Der Müller siebte gerade sein Mehl über dem Troge, da sah er auf und sagte:
»Na, das ist ein Zeichen der Fülle, wenn du so herumläufst und sich keiner um
dich kümmert; ich esse Kuchen und Käse gern. Komm nur ein bißchen näher,
ich gebe dir Unterkunft für eine Nacht.« Aber der Kuchen traute dem Müller
und seinem Käse nicht. So machte er wieder kehrt und rannte raus; doch der
Müller ließ sich's nicht verdrießen. So wackelte er davon und rannte weiter,

bis er zur Schmiede kam; und wupps, war er drin und saß auf dem Amboß. Der Schmied machte gerade Hufnägel und sagte: »Ein gutes Glas Bier und knuspriger Kuchen, das wär' was für mich; komm doch mal etwas näher heran!« Aber der Kuchen erschrak, als er von Bier reden hörte, machte kehrt und nahm schleunigst Reißaus, und der Schmied wirbelte den Hammer hinterher. Doch er traf nicht, und der Kuchen war im Nu außer Sicht und rannte, bis er an ein Bauernhaus mit einem schönen Torfstapel daneben kam. Schwupps war er drin an der Feuerstätte. Der biedere Bauer brach Flachs, und die Bäuerin hechelte ihn. »Ach Hanne«, rief er, »da ist ein lütter Kuchen; gib mir die Hälfte.« – »Gut, Jochen, ich esse dann die andere Hälfte. Triff ihn über den Rücken mit der Flachsbreche.« Aber der Kuchen führte sie an der Nase herum. »Holla, holla«, schrie die Frau und warf die Hechel hinterher. Doch der Kuchen war zu gewitzt. Weg war er und den Bach entlang bis zum nächsten Haus und an die Herdstätte. Die Hausfrau rührte gerade die Suppe um, und der Mann flocht Halfter aus Binsen für die Kühe. »Hallo, Hans«, rief die Frau, »komm mal her. Du schreist doch immer nach einem lütten Kuchen. Hier ist einer. Komm mal schnell rein, ich helfe dir ihn fangen.«

»Ja, Mutter, wo steckt er denn?«

»Guck doch, hier. Renne mal nach drüben.«

Aber der Kuchen wirbelte hinter des Wackeren Stuhl, und Hans fiel in die Binsen. Der Mann warf ein Halfter und die Frau den Suppenlöffel hinterher, doch er war zu schlau für die beiden. Auf und davon war er im Nu, tollte durch die Ginsterbüsche und die Straße hinab bis zum nächsten Hause, und schwupps war er drin und fein am Feuer. Die Leute saßen gerade bei ihrer Suppe, und die Hausfrau kratzte den Topf aus. »Guck mal«, sagte sie, »da ist ein lütter Kuchen reingekommen, um sich an unserem Feuer zu wärmen.«

»Mach die Tür zu«, rief der Mann, »wir wollen ihn schon zu fassen kriegen.«

Als der Kuchen das hörte, stürzte er wieder hinaus und die beiden mit ihren Löffeln hinterher, und der Mann warf mit seinem Hut. Aber er trudelte davon und immer weiter bis zum nächsten Haus, und als er hereinkam, wollten die Leute gerade ins Bett gehn. Der Mann zog eben seine Hose aus, und die Frau schürte das Feuer.

»Was ist denn das?« fragte er.

»Ach«, meinte sie, »nur ein lütter Kuchen.«

Da sagte er: »Ich könnte noch einen halben essen.«

»Pack ihn«, sagte die Frau, »ich esse auch einen Happen mit.«

»Wirf deine Hose drauf!« Der Biedermann warf seine Hose auf den Kuchen und hätte ihn beinah zum Ersticken gebracht. Aber er strampelte sich wieder los und rannte davon und der Mann ohne Hose hinterher, und das gab eine große Jagd über die Wiese und durch den Stachelginster. Und der Mann verlor die Spur und mußte halb nackt heimkehren.

Schließlich war es dunkel geworden, und der lütte Kuchen konnte nichts mehr sehen. So trottete er an einen großen Ginsterbusch heran und rollte in ein Fuchsloch hinein. Der Fuchs hatte schon zwei Tage kein Fleisch gehabt. So rief er denn: »Oh, herzlich willkommen!« und biß mitten hinein. Und das war des lütten Kuchens Ende.

Vom Frauchen, das auf die Hochzeit gange ist

Es war einmal ein Frauchen, und das hat ein Säuchen gehabt, und das Frauchen, das wollt auf die Hochzeit gehen, und das Säuchen sollte heimbleiben. Aber das Säuchen wollte auch mit. Da ist sie zum Hundelchen gegangen und hat gesagt: »Hundchen, du sollst Säuche beißen, Säuche will nicht heimegehn, und 's Frauchen will doch auf die Hochzeit gehn.« Da hat aber das Hundelchen gesagt: »Das Säuche hat mir nichts getan, tu ich ihm wieder nichts.«

Da ist sie zum Stock hingegangen und hat gesagt: »Stöckchen, du sollst Hundchen schmeißen. Hundchen will nicht Säuche beißen, Säuche will nicht heimegehn, daß das Frauchen kann auf die Hochzeit gehn.« Und da hat das Stöckchen gesagt: »Das Hundchen hat mir nichts getan, tu ich ihm wieder nichts.«

Jetzt ist sie zum Feuer gegangen und hat gesagt: »Feuer, du sollst Stöckchen brennen, Stöckchen will nicht Hundchen schmeißen, Hundchen will nicht Säuche beißen, Säuche will nicht heimegehn, daß das Frauchen kann auf die Hochzeit gehn.« Da hat's Feuer gesagt: »Das Stöckchen hat mir nichts getan, tu ich ihm wieder nichts.«

Da ist sie zum Wasser gegangen und hat gesagt: »Wasser, du sollst Feuer löschen, Feuer will nicht Stöckchen brennen, Stöckchen will nicht Hundchen schmeißen, Hundchen will nicht Säuche beißen, Säuche will nicht heimegehn,

24

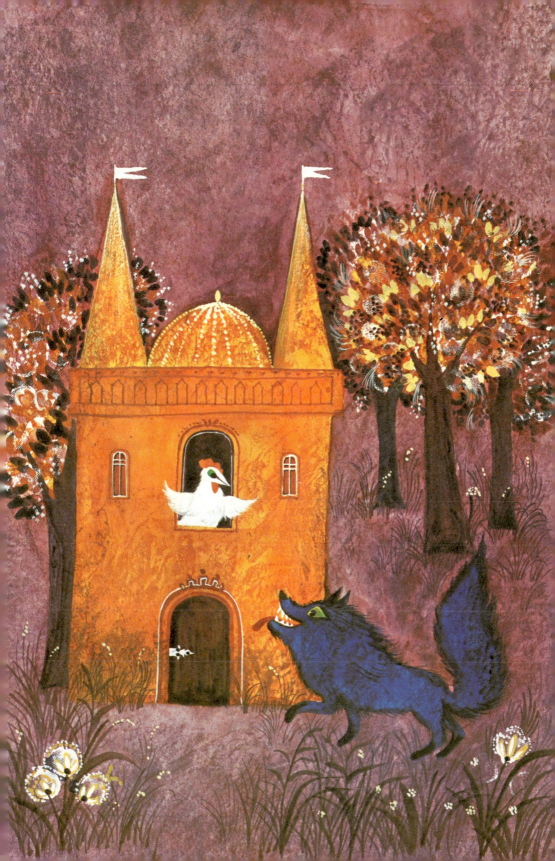

und Frauchen will auf die Hochzeit gehn.« Da hat's Wasser gesagt: »Das Feuer hat mir nichts getan, tu ich ihm wieder nichts.«

Jetzt ist sie zum Ochsen gegangen und hat gesagt: »Ochs, du sollst das Wasser labbern, Wasser will nicht Feuer löschen, Feuer will nicht Stöckchen brennen, Stöckchen will nicht Hundchen schmeißen, Hundchen will nicht Säuche beißen, Säuche will nicht heimegehn, daß 's Frauchen kann auf die Hochzeit gehn.« Jetzt hat der Ochs gesagt: »Hm, das Wasser hat mir nichts getan, tu ich ihm wieder nichts.«

Da ist sie zum Metzger gegangen und hat gesagt: »Metzger, sollst den Ochsen schlachten. Der Ochse, der will nicht 's Wasser labbern, Wasser will nicht Feuer löschen, Feuer will nicht Stöckchen brennen, Stöckchen will nicht Hundchen schmeißen, Hundchen will nicht Säuche beißen, Säuche will nicht heimegehn, daß 's Frauchen kann auf die Hochzeit gehn.« Da hat der Metzger gesagt: »Der Ochs hat mir nichts getan, tu ich ihm wieder nichts.«

Da ist sie zum Schinder gegangen und hat gesagt: »Schinder, du sollst den Metzger hängen, Metzger will den Ochs nicht schlachten, der Ochs, der will nicht 's Wasser labbern, Wasser will nicht Feuer löschen, Feuer will nicht Stöckchen brennen, Stöckchen will nicht Hundchen schmeißen, Hundchen will nicht Säuche beißen, Säuche will nicht heimegehn, daß 's Frauchen kann auf die Hochzeit gehn.«

Da hat der Schinder gesagt: »Ja, es ist gut«, hat er gesagt, »ich will kommen.« — Jetzt hat aber der Metzger gesagt: »Hm, das ist so eine Sach, eh ich will gehängt sein, lieber will ich den Ochsen schlachten.« Da hat der Ochs gesagt: »Eh ich will geschlachtet sein, lieber will ich 's Wasser labbern.« Jetzt hat das Wasser gesagt: »Eh ich will gelabbert sein, lieber will ich Feuer löschen.« Da hat das Feuer gesagt: »Eh ich will gelöscht sein, lieber will ich Stöckchen brennen.« Da hat das Stöckchen gesagt: »Eh ich will gebrannt sein, lieber will ich Hundchen schmeißen.« Und das Hundchen, das hat gesagt: »Eh ich will geschmissen sein, lieber will ich 's Säuche beißen.« Und das Säuchen hat gesagt: »Eh ich will gebissen sein, lieber will ich heimegehn, und Frauchen mag auf die Hochzeit gehn.«

Na, das wäre soweit gut gewesen. Jetzt hat sie sich angetan einen papiernen Rock und ein Bratwürstchen um den Hals und ein Butterstückchen auf den Kopf und ein paar gläserne Sohlen, und so ist sie dann fort. Jetzt ist sie in den Wald kommen, und da ist der Wolf kommen und hat ihr das Bratwürstchen abgefressen. Hernach ist sie durch die Hecke, da hat sie ihren papiernen Rock ganz zerrissen. Jetzt ist sie ins Freie gekommen, in die Sonne, da ist ihr das Butterstückchen weggeschmolzen. Jetzt kam sie in die Stadt aufs Pflaster, da sind ihre gläsernen Sohlen kaputtgegangen, und so kam sie auf die Hochzeit.

Jetzt, wie's da ans Tanzen gegangen ist, da sagt der eine zum andern: »Nimm du sie, ich mag sie nicht.« Da sagt der andere: »Ich mag sie auch nicht.« — »Na, wenn ich sie nicht mag und du sie nicht magst, wer mag sie dann?« — «Man legt sie in eine Kanone und schießt sie nach Amsterdam.« — Puh! Puh! Da fliegt sie!

Die zwölf faulen Knechte

Zwölf Knechte, die den ganzen Tag nichts getan hatten, wollten sich am Abend nicht noch anstrengen, sondern legten sich ins Gras und rühmten sich ihrer Faulheit. Der erste sprach: »Was geht mich eure Faulheit an, ich habe mit meiner eigenen zu tun. Die Sorge für den Leib ist meine Hauptarbeit: ich esse nicht wenig und trinke desto mehr. Wenn ich vier Mahlzeiten gehalten habe, so faste ich eine kurze Zeit, bis ich wieder Hunger empfinde, das bekommt mir am besten. Früh aufstehn ist nicht meine Sache, wenn es gegen Mittag geht, so suche ich mir schon einen Ruheplatz aus. Ruft der Herr, so tue ich, als hätte ich es nicht gehört, und ruft er zum zweitenmal, so warte ich noch eine Zeitlang, bis ich mich erhebe und gehe auch dann recht langsam. So läßt sich das Leben ertragen.« Der zweite sprach: »Ich habe ein Pferd zu besorgen, aber ich lasse ihm das Gebiß im Maul, und wenn ich nicht will, so gebe ich ihm kein Futter und sage, es habe schon gefressen. Dafür lege ich mich in den Haferkasten und schlafe vier Stunden. Hernach strecke ich wohl einen Fuß heraus und fahre damit dem Pferd ein paarmal über den Leib, so ist es gestriegelt und geputzt; wer wird da viel Umstände machen? Aber der Dienst ist mir doch noch zu beschwerlich.« Der dritte sprach: »Wozu sich mit Arbeit plagen? Dabei kommt nichts heraus. Ich legte mich in die Sonne und schlief. Es fing an zu tröpfeln, aber weshalb aufstehen? Ich ließ es in Gottes Namen fortregnen. Zuletzt kam ein Platzregen, und zwar so heftig, daß er mir die Haare vom Kopf ausriß und wegschwemmte und ich ein Loch in den Schädel bekam. Ich legte ein Pflaster darauf und damit war's gut. Schaden der Art habe ich schon mehr gehabt.« Der vierte sprach: »Soll ich eine Arbeit angreifen, so dämmere ich erst eine Stunde herum, damit ich meine Kräfte spare. Hernach fange ich ganz gemächlich an und frage, ob nicht andere da wären, die mir helfen könnten. Die lasse ich dann die Hauptarbeit tun und sehe eigentlich nur zu: aber das ist mir auch noch zu viel.« Der fünfte sprach: »Was will das sagen! Denkt euch, ich soll den Mist aus dem Pferdestall fortschaffen und auf den Wagen laden. Ich lasse es langsam angehen, und habe ich etwas auf die Gabel genommen, so hebe ich es nur halb in die Höhe und ruhe erst eine Viertelstunde, bis ich es vollends hinaufwerfe. Es ist übrigens genug, wenn ich des Tags ein Fuder hinausfahre. Ich habe keine Lust, mich totzuarbeiten.« Der sechste sprach: »Schämt euch, ich erschrecke vor keiner Arbeit, aber ich lege mich drei Wochen hin und ziehe nicht einmal meine Kleider aus. Wozu Schnallen an die Schuhe? Die können mir immerhin von den Füßen abfallen, es schadet nichts. Will ich eine Treppe ersteigen, so ziehe ich einen Fuß nach dem andern langsam auf die erste Stufe herauf, dann zähle ich die übrigen, damit ich weiß, wo ich ruhen muß.« Der siebente sprach: »Bei mir geht das nicht: mein Herr sieht auf meine Arbeit, nur ist er den ganzen Tag nicht zu Haus. Doch versäume ich nichts, ich laufe, soviel das möglich ist, wenn man schleicht. Soll ich fortkommen, so müßten mich vier stämmige Männer mit allen Kräften fortschieben. Ich kam dahin, wo auf einer Pritsche sechs nebeneinanderlagen und schliefen: ich legte mich zu ihnen und schlief auch. Ich war nicht wieder zu wecken, und wollten sie mich heim haben, so mußten sie mich wegtragen.« Der achte sprach: »Ich sehe wohl, daß ich allein ein munterer Kerl bin; liegt ein Stein vor mir, so gebe ich mir nicht die Mühe, meine Beine aufzuheben und darüber hinwegzuschreiten; ich lege mich auf die Erde nieder, und bin ich naß, voll Kot und Schmutz, so bleibe ich liegen, bis mich die Sonne wieder ausgetrocknet hat: höchstens drehe ich mich so, daß sie auf mich scheinen kann.« Der neunte sprach: »Das ist was Rechtes! Heute lag das Brot vor mir, aber ich war zu faul, danach zu greifen, und wäre fast Hungers gestorben. Auch ein Krug stand dabei, aber so groß und schwer, daß ich ihn nicht in die Höhe heben mochte und lieber Durst litt. Mich nur umzudrehen, war mir zuviel, ich blieb den ganzen Tag liegen wie ein Stock.« Der zehnte sprach: »Mir hat die Faulheit Schaden gebracht, ein gebrochenes Bein und geschwollene Waden. Unser drei lagen auf einem Fahrweg, und ich hatte die Beine ausgestreckt. Da kam jemand mit einem Wagen, und die Räder gingen mir darüber. Ich hätte die Beine freilich zurückziehen können, aber ich hörte den Wagen nicht kommen: die Mücken summten mir um die Ohren, krochen mir zu der Nase herein und zu dem Mund wieder heraus; wer will sich die Mühe geben, das Geschmeiß wegzujagen.« Der elfte sprach: »Gestern habe ich meinen Dienst aufgesagt. Ich hatte keine Lust, meinem Herrn die schweren Bücher noch länger herbeizuholen und wieder wegzutragen: das nahm den ganzen Tag kein Ende. Aber die Wahrheit zu sagen, er gab mir den Abschied und wollte mich auch nicht länger behalten, denn seine Kleider, die ich im Staub liegen ließ, waren von den Motten zerfressen; und das war recht.« Der zwölfte sprach: »Heute mußte ich mit dem Wagen über Feld fahren, ich machte mir ein Lager von Stroh darauf und schlief richtig ein. Die Zügel rutschten mir aus der Hand, und als ich erwachte, hatte sich das Pferd beinahe losgerissen, das Geschirr war weg, das Rückenseil, Kummet, Zaum und Gebiß. Es war einer vorbeigekommen, der hatte alles fortgetragen. Dazu war der Wagen in eine Pfütze geraten und stand fest. Ich ließ ihn stehen und streckte mich wieder aufs Stroh. Der Herr kam endlich selbst und schob den Wagen heraus, und wär er nicht gekommen, so läge ich nicht hier, sondern dort und schliefe in guter Ruh.«

Die Heckentür

Es war einmal eine Frau, die hatte zwei Kinder, einen Jungen und ein Mädchen. Eines Tages ging sie auf die Reise und sagte zu ihnen: »Hört einmal, Kinder, ich reise fort, und ihr bleibt allein daheim, drum paßt mir ja hübsch auf die Heckentür auf!« Sie meinte damit, sie sollten sorgen, daß sich kein Spitzbube hineinschliche.
Eine Weile war sie schon fort, da bekamen die Kleinen Langeweile, und der Bruder sagte zur Schwester: »Komm, wir wollen ein wenig hinaus in den Wald, und die Heckentür nehmen wir mit, dann ist's gut!« Das war sie zufrieden, und sie gingen hinaus in den Wald. Aber wie sie da herumliefen, verirrten sie sich, und die Nacht überfiel sie, so daß sie wohl sahen, sie würden doch nicht mehr heimkommen, und vor Angst kletterten sie auf einen Eichbaum, um dort bis zum Morgen zu bleiben, damit sie nicht von den wilden Tieren zerrissen würden.
Eine Zeitlang haben sie da gesessen, da kommen Spitzbuben, die schleppen einen großen Haufen Geld zusammen, den zählen sie. Da halten sich die Kleinen ganz still im Baum, damit sie nicht von den Männern bemerkt werden. Aber endlich

kann sich der Bruder doch nicht mehr halten und sagt zur Schwester: »Ich muß einmal was Kleines machen.« — »Na, so tu's!« Da tut er's, die Spitzbuben aber zählen ruhig weiter und sagen: »'s ist ein wenig Regen, der fällt!« Wieder nach einer Weile sagt der Bruder zur Schwester: »Ich kann's nicht länger halten, ich muß was Großes machen.« — »Na, so tu's!« Da tut er's, aber die Spitzbuben zählen ihr Geld ruhig weiter und sagen: »'s ist ein wenig Mist von den Vögeln, die im Baume sitzen.« Nun sitzen sie wieder lange still, da sagt auf einmal der Bruder: »Ich kann die Heckentür nicht mehr länger halten!« — »So wirf sie hinab!« sagt die Schwester. Da wirft er sie hinab, und sie fällt mitten unter die Spitzbuben, und die laufen eiligst davon und rufen: »Gehn die Wo—lken hier, gehn die Wo—lken hier!«

Nun war's aber Morgen geworden, und da stiegen Bruder und Schwester hinab vom Baume und nahmen die Heckentür und das Geld, das die Spitzbuben im Stich gelassen, dazu und kamen glücklich wieder nach Hause. Die Mutter ging ihnen schon entgegen und jammerte und schalt, daß sie nicht auf die Heckentür gepaßt hätten und nun die Spitzbuben dagewesen seien und das ganze Haus ausgeräumt hätten. Die Kleinen aber erzählten alles, wie es ihnen im Walde ergangen war, und da war sie froh. Und von dem Gelde kaufte sie neue Kleider und neues Gerät dazu, und es blieb noch so viel übrig, daß sie ihr Leben lang alle drei daran genug hatten.

Die schöne Katrinelje und Pif Paf Poltrie

»Guten Tag, Vater Hollenthe.« — »Großen Dank, Pif Paf Poltrie.« — »Könnt ich wohl Eure Tochter kriegen?« — »O ja, wenn's Mutter Malcho, der Bruder Hohenstolz, die Schwester Käsetraut und die schöne Katrinelje will, so kann's geschehen.«

»Wo ist dann die Mutter Malcho?«

»Sie ist im Stall und melkt die Kuh.«

»Guten Tag, Mutter Malcho.« — »Großen Dank, Pif Paf Poltrie.« — »Könnt ich wohl Eure Tochter kriegen?« — »O ja, wenn's der Vater Hollenthe, der Bruder Hohenstolz, die Schwester Käsetraut und die schöne Katrinelje will, so kann's geschehen.«

»Wo ist dann der Bruder Hohenstolz?«

»Er ist in der Kammer und hackt das Holz.«

»Guten Tag, Bruder Hohenstolz.« — »Großen Dank, Pif Paf Poltrie.« — »Könnt ich wohl Eure Schwester kriegen?« — »O ja, wenn's der Vater Hollenthe, die Mutter Malcho, die Schwester Käsetraut und die schöne Katrinelje will, so kann's geschehen.«

»Wo ist dann die Schwester Käsetraut?«

»Sie ist im Garten und schneidet das Kraut.«

»Guten Tag, Schwester Käsetraut.« — »Großen Dank, Pif Paf Poltrie.« — »Könnt ich wohl Eure Schwester kriegen?« — »O ja, wenn's der Vater Hollenthe, die Mutter Malcho, der Bruder Hohenstolz und die schöne Katrinelje will, so kann's geschehen.«

»Wo ist dann die schöne Katrinelje?«

»Sie ist in der Kammer und zählt ihre Pfennige.«

»Guten Tag, schöne Katrinelje.« — »Großen Dank, Pif Paf Poltrie.« — »Willst du wohl mein Schatz sein?« — »O ja, wenn's der Vater Hollenthe, die Mutter Malcho, der Bruder Hohenstolz, die Schwester Käsetraut will, so kann's geschehen.«

»Schön Katrinelje, wieviel hast du an Brautschatz?« — »Vierzehn Pfennige bares Geld, drittehalb Groschen Schuld, ein halb Pfund Hutzeln, eine Handvoll Prutzeln, eine Handvoll Wurzeln,

Und so der watt:

Is dat nig en guden Brutschaft?

Pif Paf Poltrie, was kannst du für ein Handwerk? Bist du ein Schneider?« — »Noch viel besser.« — »Ein Schuster?« — »Noch viel besser.« — »Ein Schreiner?« — »Noch viel besser.« — »Ein Schmied?« — »Noch viel besser.« — »Ein Müller?« — »Noch viel besser.« — »Vielleicht ein Besenbinder?« — »Ja, das bin ich! Ist das nicht ein schönes Handwerk?«

Das Lumpengesindel

Hähnchen sprach zum Hühnchen: »Jetzt ist die Zeit, wo die Nüsse reif werden, da wollen wir zusammen auf den Berg gehen und uns einmal recht satt essen, ehe sie das Eichhorn alle wegholt.« — »Ja«, antwortete das Hühnchen, »komm, wir wollen uns eine Lust miteinander machen.« Da gingen sie zusammen fort auf den Berg, und weil es ein heller Tag war, blieben sie bis zum Abend. Nun weiß ich nicht, ob sie sich so dick gegessen hatten oder ob sie übermütig geworden waren, kurz, sie wollten nicht zu Fuß nach Hause gehen, und das Hähnchen mußte einen kleinen Wagen von Nußschalen bauen. Als er fertig war, setzte sich Hühnchen hinein und sagte zum Hähnchen: »Du kannst dich nur immer vorspannen.« — »Du kommst mir recht«, sagte das Hähnchen, »lieber geh ich zu Fuß nach Hause, als daß ich mich vorspannen lasse: nein, so haben wir nicht gewettet. Kutscher will ich wohl sein und auf dem Bock sitzen, aber selbst ziehen, das tu ich nicht.«
Wie sie so stritten, schnatterte eine Ente daher: »Ihr Diebsvolk, wer hat euch geheißen, in meinen Nußberg zu gehen? Wartet, das soll euch schlecht bekommen!« ging also mit aufgesperrtem Schnabel auf das Hähnchen los. Aber Hähnchen war auch nicht faul und stieg der Ente tüchtig zu Leib, endlich hackte es mit seinen Sporen so gewaltig auf sie los, daß sie um Gnade bat und sich gern zur Strafe vor den Wagen spannen ließ. Hähnchen setzte sich nun auf den Bock und war Kutscher, und darauf ging es fort in einem Jagen: »Ente, lauf zu, was du kannst!« Als sie ein Stück Weges gefahren waren, begegneten sie zwei Fußgängern, einer Stecknadel und einer Nähnadel. Sie riefen: »Halt! Halt!« und sagten, es würde gleich stichdunkel werden, da könnten sie keinen Schritt weiter, auch wäre es so schmutzig auf der Straße, ob sie nicht ein wenig einsitzen könnten: sie wären auf der Schneiderherberge vor dem Tor gewesen und hätten sich beim Bier verspätet. Hähnchen, da es magere Leute waren, die nicht viel Platz einnahmen, ließ sie beide einsteigen, doch mußten sie versprechen, ihm und seinem Hühnchen nicht auf die Füße zu treten. Spät abends kamen sie zu einem Wirtshaus, und weil sie die Nacht nicht weiterfahren wollten, die Ente auch nicht gut zu Fuß war und von einer Seite auf die andere fiel, so kehrten sie ein. Der Wirt machte anfangs viel Einwendungen, sein Haus wäre schon voll, gedachte auch wohl, es möchte keine vornehme Herrschaft sein, endlich aber, da sie süße Reden führten, er solle das Ei haben, welches das Hühnchen unterwegs gelegt hatte, auch die Ente behalten, die

alle Tage eins legte, so sagte er endlich, sie möchten die Nacht über bleiben. Nun
ließen sie wieder frisch auftragen und lebten in Saus und Braus. Frühmorgens,
als es dämmerte, und noch alles schlief, weckte Hähnchen das Hühnchen, holte das
Ei, pickte es auf, und sie verzehrten es zusammen; die Schalen aber warfen sie auf
den Feuerherd. Dann gingen sie zu der Nähnadel, die noch schlief, packten sie
beim Kopf und steckten sie in das Sesselkissen des Wirts, die Stecknadel aber in
sein Handtuch, endlich flogen sie, mir nichts dir nichts, über die Heide davon. Die
Ente, die gern unter freiem Himmel schlief und im Hof geblieben war, hörte sie
fortschnurren, machte sich munter und fand einen Bach, auf dem sie hinab-
schwamm; und das ging geschwinder als vor dem Wagen. Ein paar Stunden später
machte sich erst der Wirt aus den Federn, wusch sich und wollte sich am Handtuch abtrocknen, da fuhr ihm die Stecknadel über das Gesicht und machte ihm
einen roten Strich von einem Ohr zum andern; dann ging er in die Küche und
wollte sich eine Pfeife anstecken; wie er aber an den Herd kam, sprangen ihm die
Eierschalen in die Augen. »Heute morgen will mir alles an meinen Kopf«, sagte
er und ließ sich verdrießlich auf seinen Großvaterstuhl nieder; aber geschwind
fuhr er wieder in die Höhe und schrie: »Auweh!« denn die Nähnadel hatte ihn
noch schlimmer und nicht in den Kopf gestochen. Nun war er vollends böse und
hatte Verdacht auf die Gäste, die so spät gestern abend gekommen waren; und
wie er ging und sich nach ihnen umsah, waren sie fort. Da tat er einen Schwur,
kein Lumpengesindel mehr in sein Haus zu nehmen, das viel verzehrt, nichts bezahlt und zum Dank noch obendrein Schabernack treibt.

Die goldene Gans

Es war ein Mann, der hatte drei Söhne, davon hieß der jüngste Dummling und
wurde verachtet und verspottet und bei jeder Gelegenheit zurückgesetzt. Es geschah, daß der älteste in den Wald gehen wollte, Holz hauen, und eh er ging, gab
ihm noch seine Mutter einen schönen, feinen Eierkuchen und eine Flasche Wein
mit, damit er nicht Hunger und Durst litte. Als er in den Wald kam, begegnete
ihm ein altes, graues Männlein, das bot ihm einen guten Tag und sprach: »Gib
mir doch ein Stück Kuchen aus deiner Tasche und laß mich einen Schluck von

deinem Wein trinken, ich bin so hungrig und durstig.« Der kluge Sohn aber antwortete: »Geb ich dir meinen Kuchen und meinen Wein, so hab ich selber nichts, pack dich deiner Wege«, ließ das Männlein stehen und ging fort. Als er nun anfing einen Baum zu behauen, dauerte es nicht lange, so hieb er fehl, und die Axt fuhr ihm in den Arm, daß er mußte heimgehen und sich verbinden lassen. Das war aber von dem grauen Männchen gekommen.

Darauf ging der zweite Sohn in den Wald, und die Mutter gab ihm, wie dem ältesten, einen Eierkuchen und eine Flasche Wein. Dem begegnete gleichfalls das alte, graue Männchen und hielt um ein Stückchen Kuchen und einen Trunk Wein an. Aber der zweite Sohn sprach auch ganz verständig: »Was ich dir gebe, das geht mir selber ab, pack dich deiner Wege«, ließ das Männlein stehen und ging fort. Die Strafe blieb nicht aus; als er ein paar Hiebe am Baum getan, hieb er sich ins Bein, daß er mußte nach Hause getragen werden.

Da sagte der Dummling: »Vater, laß mich einmal hinausgehen und Holz hauen.« Antwortete der Vater: »Deine Brüder haben sich Schaden dabei getan, laß davon ab, du verstehst nichts davon.« Der Dummling aber bat ihn so lange, bis er endlich sagte: »Geh nur hin, durch Schaden wirst du klug werden.« Die Mutter gab ihm einen Kuchen, der war mit Wasser in der Asche gebacken, und dazu eine Flasche saures Bier. Als er in den Wald kam, begegnete ihm gleichfalls das alte graue Männchen, grüßte ihn und sprach: »Gib mir ein Stück von deinem Kuchen und einen Trunk aus deiner Flasche, ich bin so hungrig und durstig.« Antwortete der Dummling: »Ich habe aber nur Aschenkuchen und saures Bier, wenn dir das recht ist, so wollen wir uns setzen und essen.« Da setzten sie sich, und als der Dummling seinen Aschenkuchen herausholte, so war's ein feiner Eierkuchen, und das saure Bier war ein guter Wein. Nun aßen und tranken sie, und danach sprach das Männlein: »Weil du ein gutes Herz hast und von dem Deinigen gerne mitteilst, so will ich dir Glück bescheren. Dort steht ein alter Baum, den hau ab, so wirst du in den Wurzeln etwas finden.« Darauf nahm das Männlein Abschied.

Der Dummling ging hin und hieb den Baum, und wie er fiel, saß in den Wurzeln eine Gans, die hatte Federn von reinem Gold. Er hob sie heraus, nahm sie mit sich und ging in ein Wirtshaus, da wollte er übernachten. Der Wirt aber hatte drei Töchter, die sahen die Gans, waren neugierig, was das für ein wunderlicher Vogel wäre, und hätten gar gern eine von seinen goldenen Federn gehabt. Die älteste dachte: ›Es wird sich schon eine Gelegenheit finden, wo ich mir eine Feder ausziehen kann‹, und als der Dummling einmal hinausgegangen war, faßte sie die

Gans beim Flügel, aber Finger und Hand blieben ihr daran festhängen. Bald danach kam die zweite und hatte keinen andern Gedanken, als sich eine goldene Feder zu holen; kaum aber hatte sie ihre Schwester angerührt, so blieb sie festhängen. Endlich kam auch die dritte in gleicher Absicht; da schrien die andern: »Bleib weg, um's Himmels willen, bleib weg.« Aber sie begriff nicht, warum sie wegbleiben sollte, dachte: ›Sind die dabei, so kann ich auch dabei sein‹ und sprang herzu, und wie sie ihre Schwester angerührt hatte, so blieb sie an ihr hängen. So mußten sie die Nacht bei der Gans zubringen.

Am andern Morgen nahm der Dummling die Gans in den Arm, ging fort und bekümmerte sich nicht um die drei Mädchen, die daran hingen. Sie mußten immer hinter ihm dreinlaufen, links und rechts, wie's ihm in die Beine kam. Mitten auf dem Felde begegnete ihnen der Pfarrer, und als er den Aufzug sah, sprach er: »Schämt euch, ihr garstigen Mädchen, was lauft ihr dem jungen Bursch durchs Feld nach, schickt sich das?« Damit faßte er die jüngste an die Hand und wollte sie zurückziehen; wie er sie aber anrührte, blieb er gleichfalls hängen und mußte selber hinterdrein laufen. Nicht lange, so kam der Küster daher und sah den Herrn Pfarrer, der drei Mädchen auf dem Fuße folgte. Da verwunderte er sich und rief: »Ei, Herr Pfarrer, wo hinaus so geschwind? Vergeßt nicht, daß wir heute noch eine Kindtaufe haben«, lief auf ihn zu und faßte ihn am Ärmel, blieb aber auch festhängen. Wie die fünf so hintereinander hertrabten, kamen zwei Bauern mit ihren Hacken vom Feld; da rief der Pfarrer sie an und bat, sie möchten ihn und den Küster losmachen. Kaum aber hatten sie den Küster angerührt, so blieben sie hängen und waren ihrer nun siebene, die dem Dummling mit der Gans nachliefen.

Er kam darauf in eine Stadt, da herrschte ein König, der hatte eine Tochter, die war so ernsthaft, daß sie niemand zum Lachen bringen konnte. Darum hatte er ein Gesetz gegeben, wer sie könnte zum Lachen bringen, der sollte sie heiraten. Der Dummling, als er das hörte, ging mit seiner Gans und ihrem Anhang vor die Königstochter, und als diese die sieben Menschen immer hintereinander herlaufen sah, fing sie überlaut an zu lachen und wollte gar nicht wieder aufhören. Da verlangte sie der Dummling zur Braut, aber dem König gefiel der Schwiegersohn nicht, er machte allerlei Einwendungen und sagte, er müßte ihm erst einen Mann bringen, der einen Keller voll Wein austrinken könnte. Der Dummling dachte an das graue Männchen, das könnte ihm wohl helfen, ging hinaus in den Wald, und auf der Stelle, wo er den Baum abgehauen hatte, sah er einen Mann sitzen, der machte ein gar betrübtes Gesicht. Der Dummling fragte, was er sich so sehr zu Herzen nähme. Da antwortete er: »Ich habe so großen Durst und kann ihn nicht löschen, das kalte Wasser vertrage ich nicht, ein Faß Wein habe ich zwar ausgeleert, aber was ist ein Tropfen auf einem heißen Stein?«

»Da kann ich dir helfen«, sagte der Dummling, »komm nur mit mir, du sollst satt haben.« Er führte ihn darauf in des Königs Keller, und der Mann machte sich über die großen Fässer, trank und trank, daß ihm die Hüften wehtaten, und ehe ein Tag herum war, hatte er den ganzen Keller ausgetrunken. Der Dummling verlangte abermals seine Braut, der König aber ärgerte sich, daß ein schlechter Bursch, den jedermann einen Dummling nannte, seine Tochter davontragen sollte, und machte neue Bedingungen: er müßte erst einen Mann schaffen, der einen Berg voll Brot aufessen könnte. Der Dummling besann sich nicht lange, sondern ging gleich hinaus in den Wald; da saß auf demselben Platz ein Mann, der schnürte sich den Leib mit einem Riemen zusammen, machte ein grämliches Gesicht und sagte: »Ich habe einen ganzen Backofen voll Raspelbrot gegessen, aber was hilft das, wenn man so großen Hunger hat wie ich: mein Magen bleibt leer, und ich muß mich nur zuschnüren, wenn ich nicht Hungers sterben soll.« Der Dummling war froh darüber und sprach: »Mach dich auf und geh mit mir, du sollst dich satt essen.« Er führte ihn an den Hof des Königs, der hatte alles Mehl aus dem ganzen Reich zusammengefahren und einen ungeheuren Berg davon backen lassen; der Mann aber aus dem Walde stellte sich davor, fing an zu essen, und in einem Tag war der ganze Berg verschwunden. Der Dummling forderte zum drittenmal seine Braut, der König aber suchte noch einmal Ausflucht und verlangte ein Schiff, das zu Land und zu Wasser fahren könnte. »Sowie du aber damit angesegelt kommst«, sagte er, »so sollst du gleich meine Tochter zur Gemahlin haben.« Der Dummling ging geradewegs in den Wald, da saß das alte, graue Männchen, dem er seinen Kuchen gegeben hatte, und sagte: »Ich habe von dir getrunken und gegessen, ich will dir auch das Schiff geben; das alles tu ich, weil du barmherzig gegen mich gewesen bist.« Da gab er ihm das Schiff, das zu Land und zu Wasser fuhr, und als der König das sah, konnte er ihm seine Tochter nicht länger vorenthalten. Die Hochzeit ward gefeiert, nach des Königs Tod erbte der Dummling das Reich und lebte lange Zeit vergnügt mit seiner Gemahlin.

Die Katze, die so viel fressen konnte

Ein norwegisches Märchen

Es war einmal ein Mann, der hatte eine Katze, und die konnte so furchtbar viel fressen, daß er sie nicht mehr behalten wollte. Da wollte er ihr einen Stein um den Hals binden und sie in den Fluß werfen, aber zuvor sollte sie noch zu fressen bekommen. Die Frau setzte ihr eine Schüssel Grütze und ein kleines Töpfchen mit Fett vor. Das schlang sie hinunter und sprang zum Fenster hinaus. Da stand ein Mann auf der Tenne zum Dreschen.

»Guten Tag, Mann im Haus«, sagte die Katze. »Guten Tag, Katze«, sagte der Mann, »hast du heute schon gefressen?« — »Ach, ein bißchen, aber ich bin fast noch nüchtern«, sagte die Katze, »es waren nur eine Schüssel Grütze und ein Töpfchen mit Fett, und ich besinne mich, ob ich dich nicht auch fressen soll«, sagte sie und packte den Mann und fraß ihn auf.

Dann ging sie in den Stall; da saß die Frau und melkte. »Guten Tag, Frau im Stall«, sagte die Katze. »Guten Tag, Katze, bist du es?« sagte die Frau. »Hast du dein Futter gefressen?« sagte sie. »Ach, ein bißchen habe ich heute gefressen, aber ich bin fast nüchtern«, sagte die Katze. »Es waren nur eine Schüssel Grütze und ein Töpfchen mit Fett und der Mann im Hause, und ich besinne mich, ob ich dich nicht auch fressen soll«, sagte sie, und da packte sie die Frau und fraß sie auf.

»Guten Tag, du Kuh an der Krippe«, sagte die Katze zu der Leitkuh. »Guten Tag, Katze«, sagte die Leitkuh, »hast du heute schon gefressen?« — »Ach, ein bißchen, aber ich bin fast nüchtern«, sagte die Katze, »es waren nur eine Schüssel voll Grütze und ein Töpfchen mit Fett und der Mann im Hause und die Frau im Stall, und ich besinne mich, ob ich dich nicht auch fressen soll«, sagte die Katze und packte die Leitkuh und fraß sie auf.

Da ging sie hinauf in den Obstgarten; da stand ein Mann und kehrte das Laub zusammen. »Guten Tag, du Laubmann im Garten«, sagte die Katze. »Guten Tag, Katze«, sagte der Mann, »hast du heute schon gefressen?« »Ach, ich habe so wenig bekommen, ich bin fast nüchtern«, sagte die Katze, »es waren nur eine Schüssel voll Grütze und ein Töpfchen mit Fett und der Mann im Hause und die Frau im Stall und die Leitkuh an der Krippe, und ich besinne mich, ob ich dich nicht auch fressen soll«, sagte sie und packte den Laubmann und fraß ihn auch auf.

Da kam sie an einen Steinhaufen; da stand das Wiesel und hielt Umschau. »Guten

Tag, Wiesel auf dem Steinhaufen«, sagte die Katze. »Guten Tag, Katze«, sagte das Wiesel, »hast du heute schon gefressen?« — »Ach, nur ein bißchen, ich bin fast nüchtern«, sagte die Katze, »es waren nur eine Schüssel voll Grütze und ein Töpfchen mit Fett und der Mann im Hause und die Frau im Stall und die Kuh an der Krippe und der Laubmann im Garten, und ich besinne mich, ob ich nicht dich auch fressen soll«, sagte die Katze und packte das Wiesel und fraß es auch auf.

Als sie eine Weile gegangen war, kam sie an einen Haselstrauch. Da saß ein Eichhörnchen und sammelte Nüsse. »Guten Tag, Eichhörnchen im Busch«, sagte die Katze. »Guten Tag, Katze; hast du heute schon etwas gefressen?« sagte das Eichhörnchen. »Ach, nur ein bißchen, ich bin fast nüchtern«, sagte die Katze. »Es waren nur eine Schüssel voll Grütze und ein Töpfchen voll Fett und der Mann im Hause und die Frau im Stall und die Kuh an der Krippe und der Laubmann im Garten und das Wiesel auf dem Steinhaufen, und ich besinne mich, ob ich nicht dich auch fressen soll«, sagte sie und packte das Eichhörnchen und fraß es auf.

Als sie noch ein Weilchen gegangen war, begegnete sie Reineke Fuchs, der am Waldrand hervorlauschte. »Guten Tag, Fuchs, du schlauer«, sagte die Katze. »Guten Tag, Katze; hast du heute schon gefressen?« sagte der Fuchs. »Ach, nur ein bißchen, ich bin fast nüchtern«, sagte die Katze, »es waren nur eine Schüssel voll Grütze und ein Töpfchen voll Fett und der Mann im Hause und die Frau im Stall und die Leitkuh an der Krippe und der Laubmann im Garten und das Wiesel auf dem Steinhaufen und das Eichhörnchen im Haselbusch, und ich besinne mich, ob ich nicht dich auch fressen soll«; sagte sie und packte den Fuchs und fraß ihn ebenfalls auf.

Als sie noch ein Stück weit gegangen war, traf sie einen Hasen. »Guten Tag, hopsender Hase«, sagte die Katze. »Guten Tag, Katze; hast du schon gefressen?« sagte der Hase. »Ach, nur ein bißchen, ich bin fast nüchtern«, sagte die Katze, »es waren nur eine Schüssel voll Grütze und ein Töpfchen voll Fett und der Mann im Hause und die Frau im Stall und die Leitkuh an der Krippe und der Laubmann im Garten und das Wiesel auf dem Steinhaufen und das Eichhörnchen im Haselbusch und der Fuchs, der schlaue, und ich besinne mich, ob ich dich nicht auch fressen soll«, sagte sie und packte den Hasen und fraß ihn auch.

Als sie wieder ein Stück weit gegangen war, traf sie einen Wolf. »Guten Tag, du wilder Wolf«, sagte sie. »Guten Tag, Katze; hast du heute schon etwas gefressen?« sagte der Wolf. »Ach, nur ein bißchen, ich bin fast nüchtern«, sagte die Katze, »es waren nur eine Schüssel voll Grütze und ein Töpfchen voll Fett und der Mann im Hause und die Frau im Stall und die Leitkuh an der Krippe und der Laubmann im Garten und das Wiesel auf dem Steinhaufen und das Eichhörnchen im Haselbusch und der Fuchs, der schlaue, und der hopsende Hase, und ich besinne mich, ob ich nicht dich auch fressen soll«, sagte sie und packte den Wolf und fraß ihn auch.

Nun ging sie in den Wald, und als sie lang und länger als lang gegangen war, über Berg und tiefes Tal, da traf sie einen jungen Bären. »Guten Tag, Bärchen Braunrock«, sagte die Katze. »Guten Tag, Katze; hast du heute schon etwas gefressen?« sagte der Bär. »Ach, nur ein bißchen, ich bin fast nüchtern«, sagte die Katze, »es waren nur eine Schüssel voll Grütze und ein Töpfchen voll Fett und der Mann im Hause und die Frau im Stall und die Leitkuh an der Krippe und der Laubmann im Garten und das Wiesel auf dem Steinhaufen und das Eichhörnchen im Haselbusch und der Fuchs, der schlaue, und der hopsende Hase und der Wolf, der wilde, und ich besinne mich, ob ich dich nicht auch fressen soll«, sagte sie und packte den kleinen Bären und fraß ihn auch.

Als die Katze ein Stück weiter gegangen war, traf sie die Bärin, die riß an den Baumstämmen, daß die Rinde flog, so zornig war sie, weil sie ihr Junges verloren hatte. »Guten Tag, du bissige Bärin«, sagte die Katze. »Guten Tag, Katze; hast du heute schon etwas gefressen?« sagte die Bärin. »Ach, nur ein wenig, ich bin fast nüchtern«, sagte die Katze, »es waren nur eine Schüssel voll Grütze und ein Töpfchen mit Fett und der Mann im Hause und die Frau im Stall und die Leitkuh an der Krippe und der Laubmann im Garten und das Wiesel auf dem Steinhaufen und das Eichhörnchen im Haselbusch und der Fuchs, der schlaue, der hopsende Hase und der Wolf, der wilde, und Bärchen Braunrock, und ich besinne mich, ob ich dich nicht auch fressen soll«, sagte sie, packte die Bärin und fraß sie auch.

Als die Katze ein wenig weiter gegangen war, traf sie den Bären selber. »Guten Tag, Bär Biedermann«, sagte sie. »Guten Tag, Katze; hast du heute schon etwas gefressen?« sagte der Bär. »Ach, nur ein bißchen, ich bin fast nüchtern«, sagte die Katze, »es waren nur eine Schüssel voll Grütze und ein Töpfchen mit Fett und der Mann im Hause und die Frau im Stall und die Leitkuh an der Krippe und der Laubmann im Garten und das Wiesel auf dem Steinhaufen und das Eichhörnchen im Haselbusch und der Fuchs, der schlaue, und der hopsende Hase und der Wolf, der wilde, und Bärchen Braunrock und die Bärin Bissig, und nun besinne ich mich, ob ich dich nicht auch fressen soll«, sagte sie und packte den Bären und fraß ihn auch.

Nun ging die Katze lang und länger als lang, bis sie wieder ins Kirchspiel kam. Da traf sie einen Brautzug auf dem Weg. »Guten Tag, du Brautzug auf dem Weg«, sagte die Katze. »Guten Tag, Katze; hast du heute schon etwas gefressen?« sagte der Brautzug. »Ach, nur ein bißchen, ich bin fast nüchtern«, sagte die Katze, »es waren nur eine Schüssel voll Grütze und ein Töpfchen mit Fett und der Mann im Hause und die Frau im Stall und die Leitkuh an der Krippe und der Laubmann im Garten und das Wiesel auf dem Steinhaufen und das Eichhörnchen im Haselbusch und der Fuchs, der schlaue, und der hopsende Hase und der Wolf, der wilde, und Bärchen Braunrock und die Bärin Bissig und Bär Biedermann, und nun besinne ich mich, ob ich dich nicht auch fressen soll«, sagte sie und fuhr auf den Brautzug los und fraß Braut und Bräutigam und den ganzen Brautzug mit Küchenmeister und Musikanten und Pferden und allem.

Als die Katze das alles verschlungen hatte, ging sie geradenwegs zum Himmel hinauf, und als sie lang und länger als lang gegangen war, traf sie den Mond in der Wolke. »Guten Tag, Mond in der Wolke«, sagte die Katze. »Guten Tag, Katze; hast du heute schon etwas gefressen?« sagte der Mond. »Ach, nur ein bißchen, aber ich bin fast nüchtern«, sagte die Katze, »es waren nur eine Schüssel voll Grütze und ein Töpfchen mit Fett und der Mann im Hause und die Frau im Stall und die Leitkuh an der Krippe und der Laubmann im Garten und das Wiesel auf dem Steinhaufen und das Eichhörnchen im Haselbusch und der Fuchs, der schlaue, und der hopsende Hase und der Wolf, der wilde, und Bärchen Braunrock und die Bärin Bissig und der Bär Biedermann und der Brautzug auf dem Wege, und nun besinne ich mich, ob ich dich nicht auch fressen soll«, sagte die Katze und fuhr auf den Mond los und fraß ihn auf mit Sichel und Vollmond.

Nun ging die Katze lang und länger als lang, und dann traf sie die Sonne. »Guten Tag, du Sonne am Himmel«, sagte die Katze. »Guten Tag, Katze; hast du heute schon etwas gefressen?« sagte die Sonne. »Ach, nur ein bißchen«, sagte die Katze, »es waren nur eine Schüssel voll Grütze und ein Töpfchen mit Fett und der Mann im Hause und die Frau im Stall und die Leitkuh an der Krippe und der Laubmann im Garten und das Wiesel auf dem Steinhaufen und das Eichhörnchen im Haselbusch und der Fuchs, der schlaue, und der hopsende Hase und der Wolf, der wilde, und das Bärchen Braunrock und die Bärin Bissig und der Bär Biedermann und der Brautzug auf dem Wege und der Mond in der Wolke, und nun besinne ich mich, ob ich dich nicht auch fressen soll«, sagte die Katze und fuhr auf die Sonne am Himmel los und fraß sie auf.

Dann ging die Katze lang und länger als lang, bis sie an eine Brücke kam, da begegnete sie einem großen Geißbock. »Guten Tag, du Bock auf der Brücke, der breiten«, sagte die Katze. »Guten Tag, Katze; hast du heute schon etwas gefressen?« sagte der Bock. »Ach, nur ein bißchen, ich bin fast nüchtern«, sagte die Katze, »es waren nur eine Schüssel voll Grütze und ein Töpfchen mit Fett und der Mann im Hause und die Frau im Stall und die Leitkuh an der Krippe und der Laubmann im Garten und das Wiesel auf dem Steinhaufen und das Eichhörnchen im Haselbusch und der Fuchs, der schlaue, und der hopsende Hase und der Wolf, der wilde, und Bärchen Braunrock und die Bärin Bissig und der Bär Biedermann und der Brautzug auf dem Wege und der Mond in der Wolke und die Sonne am Himmel, und nun besinne ich mich, ob ich nicht dich auch fressen soll«, sagte die Katze. »Darum wollen wir uns erst streiten«, sagte der Bock und stieß mit den Hörnern nach der Katze, daß sie über die Brücke hinunterrollte und ins Wasser fiel, und da zersprang sie.

Nun krochen sie alle heraus, und jedes ging an seinen Ort, und sie waren alle, alle so munter wie zuvor, die die Katze gefressen hatte: der Mann im Hause und die Frau im Stall und die Leitkuh an der Krippe und der Laubmann im Garten und das Wiesel auf dem Steinhaufen und das Eichhörnchen im Haselbusch und der Fuchs, der schlaue, und der hopsende Hase und der Wolf, der wilde, und Bärchen Braunrock und die Bärin Bissig und der Bär Biedermann und der Brautzug auf dem Wege und der Mond in der Wolke und die Sonne am Himmel.

Warum ist das so?

Die Scholle

Die Fische waren schon lange unzufrieden, daß keine Ordnung in ihrem Reich herrschte. Keiner kehrte sich an den andern, schwamm rechts und links, wie es ihm einfiel, fuhr zwischen denen durch, die zusammenbleiben wollten, oder sperrte ihnen den Weg, und der Stärkere gab dem Schwächeren einen Schlag mit dem Schwanz, daß er weit wegfuhr, oder er verschlang ihn ohne weiteres. »Wie schön wäre es, wenn wir einen König hätten, der Recht und Gerechtigkeit bei uns übte«, sagten sie und vereinigten sich, den zu ihrem Herrn zu wählen, der am schnellsten die Fluten durchstreichen und dem Schwachen Hilfe bringen könnte.

Sie stellten sich also am Ufer in Reihe und Glied auf, und der Hecht gab mit dem Schwanze ein Zeichen, worauf sie alle zusammen aufbrachen. Wie ein Pfeil schoß der Hecht dahin und mit ihm der Hering, der Gründling, der Barsch, der Karpfen und wie sie alle heißen. Auch die Scholle schwamm mit und hoffte, das Ziel zu erreichen.

Auf einmal ertönte der Ruf: »Der Hering ist vor! Der Hering ist vor!« — »Wen

43

is vör?« schrie verdrießlich die platte, mißgünstige Scholle, die weit zurückgeblieben war. »Wen is vör?« — »Der Hering, der Hering«, war die Antwort. »De nackte Hiering?« rief die Neidische, »de nackte Hiering?« Seit der Zeit steht der Scholle zur Strafe das Maul schief.

Wie die Ziegen nach Hessen gekommen sind

In alten, alten Zeiten war das Hessenland mit großen Waldungen umgeben, in welchen viele Wölfe hausten. Manche Ziegenfamilie hat es versucht, in das Land einzudringen, aber alle sind von den blutgierigen Bestien zerrissen worden. Da zieht eines Tages auch wieder ein schwaches Zicklein des Wegs gen Hessen. Kaum ist es im Walde, so tritt ihm ein Wolf entgegen und will es fressen. Da sagt das Zicklein in der Angst: »Meine Mutter kommt auch noch.« Der Wolf denkt: ›du willst dir den Appetit nicht verderben; die Mutter ist ein besserer Fraß für deinen hungrigen Magen.‹ Er läßt das Tier in Frieden ziehen. Bald nachher erscheint auch wirklich die Ziegenmutter. Schon will sich der Wolf über sie herwerfen, da spricht sie in ihrer Angst: »Ach, mein Mann kommt auch noch!« — ›Halt!‹ denkt der Wolf, ›der Mann ist größer und ein besserer Fraß für dich; willst warten mit der Mahlzeit, bis der kommt.‹ Endlich kommt auch der Ziegenbock angezogen. Dem Wolf lacht das Herz im Leibe, als er den stattlichen Kumpan sieht. Schon macht er sich zum Sprunge bereit, um ihn bei der Kehle zu fassen, da fallen ihm zwei merkwürdige Stücke am Bocke auf: die Hörner und der Beutel. »Sag mir doch einmal, Bock«, spricht er, »was trägst du da für große Zacken auf dem Kopfe, und wozu dient dir der Beutel zwischen den Beinen?« — »Ih nun«, versetzt der Bock, »die Zacken sind ein paar Pistolen, und in dem Beutel trage ich Pulver und Blei.« — »So!« sagt der Wolf ein wenig betroffen. In demselben Augenblick reibt der Bock, wie es seinesgleichen wohl zu tun pflegt, das linke Horn an den Weichen. Da glaubt der Wolf, er ladet, und ergreift die Flucht. Also ist die erste Ziegenfamilie glücklich ins Hessenland gekommen, und ihre Nachkommenschaft hat sich dermaßen ausgebreitet, daß Hessen mit seinem Überflusse alljährlich die Nachbarländer versorgt.

Warum das Meerwasser salzig ist

Es war einmal ein lieber, wackrer Knabe, der hatte weiter nichts auf Erden als eine blinde Großmutter und ein helles Gewissen. Als er nun aus der Schule war, wurde er Schiffsjunge und sollte seine erste Reise antreten. Da sah er, wie alle seine neuen Kameraden mit blankem Gelde spielten, und er hatte nichts, auch nicht den geringsten Mutterpfennig. Darüber war er traurig und klagte es der Großmutter. Sie besann sich erst ein Weilchen, dann humpelte sie in ihre Kammer, holte eine kleine, alte Mühle heraus, schenkte sie dem Knaben und sprach: »Wenn du zu dieser Mühle sagst:

>Mühle, Mühle, mahle mir
>rote Dukaten gleich allhier!

so mahlt sie dir lauter Dukaten, soviel du begehrst; und wenn du sprichst:

>Mühle, Mühle, stehe still,
>weil ich nichts mehr haben will,

so hört sie auf zu mahlen; und so kannst du dir alle Dinge, die du nur wünschest, von der Mühle mahlen lassen. Sag aber nichts davon, sonst ist es dein Unglück!« Der Junge bedankte sich, nahm Abschied und ging aufs Schiff. Als nun die Kameraden wieder mit ihrem blanken Gelde spielten, stellte er sich mit seiner Mühle in einen düstern Winkel und sprach:

>»Mühle, Mühle, mahle mir
>rote Dukaten gleich allhier!«

Da mahlte die Mühle lauter rote Dukaten, die fielen klingend in seine lederne Mütze. Und als die Mütze voll war, sprach er nur:

>»Mühle, Mühle, stehe still,
>weil ich nichts mehr haben will!«

Da hörte sie auf zu mahlen. Nun war er von allen Kameraden der reichste; und wenn es ihnen an Speise fehlte, wie es wohl manchmal geschah, da der Schiffshauptmann sehr geizig war, sprach er nur:

>»Mühle, Mühle, mahle mir
>frische Semmeln gleich allhier!«

so mahlte sie so lange, bis er das andere Sprüchlein aufsagte; und was er auch sonst noch begehrte, alles mahlte die kleine Mühle. Nun fragten ihn die Kameraden wohl oft, woher er die schönen Sachen bekomme; doch da er sagte, er dürfe es nicht sagen, drangen sie nicht weiter in ihn, zumal er alles ehrlich mit ihnen teilte.

Es dauerte aber nicht lange, da bekam der böse Schiffshauptmann Wind davon, und eines Abends rief er den Schiffsjungen in die Kajüte und sprach: »Hole deine Mühle und mahle mir frische Hühner!« Der Knabe ging und brachte einen Korb frischer Hühner. Damit jedoch war der gottlose Mensch nicht zufrieden: er schlug den armen Jungen so lange, bis dieser ihm die Mühle holte und ihm sagte, was er sprechen müsse, wenn sie mahlen solle; den andern Spruch aber, den man sagen mußte, wenn sie aufhören sollte, lehrte er ihn nicht, und der Schiffshauptmann dachte auch nicht daran, ihn danach zu fragen. Als der Junge nachher allein auf dem Verdeck stand, ging der Hauptmann zu ihm und stieß ihn ins Meer und dachte nicht daran, wieviel Sorge und Mühe er Vater und Mutter gemacht hatte und wie die blinde Großmutter auf seine Rückkehr hoffte. An all dies dachte er nicht, sondern stieß ihn ins Meer und sagte, er sei verunglückt, und meinte, damit sei alles abgetan. Hierauf ging er in seine Kajüte, und da es eben an Salz fehlte, sagte er zu der kleinen Mühle:

»Mühle, Mühle, mahle mir
weiße Salzkörner gleich allhier!«

Da mahlte sie lauter weiße Salzkörner. Als aber der Napf voll war, sprach der Schiffshauptmann: »Nun ist's genug!« Doch sie mahlte immerzu, und er mochte sagen, was er wollte, sie mahlte immerzu, bis die ganze Kajüte voll war. Da faßte er die Mühle an, um sie über Bord zu werfen, erhielt aber einen solchen Schlag, daß er betäubt zu Boden fiel. Und nun mahlte sie immerzu, bis das ganze Schiff voll war und zu sinken begann, und nie ist größere Not auf einem Schiff gewesen. Zuletzt faßte der Schiffshauptmann sein gutes Schwert und hieb die Mühle in lauter kleine Stücke; aber siehe! aus jedem kleinen Stück wurde eine kleine Mühle, gerade wie die alte gewesen war, und alle Mühlen mahlten lauter weiße Salzkörner. Da war's bald um das Schiff geschehen: es sank unter mit Mann und Maus und allen Mühlen. Die aber mahlen unten am Grunde noch immerzu lauter weiße Salzkörner, und wenn du ihnen nun auch den rechten Spruch zuriefest, sie stehen so tief, daß sie es nicht hören würden. Sieh, davon ist das Meerwasser so salzig.

Der Mächtigste
Ein malaiisches Märchen

Rabotity jagte eines Tages im Walde. Er stieg auf einen hohen Baum. Da es gehörig wehte, brach der Ast; Rabotity fiel zur Erde und brach ein Bein. Nun sagte er: »Der Baum ist der Mächtigste auf Erden, er hat mir mein Bein zerschlagen.« Doch der Baum antwortete: »Wenn ich der Mächtigste wäre, hätte der Wind mich nicht entwurzelt. Also ist der Wind der Mächtigste.« Der Wind sprach: »Wenn ich der Mächtigste wäre, würde der Berg mir nicht den Weg versperren. Der Berg ist also der Mächtigste.« Der Berg sagte: »Wenn ich der Mächtigste wäre, würde die Ratte sich nicht durch mich hindurchwühlen. Die Ratte ist also die Mächtigste.« Die Ratte sprach: »Wenn ich die Mächtigste wäre, würde die Katze mich nicht verschlingen. Die Katze ist also die Mächtigste.« Die Katze sagte: »Wenn ich die Mächtigste wäre, könnte der Strick mich nicht fesseln. Der Strick ist also der Mächtigste.« Der Strick sprach: »Wenn ich der Mächtigste wäre, vermöchte das Messer mich nicht zu zerschneiden. Das Messer ist also am mächtigsten.« Das Messer sagte: »Wenn ich am mächtigsten wäre, wäre das Feuer nicht imstande, mich zu vernichten. Das Feuer ist am mächtigsten.« Das Feuer sprach: »Wenn ich am mächtigsten wäre, dürfte das Wasser mich nicht auslöschen. Das Wasser ist am mächtigsten.« Das Wasser sagte: »Wenn ich am mächtigsten wäre, brauchte ich das Boot nicht zu tragen. Das Boot ist am mächtigsten!« Das Boot sprach: »Wenn ich am mächtigsten wäre, könnte der Stein mich nicht zertrümmern. Der Stein ist am mächtigsten.« Der Stein sagte: »Wenn ich am mächtigsten wäre, vermöchte die Krabbe mich nicht zu durchbohren. Die Krabbe ist am mächtigsten.« Die Krabbe sprach: »Wenn ich am mächtigsten wäre, würde der Mensch mich nicht essen. Der Mensch ist also der Mächtigste.«

Warum ist der Mond dunkler als die Sonne?
Ein estnisches Märchen

Altvater hatte schon die ganze Welt erschaffen, aber noch war sein Werk nicht vollkommen, wie es wohl sein sollte, denn noch mangelte es der Welt an reichlichem Licht. Des Tages wandelte die Sonne ihre Bahn am himmlischen Zelt, aber wenn sie abends unterging, so deckte tiefe Finsternis Himmel und Erde. Alles, was geschah, verbarg die Nacht in ihrem Schoße.

Gar bald ersah der Schöpfer diesen Mangel und gedachte dem abzuhelfen. So gebot er denn dem Ilmarinen, dafür Sorge zu tragen, daß es fortan auch in den Nächten auf Erden hell sei. Ilmarinen gehorchte dem Befehl, trat hin zu seiner Esse, wo er vordem schon des Himmels Gewölbe geschmiedet, nahm viel Silber und goß daraus eine gewaltige runde Kugel. Die überzog er mit dickem Golde, setzte ein helles Feuer hinein und hieß sie nun ihren Wandel beginnen am Himmelszelt. Darauf schmiedete er unzählige Sterne, gab ihnen mit leichtem Golde ein Ansehen und stellte jeden an seinen Platz im Himmelsraum.

Da begann neues Leben auf der Erde. Kaum sank die Sonne, da stieg auch schon am Himmelsrande der goldene Mond auf, zog seine blaue Straße und erleuchtete das nächtliche Dunkel nicht anders als die Sonne den Tag. Dazu blinkten neben ihm die unzähligen Sterne und begleiteten ihn wie einen König, bis er endlich am anderen Ende des Himmels anlangte. Dann gingen die Sterne zur Ruhe, der Mond verließ das Himmelsgewölbe, und die Sonne trat an seine Stelle, um dem Weltall Licht zu spenden. So leuchtete nun Tag und Nacht ein gleichmäßiges Licht hoch von oben auf die Erde nieder. Denn des Mondes Angesicht war ebenso klar und rein wie der Sonne Antlitz, und nur gleicher Wärme ermangelten seine Strahlen. Am Tage brannte aber die Sonne oftmals so heiß, daß niemand eine Arbeit verrichten mochte. Um so lieber schafften sie unter dem Schein des nächtlichen Himmelswächters, und alle Menschen waren froh über das Geschenk des Mondes.

Den Teufel aber ärgerte der Mond gar sehr, denn in seinem hellen Lichte konnte er nichts Böses mehr verüben. Zog er einmal auf Beute aus, so erkannte man ihn schon von fern und trieb ihn mit Schanden heim. So kam es, daß er sich in dieser Zeit nicht mehr als zwei Seelen erbeutet hatte.

Da saß er nun Tag und Nacht und sann, wie er's wohl angriffe, damit es ihm wieder glückte. Endlich rief er etliche Gesellen herbei, aber die wußten auch keinen

Ausweg. So ratschlagten sie denn zu dreien voll Eifer und Sorge, es wollte ihnen aber nichts einfallen. Am siebten Tage hatten sie keinen Bissen mehr zu essen, saßen seufzend da, drückten den leeren Magen und zerbrachen sich die Köpfe mit Nachdenken. Und sieh, endlich kam dem Bösen selbst ein glücklicher Einfall.

»Wir müssen den Mond wieder fortschaffen, wenn wir uns retten wollen. Gibt es keinen Mond mehr am Himmel, so sind wir wieder Helden wie zuvor. Beim matten Sternenlicht können wir ja unbesorgt unsere Werke betreiben!«

»Sollen wir denn den Mond vom Himmel herunterholen?« fragten ihn die Knechte.

»Nein«, sprach der Teufel, »der sitzt zu fest daran, herunter bekommen wir ihn nicht! Wir müssen es besser machen. Und das beste ist, wir nehmen Teer und schmieren ihn damit, bis er schwarz wird. Dann mag er am Himmel weiterlaufen, das wird uns nicht verdrießen.«

Dem Höllenvolke gefiel der Rat des Alten wohl, und alle wollten sich sogleich ans Werk machen. Es war aber zu spät geworden, denn der Mond neigte sich schon zum Niedergang, und die Sonne erhob ihr Angesicht. Den andern Tag aber schafften sie mit Eifer an ihrer Arbeit bis zum späten Abend. Der Böse war ausgezogen und hatte eine Tonne Teer gestohlen, die trug er nun in den Wald zu seinen Knechten. Indes waren diese geschäftig, aus sieben Stücken eine lange Leiter zusammenzubinden, und ein jedes Stück maß sieben Klafter. Darauf schafften sie einen tüchtigen Eimer herbei und banden aus Lindenbast einen Schmierwisch zusammen, den sie an einen langen Stiel steckten.

So erwarteten sie die Nacht. Als nun der Mond aufstieg, warf sich der Böse die Leiter samt der Tonne auf die Schulter und hieß die beiden Knechte mit Eimer und Borstwisch folgen. Als sie angekommen waren, füllten sie den Eimer mit Teer, schütteten auch Asche hinzu und tauchten dann den Borstwisch hinein. Im selben Augenblick lugte auch schon der Mond hinter dem Walde hervor. Hastig richteten sie die Leiter auf, der Alte aber gab dem einen Knechte den Eimer in die Hand und hieß ihn hurtig hinaufsteigen, indes der andere unten die Leiter stützen sollte.

So hielten sie nun unten beide die Leiter, der Alte und sein Knecht. Der Knecht aber vermochte der schweren Last nicht zu widerstehen, also daß die Leiter zu wanken begann. Da glitt auch der Mann, der nach oben gestiegen war, auf einer Sprosse aus und stürzte mit dem Eimer dem Teufel auf den Hals. Der Böse prustete und schüttelte sich wie ein Bär und fing an, schrecklich zu fluchen. Dabei hatte

er der Leiter nicht mehr acht und ließ sie fahren, so daß sie mit Donner und Ge-
krach zu Boden fiel und in tausend Stücke schlug.

Als ihm nun sein Werk übel geraten und er selbst anstatt des Mondes vom Teer
begossen ward, da tobte der Teufel in seinem Zorn und Grimm. Wohl wusch und
scheuerte, kratzte und schabte er seinen Leib, aber Teer und Ruß blieben an ihm
haften, und ihre schwarze Farbe trägt er noch bis auf den heutigen Tag. So kläglich
schlug dem Teufel sein Versuch fehl, aber er wollte von seinem Vorsatze nicht ab-
lassen. Darum stahl er andern Tages wiederum sieben Leiterbäume, band sie gehörig zusammen und schaffte sie an den Waldsaum, wo der Mond am tiefsten
steht. Als der Mond am Abend aufstieg, schlug der Böse die Leiter fest in den
Grund ein, stützte sie noch mit beiden Händen und schickte den anderen Knecht
mit dem Teereimer hinauf zum Monde, gebot ihm aber streng, sich fest an die
Sprossen zu hängen und sich vor dem gestrigen Fehltritt zu hüten. Der Knecht
kletterte so schnell als möglich mit dem Eimer hinauf und gelangte glücklich auf
die letzte Sprosse. Eben stieg der Mond in königlicher Pracht hinter dem Walde
auf. Da hob der Teufel die ganze Leiter auf und trug sie eilig bis hin an den
Mond. Und welch ein Glück! Sie war wirklich gerade so lang, daß sie mit der
Spitze an den Mond reichte.

Nun machte sich des Teufels Knecht ohne Säumen ans Werk. Es ist aber nichts
Leichtes, oben auf einer solchen Leiter stehen und dem Monde mit einem Teer-
wisch ins Gesicht fahren wollen. Zudem stand auch der Mond nicht still auf einem
Fleck, sondern wandelte ohne Unterlaß seines Weges fürbaß. Darum band sich
der Mann da oben mit einem Seil fest an den Mond, und da er also vor dem Fall
behütet war, ergriff er den Wisch aus dem Eimer und begann, den Mond zuerst
von der hinteren Seite zu schwärzen. Aber die dicke Goldschicht auf dem reinen
Monde wollte keinen Schmutz leiden. Der Knecht strich und schmierte, daß ihm
der Schweiß von der Stirne troff, bis es ihm nach vieler Mühe endlich gelang, des
Mondes Rücken mit Teer zu überziehen.

Der Teufel unten schaute offenen Mundes der Arbeit zu, und als er das Werk zur
Hälfte vollendet sah, sprang er vor Freuden von einem Fuß auf den andern.

Als er so des Mondes Rücken geschwärzt hatte, schob sich der Knecht mühsam
nach vorn, um auch hier den Glanz des Himmelswächters zu vertilgen. Da stand
er nun, verschnaufte ein wenig und dachte nach, wie er es anfinge, um mit der
andern Seite leichter fertig zu werden. Es fiel ihm aber nichts Gescheites ein, und
er mußte es wie zuvor machen.

Schon wollte er sein Werk wieder beginnen, als gerade Altvater aus kurzem Schlummer erwachte. Verwundert nahm er wahr, daß die Welt um die Hälfte dunkler geworden, obgleich kein Wölkchen am Himmel stand. Wie er aber schärfer nach der Ursache der Finsternis ausschaute, erblickte er den Mann auf dem Monde, der eben seinen Wisch in den Teertopf tauchte, um die erste Hälfte des Mondes der zweiten gleich zu machen. Unten aber sprang der Teufel vor Freuden wie ein Ziegenbock hin und her. »Solche Streiche macht ihr also hinter meinem Rücken!« rief Altvater zornig aus. »So mögen denn die Übeltäter den verdienten Lohn empfangen! Auf dem Monde bist du und sollst da ewig mit deinem Eimer bleiben, allen zur Warnung, die der Welt das Licht rauben wollen.«

Altvaters Worte gingen in Erfüllung. Noch heute steht der Mann mit dem Teereimer im Monde, der deswegen nicht mehr so hell leuchten will wie sonst. Oft wohl steigt der Mond hinab in den Schoß des Meeres und möchte sich rein baden von seinen Flecken, aber sie bleiben ewig an ihm haften.

Wie Adam den Tieren Namen gab
und woher der Storch das Klappern gelernt hat
Ein griechisches Märchen

Als Gott den Adam geschaffen und ihm den Namen Mensch gegeben hatte, schuf er auch alle Tiere, die es auf dieser Erde gibt, groß und klein, aber Namen gab er ihnen nicht, sondern wollte hören, wie Vater Adam die Tiere nennen würde. Gott wußte wohl die Namen aller Tiere, aber er erwies dem Vater Adam die Ehre und brachte alle Tiere vor ihn, daß er jeglichem den Namen gäbe. »Sohn Adam«, sprach Gott, »ich mache dir etwas zu tun mit den Tieren da, die ich geschaffen habe; ich trage dir auf, ihnen Namen zu geben, denn alle Tiere sollen dir dienen, und darum mußt du auch jedes Tier bei Namen rufen können.« Nach Gottes Befehl kamen nun alle Tiere vor Adam, verneigten sich vor ihm wie vor ihrem Zaren, und Adam gab einem jeden seinen Namen. Als so alle Tiere beim Vater Adam vorbeimarschiert waren, ordneten sie sich, verneigten sich vor ihm und gingen jedes an die Arbeit, die ihm Gott verordnet hatte.

Adam richtete sich nun auf und sprach zu den Obersten der Tiere: »Hört mich

an, ihr Obersten, ich befehle euch, darauf bedacht zu sein, jeder für seine Untergebenen, daß jedes Tier ein Handwerk lernt und darin seine Arbeit hat; eins mag
singen, eins pfeifen, eins mit den Flügeln rauschen, andere mit Armen und Beinen
etwas verrichten. Mit einem Wort, jedes soll lernen, was es kann, aber irgend
etwas muß es verstehen; mag es das niedrigste Handwerk sein, lernen muß es.
Nach vierzig Tagen erwarte ich euch hier an dieser Stelle, daß jedes Tier seine
Kunst vor mir zeige. Und ihr Untergebenen, habt ihr gehört, was ich euren
Obersten befohlen habe? Jedes von euch soll gehorsam das Handwerk lernen, das
sein Oberster lehren wird. Wer nicht bis zum vierzigsten Tage irgendeine Kunst
gelernt hat, soll wissen, daß er dann vor der ganzen Versammlung beschämt wird,
weil er nichts gelernt hat.«
Darauf gingen die Tiere fort, und jeder Oberste bemühte sich, seine Untergebenen
irgendein Handwerk zu lehren. So waren neununddreißig Tage vergangen, und
sie fingen an, die Tiere herbeizurufen und in Herden zu versammeln, jede Art
besonders, um nun zum Vater Adam zu gehen und das Handwerk zu zeigen, das
jedes Tier von seinem Obersten gelernt hatte.
Der Oberste der Störche allein hatte vergessen, seine Störche irgend etwas zu
lehren, aber zum Glück für die Störche hatte er davon gehört, wie man die andern
Tiere zusammenrief, daß sie zum Vater Adam gehen und zeigen sollten, was sie in
den vierzig Tagen gelernt hatten. Daß Gott erbarm, dachte er bei sich, als er
merkte, daß er Adams Befehl vergessen hatte, ich esse da immer Frösche und
Schlangen und vergesse, meine Störche ein Handwerk zu lehren; das ist eine schöne
Geschichte, wie wird das vor Vater Adam ausgehen, ich werde da mit Schanden
bestehen. In solchen Gedanken flog er zu seinem Nest und verfiel in Nachdenken,
wie er es anfangen sollte, noch eine Kunst zu lernen und seine Störche zu lehren,
daß er sich vor dem Vater Adam nicht zu schämen brauche.
Zu der Zeit spazierte der Specht von Baum zu Baum und klopfte an die Stämme,
damit die Ameisen herauskämen und er sie verzehren könnte. Er wollte auch mit
den Seinen zum Vater Adam und dies sein Handwerk zeigen.
Während nun der Storch nachdenklich dastand, hörte er das Klopfen des Baum-
hackers: tak, tak, tak! und versuchte gleich, mit seinem Schnabel das Klopfen
nachzuahmen, aber so wie der Baumhacker brachte er es nicht heraus, denn er
vernahm nur, wie dessen Klopfen von einem nahen Berge widerhallte, und statt
tak, tak hörte er klak, klak. Dies Geklapper versuchte er mehrmals, lernte es,
versammelte sofort die Störche und lehrte sie klappern, wie er es selbst konnte,

und am nächsten Morgen machten sie sich auf zum Vater Adam, ihre Kunst zu zeigen.

Am vierzigsten Tage waren alle Tiere bei Vater Adam versammelt, und als sie sich in Herden aufgestellt hatten, fragte er jeden, was er gelernt habe. Da fingen alle nach der Reihe an, ihre Kunst zu zeigen. Zuerst brüllte der Löwe mächtig, so daß alle Tier erschraken. Da verlieh ihm Adam, daß er Zar über alle Tiere sein solle. Als der Esel das sah, beneidete er den Löwen und brüllte ebenfalls aus Leibeskräften, aber kein Tier erschrak vor seinem Gebrüll, und Adam verlieh zwar dem Esel, daß er brüllen dürfe, aber so, daß niemand vor seinem Gebrüll und Geschrei erschrecke. Daher kommt es, daß der Esel immer brüllt, um die Tiere zu erschrecken, weil er meint, er sei ebensogut wie der Löwe. Nach ihnen zeigten alle Tiere ihre Künste: eins singt, eins pfeift, eins kann mit den Flügeln, andere mit Armen und Beinen etwas ausrichten, und so zeigte jedes, was es konnte, zuletzt auch die Störche ihr Klappern. Die aber, die nichts gelernt hatten, verurteilte Vater Adam, für alle Zeit stumm zu sein. Und wirklich, so verblieben alle Tiere bei den Namen, wie sie Adam ihnen gegeben hatte, und bei den Künsten, die er ihnen damals verliehen hatte.

Die Erschaffung der Geige
Ein Zigeunermärchen

Es war einmal ein armer Mann und eine arme Frau, die hatten lange Zeit keine Kinder. Da geschah es einmal, daß die Frau in den Wald ging und einem alten Weibe begegnete, das also zu ihr sprach: »Gehe nach Hause und zerschlage einen Kürbis, gieße Milch in denselben und dann trinke sie, du wirst dann einen Sohn gebären, der glücklich und reich werden wird.« Hierauf verschwand das alte Weib, die Frau aber ging nach Hause und tat, wie ihr geheißen war.

Nach neun Monaten gebar sie einen schönen Knaben. Doch nicht mehr lange sollte die Frau glücklich bleiben; denn sie wurde bald krank und starb. Ihr Mann starb auch, als der Knabe zwanzig Jahre alt wurde. Da dachte sich der Jüngling: ›Was soll ich hier machen? Ich gehe in die weite Welt und suche mein Glück.‹ Der Jüngling ging also von Dorf zu Dorf, von Stadt zu Stadt, fand aber nirgends sein

Glück. Da kam er einmal in eine große Stadt, wo ein reicher König wohnte, der eine wunderschöne Tochter besaß. Ihr Vater wollte sie nur dem Manne zur Frau geben, der etwas zustande bringe, was noch niemand auf der Welt gesehen habe. Viele Männer hatten schon ihr Glück versucht, aber sie wurden alle vom Könige aufgehängt; denn sie konnten nichts machen, was man nicht schon vordem gesehen hatte.

Als der Jüngling dies hörte, ging er zum Könige und sprach: »Ich will deine Tochter zur Frau haben, sag, was soll ich denn tun?« Der König erzürnte und sprach: »Du fragst, was du tun sollst? Du weißt ja, daß nur der meine Tochter zur Frau erhält, der so etwas machen kann, was noch niemand auf der Welt gesehen hat. Weil du so dumm gefragt hast, sollst du im Kerker sterben!« Hierauf sperrten die Diener des Königs den Jüngling in einen dunklen Kerker.

Kaum, daß sie die Tür zusperrten, da wurde es helle, und die Matuya, die Feenkönigin, erschien. Sie sprach zum Jüngling: »Sei nicht traurig, du sollst noch die Königstochter heiraten. Hier hast du eine kleine Kiste und ein Stäbchen, reiß mir Haare von meinem Kopfe und spanne sie über die Kiste und das Stäbchen!«

Der Jüngling tat also, wie ihm die Matuya gesagt hatte. Als er fertig war, sprach sie: »Streich mit dem Stäbchen über die Haare der Kiste!« Der Jüngling tat es. Hierauf sprach die Matuya: »Diese Kiste soll eine Geige werden und die Menschen froh oder traurig machen, je nachdem du es willst.« Hierauf nahm sie die Kiste und lachte hinein, dann begann sie zu weinen und ließ ihre Tränen in die Kiste fallen.

Sie sprach nun zum Jüngling: »Streich nun über die Haare der Kiste.« Der Jüngling tat es. Und da strömten aus der Kiste Lieder, die das Herz bald traurig, bald fröhlich stimmten. Als die Matuya verschwand, rief der Jüngling die Knechte herbei, ließ sich zum Könige führen und sprach zu ihm: »Nun also höre und sieh, was ich vollbracht habe.« Hierauf begann er zu spielen, und der König war außer sich vor Freude. Er gab dem Jüngling seine schöne Tochter zur Frau, und nun lebten sie alle in Glück und Frieden. So kam die Geige auf die Welt.

Die Entstehung der Sonne
Ein Südseemärchen

In alten Zeiten gab es noch keine Sonne. Nur der Mond und die Sterne leuchteten
am Himmel. Damals lebten auf der Erde keine Menschen, sondern nur große
Vögel.

Eines Tages gingen der Strauß Dinewan und der Kranich Brälgah spazieren. Sie
fingen an, sich zu zanken und kriegten miteinander das Prügeln. Brälgah lief in
seiner Wut auf das Nest von Dinewan zu, nahm dort eines der großen Eier weg
und warf es mit aller Kraft gegen den Himmel. Dort fiel es auf einen Haufen
Feuerholz nieder und zerbrach. Der gelbe Dotter lief über das Holz weg und setzte
es in helle Flammen, so daß die ganze Welt zu jedermanns Verwunderung hell
erleuchtet wurde. Die große Helligkeit blendete fast. Denn bis dahin war man
nur an sanfte Dämmerung gewöhnt.

Im Himmel wohnte ein guter Geist, der sah, wie herrlich und wunderschön die
Welt war, als sie durch die strahlende Helle beleuchtet wurde. Er dachte, es wäre
doch schön, jeden Tag ein solches Feuer anzuzünden, und seitdem hat er es immer
getan. Jede Nacht trägt er Feuerholz zusammen und häuft es auf, und wenn der
Haufen fertig ist, schickt er den Morgenstern aus, um der Erde anzuzeigen, daß
das Feuer bald angezündet wird.

Er merkte jedoch, daß dies Zeichen nicht genügte, denn die Leute, welche schliefen,
sahen es nicht. Und er meinte, man müßte irgendein Geräusch haben, was das
Kommen der Sonne ankündigte und die Schläfer aufweckte. Aber er wußte nicht,
wem er dieses schwierige Amt übertragen sollte. Eines Abends hörte er das Ge-
lächter des Gurgurgaga, des Hahns, erschallen. »Aha«, sagte er, »das ist gerade,
was ich brauche.« Und er sagte zum Gurgurgaga, er solle fortan jeden Morgen,
wenn der Morgenstern verblasse und der neue Tag heraufdämmere, so laut wie
möglich lachen, damit die Schläfer geweckt würden. Gurgurgaga willigte ein, und
seither ertönt jeden Morgen sein lautes Gekakel: gurgurgaga, gurgurgaga, gurgurgaga!

Wenn die Geister morgens das Feuer anzünden, strahlt es noch nicht viel Hitze
aus, aber um Mittag, wenn der ganze Haufen in heller Glut steht, ist es am
heißesten. Dann geht es langsam aus, bis bei Sonnenuntergang nur noch rot-
glühende Asche vorhanden ist, die rasch erlischt. Einige Stücke werden von den

Geistern mit Wolken zugedeckt, damit sie am andern Tag den neuen Holzhaufen wieder anzünden können.

Kinder dürfen das Lachen des Gurgurgaga nicht nachahmen, tun sie es trotzdem, so wächst ihnen zur Strafe über dem Augenzahn noch ein Zahn. Die guten Geister wissen sehr wohl, daß dann, wenn der Gurgurgaga aufhört, mit seinem Lachen die Sonne zu verkünden, die Zeit da ist, wo es keine Menschen mehr gibt und auf Erden wieder Dunkelheit herrscht.

Warum der Vogel Strauß nicht fliegen kann
Ein afrikanisches Märchen

Früher konnte der Vogel Strauß ganz wie andere Vögel fliegen. Jetzt aber läuft er mit seinen langen Beinen auf der Erde und kann seine Flügel nicht gebrauchen. Das kam so: Eines Tages regnete es in Strömen. Der Strauß saß auf einem Baum und ließ die Regentropfen von sich herunterrieseln. Da kam ein kleines, nasses Vögelchen zu ihm und bat: »Großväterchen, heb doch deinen großen Flügel ein bißchen auf, damit ich darunterschlüpfe und nicht noch nasser werde.« Der Strauß war gutmütig und sagte: »Ja.« Und das Vögelchen hüpfte behende unter den einen Flügel. Doch es war ein arger Schelm. Flugs nahm es Nadel und Faden hervor. Und eins, zwei, drei war der Flügel festgenäht. Dann sagte es: »Großväterchen, bitte, laß mich unter den anderen Flügel kriechen. Es tröpfelt hier schon durch.« Damit schlüpfte es unter den anderen Flügel und nähte den auch fest.

Als der Regen vorbei war und die Sonne wieder schien, sagte das Vögelchen scheinheilig: »So, nun wollen wir weiterfliegen, das Wetter ist ja wieder schön.« Damit schlüpfte es hervor und flog fort. Der Strauß wollte folgen, aber seine Flügel waren wie festgewachsen – er fiel zur Erde, und von nun an konnte er nur noch seine langen Beine gebrauchen.

Die ungleichen Kinder Evas

Als Adam und Eva aus dem Paradies vertrieben waren, da mußten sie auf un-
fruchtbarer Erde sich ein Haus bauen und im Schweiße ihres Angesichts ihr Brot
essen. Adam hackte das Feld, und Eva spann Wolle. Eva brachte jedes Jahr ein
Kind zur Welt, die Kinder waren aber ungleich, einige schön, andere häßlich.
Nachdem eine geraume Zeit verlaufen war, sandte Gott einen Engel an die beiden
und ließ ihnen entbieten, daß er kommen und ihren Haushalt schauen wollte.
Eva, freudig, daß der Herr so gnädig war, säuberte emsig ihr Haus, schmückte es
mit Blumen und streute Binsen auf den Estrich. Dann holte sie ihre Kinder herbei,
aber nur die schönen. Sie wusch und badete sie, kämmte ihnen die Haare, legte
ihnen neugewaschene Hemden an und ermahnte sie, in der Gegenwart des Herrn
sich anständig und züchtig zu betragen. Sie sollten sich vor ihm sittig neigen, die
Hand darbieten und auf seine Fragen bescheiden und verständig antworten. Die
häßlichen Kinder aber sollten sich nicht sehen lassen. Das eine verbarg sie unter
das Heu, das andere unter das Dach, das dritte in das Stroh, das vierte in den
Ofen, das fünfte in den Keller, das sechste unter eine Kufe, das siebente unter das
Weinfaß, das achte unter ihren alten Pelz, das neunte und zehnte unter das Tuch,
aus dem sie ihnen Kleider zu machen pflegte, und das elfte und zwölfte unter das
Leder, aus dem sie ihnen die Schuhe zuschnitt. Eben war sie fertig geworden, als
es an die Haustüre klopfte. Adam blickte durch eine Spalte und sah, daß es der
Herr war. Ehrerbietig öffnete er, und der himmlische Vater trat ein. Da standen
die schönen Kinder in der Reihe, neigten sich, boten ihm die Hände dar und knie-
ten nieder. Der Herr aber fing an, sie zu segnen, legte auf den ersten seine Hände
und sprach: »Du sollst ein gewaltiger König werden«, ebenso zu dem zweiten: »Du
ein Fürst«, zu dem dritten: »Du ein Herzog«, zu dem vierten: »Du ein Graf«, zu
dem fünften: »Du ein Ritter«, zu dem sechsten: »Du ein Edelmann«, zu dem siebenten: »Du ein Bischof«, zu dem achten: »Du ein Richter«, zu dem neunten: »Du ein
heilkundiger Arzt«, zu dem zehnten: »Du ein Ratsherr«, zu dem elften: »Du ein
Kaufmann«, zu dem zwölften: »Du ein Bürger«. Er erteilte ihnen also allen seinen
reichen Segen. Als Eva sah, daß der Herr so mild und gnädig war, dachte sie: ›Ich
will meine ungestalteten Kinder herbeiholen, vielleicht, daß er ihnen auch seinen
Segen gibt.‹ Sie lief also und holte sie aus dem Heu, Stroh, Ofen und wo sie sonst
hin versteckt waren, hervor. Da kam die ganze grobe, schmutzige und rußige

Schar. Der Herr lächelte, betrachtete sie alle und sprach: »Auch diese will ich segnen.« Er legte auf den ersten die Hände und sprach zu ihm: »Du sollst werden ein Bauer«, zu dem zweiten: »Du ein Fischer«, zu dem dritten: »Du ein Schmied«, zu dem vierten: »Du ein Lohgerber«, zu dem fünften: »Du ein Weber«, zu dem sechsten: »Du ein Schuhmacher«, zu dem siebenten: »Du ein Schneider«, zu dem achten: »Du ein Töpfer«, zu dem neunten: »Du ein Karrenführer«, zu dem zehnten: »Du ein Schiffer«, zu dem elften: »Du ein Küster«, zu dem zwölften: »Du ein Bote dein lebelang.«

Als Eva das alles mit angehört hatte, sagte sie: »Herr, wie teilst du deinen Segen so ungleich! Es sind doch alle meine Kinder, die ich geboren habe: deine Gnade sollte über alle gleich ergehen.« Gott aber erwiderte: »Eva, das verstehst du nicht. Mir gebührt und ist not, daß ich die ganze Welt mit deinen Kindern versehe; wenn sie alle Fürsten und Herren wären, wer sollte Korn bauen, dreschen, mahlen und backen? Wer schmieden, weben, zimmern, bauen, graben, schneiden und nähen? Jeder soll seinen Stand vertreten, daß einer den andern erhalte und alle ernährt werden wie am Leib die Glieder.« Da antwortete Eva: »Ach Herr, vergib, ich war zu rasch, daß ich dir einredete. Dein göttlicher Wille geschehe an allen meinen Kindern.«

Von Tieren, großen und kleinen

Die Bremer Stadtmusikanten

Es hatte ein Mann einen Esel, der schon lange Jahre die Säcke unverdrossen zur Mühle getragen hatte, dessen Kräfte aber nun zu Ende gingen, so daß er zur Arbeit immer untauglicher ward. Da dachte der Herr daran, ihn aus dem Futter zu schaffen, aber der Esel merkte, daß kein guter Wind wehte, lief fort und machte sich auf den Weg nach Bremen. Dort, meinte er, könnte er ja Stadtmusikant werden.

Als er ein Weilchen fortgegangen war, fand er einen Jagdhund auf dem Wege liegen, der jappte wie einer, der sich müde gelaufen hat. »Nun, was jappst du so, Packan?« fragte der Esel.

»Ach«, sagte der Hund, »weil ich alt bin und jeden Tag schwächer werde, auch auf der Jagd nicht mehr fort kann, hat mich mein Herr wollen totschlagen, da hab ich Reißaus genommen. Aber womit soll ich nun mein Brot verdienen?« — »Weißt du was«, sprach der Esel, »ich gehe nach Bremen und werde dort Stadtmusikant. Geh mit und laß dich auch bei der Musik annehmen. Ich spiele die Laute, und du schlägst die Pauke.« Der Hund war's zufrieden, und sie gingen weiter.

Es dauerte nicht lange, so saß da eine Katze an dem Weg und machte ein Gesicht wie drei Tage Regenwetter. »Nun, was ist dir in die Quere gekommen, alter Bartputzer?« sprach der Esel. »Wer kann da lustig sein, wenn's einem an den Kragen geht«, antwortete die Katze. »Weil ich nun zu Jahren komme, meine Zähne stumpf werden und ich lieber hinter dem Ofen sitze und spinne als nach Mäusen herumjage, hat mich meine Frau ersäufen wollen. Ich habe mich zwar noch fortgemacht, aber nun ist guter Rat teuer: wo soll ich hin?« — »Geh mit uns nach Bremen. Du verstehst dich doch auf die Nachtmusik, da kannst du ein Stadtmusikant werden.« Die Katze hielt das für gut und ging mit.

Darauf kamen die drei Landesflüchtigen an einem Hof vorbei, da saß auf dem Tor der Haushahn und schrie aus Leibeskräften. »Du schreist einem durch Mark und Bein«, sprach der Esel, »was hast du vor?« — »Da hab ich gut Wetter prophezeit«, sprach der Hahn, »weil Unserer Lieben Frauen Tag ist, da sie dem Christkindlein die Hemdchen gewaschen hat und sie trocknen will. Aber weil morgen zum Sonntag Gäste kommen, so hat die Hausfrau doch kein Erbarmen und hat der Köchin gesagt, sie wollte mich morgen in der Suppe essen, und da soll ich mir heute abend den Kopf abschneiden lassen. Nun schrei ich aus vollem Hals, so lang ich noch kann.« — »Ei was, du Rotkopf«, sagte der Esel, »zieh lieber mit uns fort, wir gehen nach Bremen. Etwas Besseres als den Tod findest du überall. Du hast eine gute Stimme, und wenn wir zusammen musizieren, so muß es eine Art haben.« Der Hahn ließ sich den Vorschlag gefallen, und sie gingen alle viere zusammen fort.

Sie konnten aber die Stadt Bremen in einem Tag nicht erreichen und kamen abends in einen Wald, wo sie übernachten wollten. Der Esel und der Hund legten sich unter einen großen Baum, die Katze machte sich in die Äste, der Hahn aber flog bis in die Spitze, wo es am sichersten für ihn war. Ehe er einschlief, sah er sich noch einmal nach allen vier Winden um, da deuchte ihm, er sähe in der Ferne ein Fünkchen brennen, und rief seinen Gesellen zu, es müßte gar nicht weit ein Haus sein, denn es scheine ein Licht. Sprach der Esel: »So müssen wir uns aufmachen und noch hingehen, denn hier ist die Herberge schlecht.« Der Hund meinte, ein paar Knochen und etwas Fleisch daran täten ihm auch gut. Also machten sie sich auf den Weg nach der Gegend, wo das Licht war, und sahen es bald heller schimmern. Und es ward immer größer, bis sie vor ein hell erleuchtetes Räuberhaus kamen. Der Esel, als der Größte, näherte sich dem Fenster und schaute hinein.

»Was siehst du, Grauschimmel?« fragte der Hahn. »Was ich sehe?« antwortete der

Esel, »einen gedeckten Tisch mit schönem Essen und Trinken, und Räuber sitzen daran und lassen's sich wohl sein.« — »Das wäre was für uns«, sprach der Hahn. »Ja, ja, ach, wären wir da!« sagte der Esel. Da ratschlagten die Tiere, wie sie es anfangen müßten, um die Räuber hinauszujagen, und fanden endlich ein Mittel. Der Esel mußte sich mit den Vorderfüßen auf das Fenster stellen, der Hund auf des Esels Rücken springen, die Katze auf den Hund klettern. Und endlich flog der Hahn hinauf und setzte sich der Katze auf den Kopf. Wie das geschehen war, fingen sie auf ein Zeichen insgesamt an, ihre Musik zu machen: der Esel schrie, der Hund bellte, die Katze miaute und der Hahn krähte. Dann stürzten sie durch das Fenster in die Stube hinein, daß die Scheiben klirrten. Die Räuber fuhren bei dem entsetzlichen Geschrei in die Höhe, meinten nichts anderes, als ein Gespenst käme herein, und flohen in größter Furcht in den Wald hinaus. Nun setzten sich die vier Gesellen an den Tisch, nahmen mit dem vorlieb, was übriggeblieben war, und aßen, als wenn sie vier Wochen hungern sollten.

Wie die vier Spielleute fertig waren, löschten sie das Licht aus und suchten sich eine Schlafstätte, jeder nach seiner Natur und Bequemlichkeit. Der Esel legte sich auf den Mist, der Hund hinter die Türe, die Katze auf den Herd bei der warmen Asche, und der Hahn setzte sich auf den Hahnenbalken. Und weil sie müde waren von ihrem langen Weg, schliefen sie auch bald ein. Als Mitternacht vorbei war und die Räuber von weitem sahen, daß kein Licht mehr im Haus brannte, auch alles ruhig schien, sprach der Hauptmann: »Wir hätten uns doch nicht sollen ins Bockshorn jagen lassen«, und hieß einen hingehen und das Haus untersuchen. Der Abgeschickte fand alles still, ging in die Küche, ein Licht anzuzünden; weil er die glühenden, feurigen Augen der Katze für lebendige Kohlen ansah, hielt er ein Schwefelhölzchen daran, daß es Feuer fangen sollte. Aber die Katze verstand keinen Spaß, sprang ihm ins Gesicht, spie und kratzte. Da erschrak er gewaltig, lief und wollte zur Hintertür hinaus, aber der Hund, der da lag, sprang auf und biß ihn ins Bein. Und als er über den Hof an dem Mist vorbeirannte, gab ihm der Esel noch einen tüchtigen Schlag mit dem Hinterfuß. Der Hahn aber, der vom Lärm aus dem Schlaf geweckt und munter geworden war, rief vom Balken herab: »Kikeriki!« Da lief der Räuber was er konnte zu seinem Hauptmann zurück und sprach: »Ach, in dem Haus sitzt eine greuliche Hexe, die hat mich angehaucht und mit ihren langen Fingern mir das Gesicht zerkratzt. Und vor der Türe steht ein Mann mit einem Messer, der hat mich ins Bein gestochen. Und auf dem Hof liegt ein schwarzes Ungetüm, das hat mit einer Holzkeule auf mich losgeschlagen. Und oben auf dem Dache, da sitzt der Richter, der rief: Bringt mir den Schelm her! Da machte ich, daß ich fortkam.«

Von nun an getrauten sich die Räuber nicht wieder in das Haus. Den vier Bremer Musikanten gefiel's aber so wohl darin, daß sie nicht wieder heraus wollten. Und der das zuletzt erzählt hat, dem ist der Mund noch warm.

Der alte Sultan

Es hatte ein Bauer einen treuen Hund, der Sultan hieß, der war alt geworden und hatte alle Zähne verloren, so daß er nichts mehr fest packen konnte. Zu einer Zeit stand der Bauer mit seiner Frau vor der Haustüre und sprach: »Den alten Sultan schieß ich morgen tot; der ist zu nichts mehr nütze.« Die Frau, die Mitleid mit dem treuen Tier hatte, antwortete: »Da er uns so lange Jahre gedient hat und ehrlich zu uns gehalten, so könnten wir ihm wohl das Gnadenbrot geben.« — »Ei was«, sagte der Mann, »er hat keinen Zahn mehr, und kein Dieb fürchtet sich vor ihm, er kann jetzt abgehen. Hat er uns gedient, so hat er sein gutes Fressen dafür gekriegt.«

Der arme Hund, der nicht weit davon in der Sonne ausgestreckt lag, hatte alles mit angehört und war traurig, daß morgen sein letzter Tag sein sollte. Er hatte einen guten Freund, das war der Wolf. Zu dem schlich er sich abends hinaus in den Wald und klagte über das Schicksal, das ihm bevorstände. »Höre, Gevatter«, sagte der Wolf, »sei guten Mutes, ich will dir aus deiner Not helfen. Ich habe etwas ausgedacht. Morgen in aller Frühe geht dein Herr mit seiner Frau ins Heu, und sie nehmen ihr kleines Kind mit, weil niemand im Hause zurückbleibt. Sie pflegen das Kind während der Arbeit hinter die Hecke in den Schatten zu legen: lege dich daneben, gleich als wolltest du es bewachen. Ich will dann aus dem Walde herauskommen und das Kind rauben. Du mußt mir eifrig nachspringen, als wolltest du mir es wieder abjagen. Ich lasse es fallen, und du bringst es den Eltern wieder zurück. Die glauben dann, du hättest es gerettet, und sind viel zu dankbar, als daß sie dir ein Leid antun sollten. Im Gegenteil, du kommst in völlige Gnade, und sie werden es dir an nichts mehr fehlen lassen.«

Der Vorschlag gefiel dem Hund, und wie er ausgedacht war, so ward er auch ausgeführt. Der Vater schrie, als er den Wolf mit seinem Kinde durchs Feld laufen sah. Als es aber der alte Sultan zurückbrachte, da war er froh, streichelte ihn und sagte: »Dir soll kein Härchen gekrümmt werden, du sollst das Gnadenbrot essen, solange du lebst.« Zu seiner Frau aber sprach er: »Geh gleich heim und koche dem alten Sultan einen Weckbrei, den braucht er nicht zu beißen, und bring das Kopfkissen aus meinem Bette, das schenk ich ihm zu seinem Lager.«

Von nun an hatte es der alte Sultan so gut, als er sich's nur wünschen konnte. Bald hernach besuchte ihn der Wolf und freute sich, daß alles so wohl gelungen war. »Aber Gevatter«, sagte er, »du wirst doch ein Auge zudrücken, wenn ich bei Gelegenheit deinem Herrn ein fettes Schaf weghole. Es wird einem heutzutage schwer, sich durchzuschlagen.« — »Darauf rechne nicht«, antwortete der Hund, »meinem Herrn bleib ich treu, das darf ich nicht zugeben.« Der Wolf meinte, das wäre nicht im Ernste gesprochen, kam in der Nacht herangeschlichen und wollte sich das Schaf holen. Aber der Bauer, dem der treue Sultan das Vorhaben des Wolfes verraten hatte, paßte ihm auf und kämmte ihm mit dem Dreschflegel garstig die Haare. Der Wolf mußte ausreißen, schrie aber dem Hund zu: »Wart, du schlechter Geselle, dafür sollst du büßen.«

Am andern Morgen schickte der Wolf das Schwein und ließ den Hund hinaus in den Wald fordern, da wollten sie ihre Sache ausmachen. Der alte Sultan konnte keinen Beistand finden als eine Katze, die nur drei Beine hatte. Als sie zusammen hinausgingen, humpelte die arme Katze daher und streckte zugleich vor Schmerz den Schwanz in die Höhe. Der Wolf und sein Beistand waren schon an Ort und Stelle. Als sie aber ihren Gegner daherkommen sahen, meinten sie, er führte einen Säbel mit sich, weil sie den aufgerichteten Schwanz der Katze dafür ansahen. Und wenn das arme Tier so auf drei Beinen hüpfte, dachten sie nicht anders, als es höbe jedesmal einen Stein auf und wollte damit auf sie werfen. Da ward ihnen beiden angst: das wilde Schwein verkroch sich ins Laub, und der Wolf sprang auf einen Baum. Der Hund und die Katze, als sie herankamen, wunderten sich, daß sich niemand sehen ließ. Das wilde Schwein aber hatte sich im Laub nicht ganz verstecken können, sondern die Ohren ragten noch heraus. Während die Katze sich bedächtig umschaute, zwinste das Schwein mit den Ohren. Die Katze, welche meinte, es rege sich da eine Maus, sprang darauf zu und biß herzhaft hinein. Da erhob sich das Schwein mit großem Geschrei, lief fort und rief: »Dort auf dem Baum da sitzt der Schuldige.« Der Hund und die Katze schauten hinauf und erblickten den Wolf. Der schämte sich, daß er sich so furchtsam gezeigt hatte, und nahm von dem Hund den Frieden an.

Der Wolf

Es war einmal ein Mann und eine Frau, die hatten sieben Schafe, ein stumpfschwänziges Fohlen und einen Hund und eine Katze. Zum Schafehüten hatten sie einen Burschen von vierzehn Jahren. Eines Tages zog der Bursche mit seinem Vesperbrot und den sieben Schafen hinaus. Da kam der Wolf und sagte zu dem Burschen: »Das sind aber schöne Schafe; gehören sie dir?« — »Ja«, sagte der Bursche. »Gib mir dein Vesperbrot, sonst fresse ich eins von deinen Schafen!« sagte der Wolf. »Nein, das Vesperbrot gebe ich dir nicht!« sagte der Bursche. Da fraß der Wolf ein Schaf. Am nächsten Tag, als der Knabe wieder mit seinem Vesperbrot und den sechs Schafen auszog, kam der Wolf wieder, und es ging wie am Tage zuvor. Und so ging es jeden Tag, bis der Wolf alle Schafe aufgefressen hatte. Da wurde der Herr des Burschen böse und hieß ihn das stumpfschwänzige Fohlen hüten. Eines Tages ging der Bursche hinaus auf die Weide, um nach dem Fohlen zu sehen; da begegnete er wieder dem Wolf, und der sagte: »Bursche, gib mir dein Vesperbrot, sonst fresse ich das Fohlen.« Aber der Bursche wollte sein Vesperbrot nicht herausgeben, und da fraß der Wolf das Fohlen. Wie nun der Bursche nach Hause kam und erzählte, was passiert war, sagte der Bauer, nun solle er in den Wald hinausgehen und die Schafe und das Fohlen suchen. Der Bursche ging auch, obgleich er wußte, daß der Wolf die Tiere gefressen hatte. Als er ein Stück weit gegangen war, zog er sein Vesperbrot aus der Tasche und fing an zu essen. Da kam der Wolf und sagte: »Bursche, gib mir dein Vesperbrot, sonst fresse ich dich!« Aber der Bursche wollte sein Brot nicht hergeben, und da fraß der Wolf ihn auf.

Die Leute zu Hause dachten, es dauere doch recht lange, bis der Bursche heimkomme, und sie schickten den Knecht nach ihm aus. Der Knecht begegnete ebenfalls dem Wolf und fragte ihn, ob er nicht einen Burschen gesehen habe und sieben Schafe und ein stumpfschwänziges Fohlen. Der Wolf gab zur Antwort: »Die liegen in meinem Bauch und rumpeln und pumpeln; es ist auch für dich noch gut Platz darin.« Und kaum hatte er das gesagt, so fraß er den Knecht auf. Den Leuten zu Hause kam es vor, als ob der Knecht gar zu lange ausbliebe, und sie schickten die Magd nach ihm aus. Die begegnete ebenfalls dem Wolf und fragte, ob er nicht einen Knecht gesehen habe und sieben Schafe, ein stumpfschwänziges Fohlen und einen Burschen. Der Wolf gab zur Antwort: »Die liegen in meinem Bauch und rumpeln und pumpeln; und für dich ist auch noch gut Platz darin«, und damit fraß er auch die Magd auf. Der Bauer wartete lange auf die Magd; schließlich wurde er aber ungeduldig und ging selbst aus, um sie zu suchen. Als er dem Wolf begegnete, fragte er ihn, ob er nicht einen Burschen gesehen habe und einen Knecht, eine Magd, sieben Schafe und ein stumpfschwänziges Fohlen. Der Wolf sagte: »Die liegen in meinem Bauch und rumpeln und pumpeln; und für dich ist auch noch gut Platz darin!« Und kaum hatte er das gesagt, so fraß er den Mann auf. Die Frau zu Hause wartete lange auf ihren Mann; aber schließlich hatte sie keine Ruhe mehr und ging auf die Suche nach ihm. Da begegnete sie dem Wolf und fragte ihn, ob er nicht einen Burschen gesehen habe und sieben Schafe, ein stumpfschwänziges Fohlen, einen Knecht, eine Magd und einen Mann. »Ja«, sagte der Wolf, »die liegen in meinem Bauch und rumpeln und pumpeln, und für dich ist auch noch gut Platz darin!« Und damit fraß er auch die Frau auf. Nun kam es dem Hund daheim recht einsam vor, und er machte sich auf die Suche nach seinen Leuten. Bald traf er den Wolf und fragte ihn, ob er nicht einen Burschen gesehen habe und sieben Schafe, ein stumpfschwänziges Fohlen, einen Knecht, eine Magd, einen Mann und eine Frau. Der Wolf gab zur Antwort: »Die liegen in meinem Bauch und rumpeln und pumpeln; und für dich ist auch noch gut Platz darin.« Nun war keiner mehr zu Hause als die Katze; und die fand es auch bald langweilig und machte sich auf, um die anderen zu suchen. Sie traf ebenfalls den Wolf und fragte ihn, ob er nicht einen Burschen gesehen habe und sieben Schafe, ein stumpfschwänziges Fohlen, einen Knecht, eine Magd, einen Mann, eine Frau und einen Hund. »Ja«, sagte der Wolf, »die liegen in meinem Bauch und rumpeln und pumpeln; und für dich ist auch noch gut Platz darin!« Und damit schluckte der Wolf auch die Katze.

Aber nun hatte er so viel gefressen, daß nicht mehr alles in ihm Platz hatte; der Hund und die Katze fingen Streit an, und schließlich kratzten sie ihm den Bauch auf. Und nun plumpsten sie alle heraus, der Bursche mit den sieben Schafen, das stumpfschwänzige Fohlen, der Knecht, die Magd, der Mann, die Frau, der Hund und die Katze. Sie waren alle noch ganz lebendig und überfielen gemeinsam den Wolf, schlugen ihn tot und gingen froh und munter wieder nach Hause.

Der Zaunkönig und der Bär

Zur Sommerszeit gingen einmal der Bär und der Wolf im Wald spazieren, da hörte der Bär so schönen Gesang von einem Vogel, daß er sprach: »Bruder Wolf, was ist das für ein Vogel, der so schön singt?« — »Das ist der König der Vögel«, sagte der Wolf, »vor dem müssen wir uns neigen«; es war aber der Zaunkönig. »Wenn das ist«, sagte der Bär, »so möcht ich auch gern seinen königlichen Palast sehen, komm und führe mich hin.« — »Das geht nicht so, wie du meinst«, sprach der Wolf, »du mußt warten, bis die Frau Königin kommt.« Bald darauf kam die Frau Königin und hatte Futter im Schnabel, und der Herr König auch, und wollten ihre Jungen atzen. Der Bär wäre nun gerne gleich hinterdrein gegangen, aber der Wolf hielt ihn am Ärmel und sagte: »Nein, du mußt warten, bis Herr und Frau Königin wieder fort sind.« Also nahmen sie das Loch in acht, wo das Nest stand, und trabten wieder ab. Der Bär aber hatte keine Ruhe, wollte den königlichen Palast sehen und ging nach einer kurzen Weile wieder vor. Da waren König und Königin richtig ausgeflogen: er guckte hinein und sah fünf oder sechs Junge, die lagen darin. »Ist das der königliche Palast?« rief der Bär, »das ist ein erbärmlicher Palast! Ihr seid auch keine Königskinder, ihr seid unehrliche Kinder.« Wie das die jungen Zaunkönige hörten, wurden sie gewaltig bös und schrien: »Nein, das sind wir nicht, unsere Eltern sind ehrliche Leute; Bär, das soll ausgemacht werden mit dir.« Dem Bär und dem Wolf ward angst, sie kehrten um und setzten sich in ihre Höhlen. Die jungen Zaunkönige aber schrien und lärmten fort, und als ihre Eltern wieder Futter brachten, sagten sie: »Wir rühren kein Fliegenbeinchen an, und sollten wir verhungern, bis ihr erst ausgemacht habt, ob wir ehrliche Kinder sind oder nicht: der Bär ist dagewesen und hat uns gescholten.« Da sagte der alte König: »Seid nur ruhig, das soll ausgemacht werden.« Flog darauf mit der Frau Königin dem Bären vor seine Höhle und rief hinein: »Alter Brummbär, warum hast du meine Kinder gescholten? Das soll dir übel bekommen, das wollen wir in einem blutigen Krieg ausmachen.« Also war dem Bären der Krieg angekündigt und ward alles vierfüßige Getier berufen, Ochs, Esel, Rind, Hirsch, Reh und was die Erde sonst alles trägt. Der Zaunkönig aber berief alles, was in der Luft fliegt; nicht allein die Vögel groß und klein, sondern auch die Mücken, Hornissen, Bienen und Fliegen mußten herbei.

Als nun die Zeit kam, wo der Krieg angehen sollte, da schickte der Zaunkönig

Kundschafter aus, wer der kommandierende General des Feindes wäre. Die Mücke war die Listigste von allen, schwärmte im Wald, wo der Feind sich versammelte, und setzte sich endlich unter ein Blatt auf den Baum, wo die Parole ausgegeben wurde. Da stand der Bär auf, rief den Fuchs vor sich und sprach: »Fuchs, du bist der schlaueste unter allem Getier, du sollst General sein und uns anführen.« — »Gut«, sagte der Fuchs, »aber was für Zeichen wollen wir verabreden?« Niemand wußte es. Da sprach der Fuchs: »Ich habe einen schönen, langen, buschigen Schwanz, der sieht aus fast wie ein roter Federbusch; wenn ich den Schwanz in die Höhe halte, so geht die Sache gut und ihr müßt darauf losmarschieren; laß ich ihn aber herunterhängen, so lauft, was ihr könnt.« Als die Mücke das gehört hatte, flog sie wieder heim und verriet dem Zaunkönig alles haarklein.

Als der Tag anbrach, wo die Schlacht sollte geliefert werden, hu, da kam das vierfüßige Getier dahergerannt mit Gebraus, daß die Erde zitterte; Zaunkönig mit seiner Armee kam auch durch die Luft daher, das schnurrte, schrie und schwärmte, daß einem angst und bange ward; und gingen sie da von beiden Seiten aneinander. Der Zaunkönig aber schickte die Hornisse hinab, die sollte sich dem Fuchs unter den Schwanz setzen und aus Leibeskräften stechen. Wie nun der Fuchs den ersten Stich bekam, zuckte er, daß er das eine Bein aufhob, doch ertrug er's und hielt den Schwanz noch in die Höhe; beim zweiten Stich mußte er ihn einen Augenblick herunterlassen; beim dritten aber konnte er sich nicht mehr halten, schrie und nahm den Schwanz zwischen die Beine. Wie das die Tiere sahen, meinten sie, alles wäre verloren, und fingen an zu laufen, jedes in seine Höhle: und hatten die Vögel die Schlacht gewonnen.

Da flogen der Herr König und die Frau Königin heim zu ihren Kindern und riefen: »Kinder, seid fröhlich, eßt und trinkt nach Herzenslust, wir haben den Krieg gewonnen.« Die jungen Zaunkönige aber sagten: »Noch essen wir nicht, der Bär soll erst vor's Nest kommen und Abbitte tun und soll sagen, daß wir ehrliche Kinder sind.« Da flog der Zaunkönig vor das Loch des Bären und rief: »Brummbär, du sollst vor das Nest zu meinen Kindern gehen und Abbitte tun und sagen, daß sie ehrliche Kinder sind, sonst sollen dir die Rippen im Leibe zertreten werden.« Da kroch der Bär in großer Angst hin und tat Abbitte. Jetzt waren die jungen Zaunkönige erst zufrieden, setzten sich zusammen, aßen und tranken und machten sich lustig bis spät in die Nacht hinein.

Der Fuchs, der Wolf und der Bär

Die Festtage kamen heran. Der Fuchs, der Wolf und der Bär hielten Rat. Sie wollten sich etwas zugute tun und beschlossen, Butter zu stehlen. Sie gingen zum Keller, scharrten ein Loch aus und trugen zwei Bütten voll Butter davon. Die eine schleckten sie gleich aus, die andere sparten sie sich für die Festtage auf. Dann gingen sie in ihre Waldhöhle zurück.

Am nächsten Tag sprach der Fuchs: »Man hat mich heute zum Taufschmaus geladen.« Damit ging er in den Wald zum Butterfaß, fraß das obere auf und kehrte zurück. Die andern fragten gleich, wie das Kind getauft worden sei. Der Fuchs antwortete: »Es wurde getauft ›Oberstes‹.«

Am nächsten Tag wollte der Fuchs abermals zu einem Taufschmaus. Ging zum Butterfaß und fraß die Butter bis zur Hälfte auf. Zu Hause fragten ihn die andern: »Wie wurde das Kind heute getauft?« Der Fuchs anwortete: »Bis zur Hälfte.« — Am dritten Tag sprach der Fuchs: »Man hat mich heute schon wieder zu einem Taufschmaus geladen.« Er ging zur Bütte und fraß sie leer. Als er zurückkam, fragten ihn die andern: »Welcher Name wurde denn heute dem Kind gegeben?« Der Fuchs antwortete: »Ganz leer.«

Bald brachen die Festtage an. Man ging zur Butterbütte. Die Bütte aber war leer. Da sagte der Fuchs: »Legen wir uns in die Sonne schlafen. Aus wessen Schnauze Fett tropft, der hat alles aufgefressen.« Die andern waren's zufrieden und legten sich alle schlafen. Nun stand der Fuchs auf, kratzte die Butterreste zusammen und schmierte ganz leise die Schnauze des Wolfs mit Butter ein. Die Sonne schien heiß und brachte die Butter zum Schmelzen. Als man aufstand, sah man nach, wessen Schnauze fettig sei. Es war nicht die Schnauze des Fuchses, auch nicht die des Bären. Sieh, es war die Schnauze des Wolfes! Was war da zu machen? Der Wolf hatte eben die Butter gestohlen. Da schämte er sich so sehr, daß er den Schwanz einzog und in den Wald davonschlich.

Wolf Prahlhans

Der Wolf prahlte dem Fuchs vor, er fürchte sich vor nichts in der Welt und wolle einen Reiter mitsamt dem Pferd auffressen. Der Fuchs aber glaubte es ihm nicht und sagte, das müsse er erst sehen. Sie versteckten sich im Walde am Wege und warteten. Endlich kommt ein Husar daher mit einem mächtigen Säbel an der Seite. »Das ist der rechte«, sprach der Fuchs, »an den mußt du dich machen.« Der Wolf, um Wort zu halten, sprang hervor und griff den Reiter an. Aber dieser zog vom Leder, haute scharf zu und zerfetzte den Wolf erbärmlich, so daß dieser nur mit Mühe flüchten konnte.

»Nun«, sprach der Fuchs, »wie hat dir der Reiter geschmeckt?«

»Ach«, antwortete der Wolf mit schwacher Stimme, »ich hätte ihn wohl aufgefressen, aber er hatte hinten eine blanke Zunge, die zog er hervor, und die hat mich so fürchterlich geleckt, daß mir das Fressen vergangen ist.«

Der Jaguar und der Blitzstrahl
Ein indianisches Märchen

Der Jaguar traf den Blitzstrahl, der gerade eine Keule machte. Der Jaguar kam von hinten, und der Blitzstrahl merkte es nicht. Der Jaguar glaubte, es wäre ein Tier und wollte ihn fressen. Er sprang auf den Blitzstrahl los, faßte ihn aber nicht. Da fragte der Jaguar den Blitzstrahl, ob er wohl Kraft hätte. Der Blitzstrahl antwortete: »Nein, ich habe gar keine Kraft.« Da sagte der Jaguar: »Ich habe aber Kraft! Sieh her, ich breche alle Äste, ich habe sehr viel Kraft!«

Der Jaguar kletterte auf einen Baum und brach alle Äste ab, dann stieg er auf den Boden, riß alles Gras aus und zerwühlte die Erde mit den Krallen, bis er anfing zu schwitzen. Dann sagte er: »Uff! Siehst du, so bin ich! Ich habe Kraft. Ich bin nicht so wie du.« Dann setzte er sich neben den Blitzstrahl mit dem Rücken nach ihm. Als er sich gesetzt hatte, nahm der Blitzstrahl seine kleine Keule und schwang sie einmal. Da kamen Blitz, Donner, Sturm und Regen! Der Jaguar bekam Todesangst und sprang auf einen Baum. Aber der Blitzstrahl zerschlug den Baum, und der Jaguar fiel auf die Erde. Der Blitzstrahl faßte den Jaguar an den Beinen und schleuderte ihn fort. Der Jaguar verkroch sich unter einem Fels. Der Blitzstrahl zerschlug den Fels. So lief der Jaguar hin und her, versteckte sich hier und dort. Aber der Blitzstrahl zerschlug alles, Bäume, Felsen und Erde. Schließlich war der Jaguar so matt, daß er nicht mehr laufen konnte. Ganz zusammengerollt lag er vor dem Blitzstrahl, da ließ der von ihm ab und sagte: »Siehst du, andere Leute haben auch Kraft.«

Seither hat der Jaguar eine furchtbare Angst vor dem Gewitter.

Der Fuchs und die Katze

Es trug sich zu, daß die Katze in einem Walde dem Herrn Fuchs begegnete, und weil sie dachte: er ist gescheit und wohlerfahren und gilt viel in der Welt, so sprach sie ihm freundlich zu. »Guten Tag, lieber Herr Fuchs. Wie geht's? Wie steht's? Wie schlagt ihr euch durch in dieser teuren Zeit?« Der Fuchs, allen Hochmutes voll, betrachtete die Katze vom Kopf bis zu Füßen und wußte lange nicht, ob er eine Antwort geben sollte. Endlich sprach er: »Oh, du armseliger Bartputzer, du bunt scheckiger Narr, du Hungerleider und Mäusejäger, was kommt dir in den Sinn? Du unterstehst dich zu fragen, wie mir's gehe? Was hast du gelernt? Wieviel Künste verstehst du?« — »Ich verstehe nur eine einzige«, antwortete bescheidentlich die Katze. »Was ist das für eine Kunst?« fragte der Fuchs. »Wenn die Hunde hinter mir her sind, so kann ich auf einen Baum springen und mich retten.« — »Ist das alles?« sagte der Fuchs, »ich bin Herr über hundert Künste und habe überdies noch einen Sack voll Listen. Du jammerst mich, komm mit mir, ich will dich lehren, wie man den Hunden entgeht.«

Indem kam ein Jäger mit vier Hunden daher. Die Katze sprang behend auf einen Baum und setzte sich in den Gipfel, wo Äste und Laubwerk sie völlig verbargen. »Bindet den Sack auf, Herr Fuchs, bindet den Sack auf«, rief ihm die Katze zu, aber die Hunde hatten ihn schon gepackt und hielten ihn fest. »Ei, Herr Fuchs«, rief die Katze, »Ihr bleibt mit Euern hundert Künsten stecken! Hättet Ihr hinaufklettern können wie ich, so wär's nicht um Euer Leben geschehen.«

Der Zaunkönig

In alten Zeiten, da hatte jeder Klang noch Sinn und Bedeutung. Wenn der Hammer des Schmieds ertönte, so rief er: »Smiet mi to! Smiet mi to!« Wenn der Hobel des Tischlers schnarrte, so sprach er: »Dor haest! Dor, dor haest!« Fing das Räderwerk der Mühle an zu klappern, so sprach es: »Help, Herr Gott! Help, Herr Gott!« Und war der Müller ein Betrüger und ließ die Mühle an, so sprach sie hochdeutsch und fragte erst langsam: »Wer ist da? Wer ist da?« dann antwortete sie schnell: »Der Müller! Der Müller!« und endlich ganz geschwind: »Stiehlt tapfer, stiehlt tapfer, vom Achtel drei Sechter.«

Zu dieser Zeit hatten auch die Vögel ihre eigene Sprache, die jedermann verstand, jetzt lautet es nur wie ein Zwitschern, Kreischen und Pfeifen und bei einigen wie Musik ohne Worte. Es kam aber den Vögeln in den Sinn, sie wollten nicht länger ohne Herrn sein und einen unter sich zu ihrem König wählen. Nur einer von ihnen, der Kiebitz, war dagegen; frei hatte er gelebt, frei wollte er sterben, und angstvoll hin und her fliegend rief er: »Wo bliew ick? Wo bliew ick?« Er zog sich zurück in einsame und unbesuchte Sümpfe und zeigte sich nicht wieder unter seinesgleichen.

Die Vögel wollten sich nun über die Sache besprechen, und an einem schönen Maimorgen kamen sie alle aus Wäldern und Feldern zusammen, Adler und Buchfinke, Eule und Krähe, Lerche und Sperling, was soll ich sie alle nennen? Selbst der Kuckuck kam und der Wiedehopf, sein Küster, der so heißt, weil er sich immer ein paar Tage früher hören läßt; auch ein ganz kleiner Vogel, der noch keinen Namen hatte, mischte sich unter die Schar. Das Huhn, das zufällig von der ganzen Sache nichts gehört hatte, verwunderte sich über die große Versammlung. »Wat, wat, wat is den dar to don?« gackerte es, aber der Hahn beruhigte seine liebe Henne und sagte: »Lauter riek Lüt«, erzählte ihr auch, was sie vorhätten. Es ward aber beschlossen, daß der König sein sollte, der am höchsten fliegen könnte. Ein Laubfrosch, der im Gebüsche saß, rief, als er das hörte, warnend: »Natt, natt, natt! Natt, natt, natt!« weil er meinte, es würden deshalb viel Tränen vergossen werden. Die Krähe aber sagte: »Quark ok!«, es sollte alles friedlich abgehen.

Es ward nun beschlossen, sie wollten gleich an diesem schönen Morgen aufsteigen, damit niemand hinterher sagen könnte: »Ich wäre wohl noch höher geflogen, aber der Abend kam, da konnte ich nicht mehr.« Auf ein gegebenes Zeichen erhob sich also die ganze Schar in die Lüfte. Der Staub stieg da von dem Felde auf, es war ein gewaltiges Sausen und Brausen und Fittichschlagen, und es sah aus, als wenn eine schwarze Wolke dahinzöge. Die kleineren Vögel aber blieben bald zurück, konnten nicht weiter und fielen wieder auf die Erde. Die größeren hielten's länger aus, aber keiner konnte es dem Adler gleichtun, der stieg so hoch, daß er der Sonne hätte die Augen aushacken können. Und als er sah, daß die andern nicht zu ihm heraufkonnten, so dachte er: ›Was willst du noch höher fliegen, du bist doch der König‹, und fing an, sich wieder herabzulassen. Die Vögel unter ihm riefen ihm alle gleich zu: »Du mußt unser König sein, keiner ist höher geflogen als du.« — »Ausgenommen ich«, schrie der kleine Kerl ohne Namen, der sich in den Brustfedern des Adlers verkrochen hatte. Und da er nicht müde war, so stieg er auf und stieg so hoch, daß er Gott auf seinem Stuhle konnte sitzen sehen. Als er aber so weit gekommen war, legte er seine Flügel zusammen, sank herab und rief unten mit seiner durchdringenden Stimme: »König bün ick! König bün ick!«

»Du unser König?« schrien die Vögel zornig, »durch Ränke und Listen hast du es dahin gebracht.« Sie machten eine andere Bedingung: der sollte ihr König sein, der am tiefsten in die Erde fallen könnte. Wie klatschte da die Gans mit ihrer breiten Brust wieder auf das Land! Wie scharrte der Hahn schnell ein Loch! Die Ente kam am schlimmsten weg, sie sprang in einen Graben, verrenkte sich aber die Beine und watschelte fort zum nahen Teich mit dem Ausruf: »Pracherwerk! Pracherwerk!« Der Kleine ohne Namen aber suchte ein Mäuseloch, schlüpfte hinab und rief mit seiner feinen Stimme heraus: »König bün ick! König bün ick!«

»Du unser König?« riefen die Vögel noch zorniger, »meinst du, deine Listen sollten gelten?« Sie beschlossen, ihn in seinem Loch gefangenzuhalten und auszuhungern. Die Eule ward als Wache davorgestellt: Sie sollte den Schelm nicht herauslassen, so lieb ihr das Leben wäre. Als es aber Abend geworden war und die Vögel von der Anstrengung beim Fliegen große Müdigkeit empfanden, so gingen sie mit Weib und Kind zu Bett. Die Eule allein blieb bei dem Mäuseloch stehen und blickte mit ihren großen Augen unverwandt hinein. Indessen war sie auch müde geworden und dachte: ›Ein Auge kannst du wohl zutun, du wachst ja noch mit dem andern, und der kleine Bösewicht soll mir nicht aus seinem Loch heraus.‹ Also tat sie das eine Auge zu und schaute mit dem andern steif auf das Mäuseloch. Der kleine Kerl guckte mit dem Kopf heraus und wollte wegwitschen, aber die Eule trat gleich davor, und er zog den Kopf wieder zurück. Dann tat die Eule das eine Auge wieder auf und das andere zu und wollte so die ganze Nacht abwechseln. Aber als sie das eine Auge wieder zumachte, vergaß sie das andere aufzutun, und sobald die beiden Augen zu waren, schlief sie ein. Der Kleine merkte das bald und schlüpfte weg.

Von der Zeit an darf sich die Eule nicht mehr am Tage sehen lassen, sonst sind die anderen Vögel hinter ihr her und zerzausen ihr das Fell. Sie fliegt nur zur Nachtzeit aus, haßt aber und verfolgt die Mäuse, weil sie solche bösen Löcher machen. Auch der kleine Vogel läßt sich nicht gern sehen, weil er fürchtet, es ginge ihm an den Kragen, wenn er erwischt würde. Er schlüpft in den Zäunen herum, und wenn er ganz sicher ist, ruft er wohl zuweilen: »König bün ick!« und deshalb nennen ihn die anderen Vögel aus Spott Zaunkönig.

Niemand aber war froher als die Lerche, daß sie dem Zaunkönig nicht zu gehorchen brauchte. Wie sich die Sonne blicken läßt, steigt sie in die Lüfte und ruft: »Ach, wo is dat schön! schön is dat! schön! schön! ach, wo is dat schön!«

Katze und Maus in Gesellschaft

Eine Katze hatte Bekanntschaft mit einer Maus gemacht und ihr so viel von der großen Liebe und Freundschaft vorgesagt, die sie zu ihr trüge, daß die Maus endlich einwilligte, mit ihr zusammen in einem Hause zu wohnen und gemeinschaftliche Wirtschaft zu führen. »Aber für den Winter müssen wir Vorsorge tragen, sonst leiden wir Hunger«, sagte die Katze. »Du, Mäuschen, kannst dich nicht überall hinwagen und gerätst mir am Ende in eine Falle.«

Der gute Rat ward also befolgt und ein Töpfchen mit Fett angekauft. Sie wußten aber nicht, wo sie es hinstellen sollten, endlich nach langer Überlegung sprach die Katze: »Ich weiß keinen Ort, wo es besser aufgehoben wäre, als die Kirche. Da getraut sich niemand etwas wegzunehmen. Wir stellen es unter den Altar und rühren es nicht eher an, als bis wir es nötig haben.« Das Töpfchen ward also in Sicherheit gebracht, aber es dauerte nicht lange, so trug die Katze Gelüste danach und sprach zur Maus: »Was ich dir sagen wollte, Mäuschen: ich bin von meiner Base zu Gevatter gebeten. Sie hat ein Söhnchen zur Welt gebracht, weiß mit braunen Flecken, das soll ich über die Taufe halten. Laß mich heute ausgehen und besorge du das Haus allein.« — »Ja, ja«, antwortete die Maus, »geh in Gottes Namen.

Wenn du was Gutes issest, so denk an mich: von dem süßen, roten Kindbetterwein tränk ich auch gerne ein Tröpfchen.«

Es war aber alles nicht wahr, die Katze hatte keine Base und war nicht zu Gevatter gebeten. Sie ging geradewegs nach der Kirche, schlich zu dem Fettöpfchen, fing an zu lecken und leckte die fette Haut ab. Dann machte sie einen Spaziergang auf den Dächern der Stadt, besah sich die Gelegenheit, streckte sich hernach in der Sonne aus und wischte sich den Bart, sooft sie an das Fettöpfchen dachte. Erst als es Abend war, kam sie wieder nach Hause. »Nun, da bist du ja wieder«, sagte die Maus, »du hast gewiß einen lustigen Tag gehabt.« — »Es ging wohl an«, antwortete die Katze. »Was hat denn das Kind für einen Namen bekommen?« fragte die Maus. »Hautab«, sagte die Katze ganz trocken. »Hautab«, rief die Maus, »das ist ja ein wunderlicher und seltsamer Name. Ist der in eurer Familie gebräuchlich?« — »Was ist da weiter«, sagte die Katze, »er ist nicht schlechter als Bröseldieb, wie deine Paten heißen.«

Nicht lange danach überkam die Katze wieder ein Gelüsten. Sie sprach zur Maus: »Du mußt mir den Gefallen tun und nochmals das Hauswesen allein besorgen. Ich bin zum zweitenmal zu Gevatter gebeten, und da das Kind einen weißen Ring um den Hals hat, so kann ich's nicht absagen.« Die gute Maus willigte ein, die Katze aber schlich hinter der Stadtmauer zu der Kirche und fraß den Fettopf halb aus. »Es schmeckt nichts besser«, sagte sie, »als was man selber ißt«, und war mit ihrem Tagewerk ganz zufrieden. Als sie heimkam, fragte die Maus: »Wie ist denn dieses Kind getauft worden?« — »Halbaus«, antwortete die Katze. »Halbaus! Was du sagst! Den Namen hab ich mein Lebtag noch nicht gehört. Ich wette, der steht nicht in dem Kalender.«

Der Katze wässerte das Maul bald wieder nach dem Leckerwerk. »Aller guten Dinge sind drei«, sprach sie zu der Maus, »da soll ich wieder Gevatter stehen. Das Kind ist ganz schwarz und hat bloß weiße Pfoten, sonst kein weißes Haar am ganzen Leib. Das trifft sich alle paar Jahr nur einmal. Du lässest mich doch ausgehen?« — »Hautab, Halbaus!« antwortete die Maus, »es sind so kuriose Namen, die machen mich so nachdenklich.« — »Da sitzest du daheim in deinem dunkelgrauen Flausrock und deinem langen Haarzopf«, sprach die Katze, »und fängst Grillen. Das kommt davon, wenn man bei Tage nicht ausgeht.«

Die Maus räumte während der Abwesenheit der Katze auf und brachte das Haus in Ordnung, die naschhafte Katze aber fraß den Fettopf rein aus. »Wenn erst alles aufgezehrt ist, so hat man Ruhe«, sagte sie zu sich selbst und kam satt und dick erst in der Nacht nach Hause. Die Maus fragte gleich nach dem Namen, den das dritte Kind bekommen hätte. »Er wird dir wohl auch nicht gefallen«, sagte die Katze, »er heißt Ganzaus!«

»Ganzaus!« rief die Maus, »gedruckt ist er mir noch nicht vorgekommen. Ganzaus, was soll das bedeuten?« Sie schüttelte den Kopf, rollte sich zusammen und legte sich schlafen.

Von nun an wollte niemand mehr die Katze zu Gevatter bitten. Als aber der Winter herangekommen und draußen nichts mehr zu finden war, gedachte die Maus ihres Vorrats und sprach: »Komm, Katze, wir wollen zu unserm Fettopfe gehen, den wir uns aufgespart haben. Der wird uns schmecken.« — »Jawohl«, antwortete die Katze, »der wird dir schmecken, als wenn du deine feine Zunge zum Fenster hinausstreckst.« Sie machten sich auf den Weg, und als sie anlangten, stand zwar der Fettopf noch an seinem Platz, er war aber leer. »Ach«, sagte die Maus, »jetzt merke ich, was geschehen ist, jetzt kommt's an den Tag. Du bist mir die wahre Freundin! Aufgefressen hast du alles, wie du zu Gevatter gestanden hast. Erst Hautab, dann Halbaus, dann ...« — »Willst du schweigen!« rief die Katze, »noch ein Wort und ich fresse dich auf.« — Ganzaus hatte die arme Maus schon auf der Zunge, kaum war es heraus, so tat die Katze einen Satz nach ihr, packte sie und schluckte sie hinunter.

Siehst du, so geht's in der Welt.

Von braven und bösen Kindern

Die sieben Raben

Ein Mann hatte sieben Söhne und noch kein Töchterchen, so sehr er sich's wünschte; endlich gab ihm seine Frau wieder gute Hoffnung zu einem Kinde, und wie's zur Welt kam, war's auch ein Mädchen. Die Freude war groß, aber das Kind war schmächtig und klein und sollte wegen seiner Schwachheit die Nottaufe haben. Der Vater schickte einen Knaben eilends zur Quelle, Taufwasser zu holen; die andern sechs liefen mit, und weil jeder der erste beim Schöpfen sein wollte, so fiel ihnen der Krug in den Brunnen. Da standen sie und wußten nicht, was sie tun sollten, und keiner getraute sich heim. Als sie nicht zurückkamen, ward der Vater ungeduldig und sprach: »Gewiß haben sie's wieder über einem Spiel vergessen, die gottlosen Jungen.« Es ward ihm angst, das Mädchen müßte ungetauft verscheiden, und im Ärger rief er: »Ich wollte, daß die Jungen alle zu Raben würden.« Kaum war das Wort ausgeredet, so hörte er ein Geschwirr über seinem Haupt in der Luft, blickte in die Höhe und sah sieben kohlschwarze Raben auf und davon fliegen. Die Eltern konnten die Verwünschung nicht mehr zurücknehmen, und so traurig sie über den Verlust ihrer sieben Söhne waren, trösteten sie sich doch einigermaßen durch ihr liebes Töchterchen, das bald zu Kräften kam und mit jedem Tag schöner ward. Es wußte lange Zeit nicht einmal, daß es Geschwister gehabt hatte, denn die Eltern hüteten sich, ihrer zu erwähnen, bis es eines Tages von ungefähr die Leute von sich sprechen hörte, das Mädchen wäre wohl schön, aber doch eigentlich schuld an dem Unglück seiner sieben Brüder. Da ward es ganz betrübt, ging zu Vater und Mutter und fragte, ob es denn Brüder gehabt hätte und wo sie hingeraten wären? Nun durften die Eltern das Geheimnis nicht länger verschweigen, sagten jedoch, es sei des Himmels Verhängnis und seine Geburt nur der unschuldige Anlaß gewesen. Allein das Mädchen machte sich täglich ein Gewissen daraus und glaubte, es müsse seine Geschwister wieder erlösen. Es hatte nicht Ruhe und Rast, bis es sich heimlich aufmachte und in die weite Welt ging, seine Brüder irgendwo aufzuspüren und zu befreien, es möchte kosten, was es wolle. Es nahm nichts mit sich als ein Ringlein von seinen Eltern zum Andenken, einen Laib Brot für den Hunger, ein Krüglein Wasser für den Durst, und ein Stühlchen für die Müdigkeit.

Nun ging es immer zu, weit weit, bis an der Welt Ende. Da kam es zur Sonne, aber die war zu heiß und fürchterlich und fraß die kleinen Kinder. Eilig lief es weg und lief hin zu dem Mond, aber der war gar zu kalt und auch grausig und bös, und als er das Kind merkte, sprach er: »Ich rieche, rieche Menschenfleisch.« Da machte es sich geschwind fort und kam zu den Sternen, die waren ihm freundlich und gut, und jeder saß auf seinem besonderen Stühlchen. Der Morgenstern aber stand auf, gab ihm ein Hinkelbeinchen und sprach: »Wenn du das Beinchen nicht hast, kannst du den Glasberg nicht aufschließen, und in dem Glasberg, da sind deine Brüder.«

Das Mädchen nahm das Beinchen, wickelte es wohl in ein Tüchlein und ging wieder fort, so lange, bis es an den Glasberg kam. Das Tor war verschlossen, und es wollte das Beinchen hervorholen, aber wie es das Tüchlein aufmachte, so war es leer, und es hatte das Geschenk der guten Sterne verloren. Was sollte es nun anfangen? Seine Brüder wollte es erretten und hatte keinen Schlüssel zum Glasberg. Das gute Schwesterchen nahm ein Messer, schnitt sich ein kleines Fingerchen ab, steckte es in das Tor und schloß glücklich auf. Als es eingegangen war, kam ihm ein Zwerglein entgegen, das sprach: »Mein Kind, was suchst du?« — »Ich suche meine Brüder, die sieben Raben«, antwortete es. Der Zwerg sprach: »Die Herren Raben sind nicht zu Haus, aber willst du hier so lang warten, bis sie kommen, so tritt ein.« Darauf trug das Zwerglein die Speise der Raben herein auf sieben

Tellerchen und in sieben Becherchen, und von jedem Tellerchen aß das Schwesterchen ein Bröckchen, und aus jedem Becherchen trank es ein Schlückchen; in das
letzte Becherchen aber ließ es das Ringlein fallen, das es mitgenommen hatte.

Auf einmal hörte es in der Luft ein Geschwirr und ein Geweh, da sprach das
Zwerglein: »Jetzt kommen die Herren Raben heimgeflogen.« Da kamen sie, wollten essen und trinken und suchten ihre Tellerchen und Becherchen. Da sprach einer
nach dem andern: »Wer hat von meinem Tellerchen gegessen? Wer hat aus meinem
Becherchen getrunken? Das ist eines Menschen Mund gewesen.« Und wie der
siebente auf den Grund des Bechers kam, rollte ihm das Ringlein entgegen. Da sah
er es an und erkannte, daß es ein Ring von Vater und Mutter war, und sprach:
»Gott gebe, unser Schwesterlein wäre da, so wären wir erlöst.« Wie das Mädchen,
das hinter der Tür stand und lauschte, den Wunsch hörte, so trat es hervor, und
da bekamen alle die Raben ihre menschliche Gestalt wieder. Und sie herzten und
küßten einander und zogen fröhlich heim.

Die Sterntaler

Es war einmal ein kleines Mädchen, dem waren der Vater und die Mutter gestorben, und es war so arm, daß es kein Kämmerchen mehr hatte, darin zu wohnen, und
kein Bettchen mehr, darin zu schlafen, und endlich gar nichts mehr als die Kleider
auf dem Leib und ein Stückchen Brot in der Hand, das ihm ein mitleidiges Herz
geschenkt hatte. Es war aber gut und fromm. Und weil es so von aller Welt verlassen war, ging es im Vertrauen auf den lieben Gott hinaus ins Feld. Da begegnete
ihm ein armer Mann, der sprach: »Ach, gib mir etwas zu essen, ich bin so hungrig.«
Es reichte ihm das ganze Stückchen Brot und sagte: »Gott segne dir's« und ging
weiter. Da kam ein Kind, das jammerte und sprach: »Es friert mich so an meinem
Kopfe, schenk mir etwas, womit ich ihn bedecken kann.« Da tat es seine Mütze ab
und gab sie ihm. Und als es noch eine Weile gegangen war, kam wieder ein Kind
und hatte kein Leibchen an und fror: da gab es ihm seins. Und noch weiter, da bat
eins um ein Röcklein, das gab es auch von sich hin. Endlich gelangte es in einen
Wald, und es war schon dunkel geworden, da kam noch eins und bat um ein
Hemdchen, und das fromme Mädchen dachte, es ist dunkle Nacht, da sieht dich

niemand, du kannst wohl dein Hemd weggeben, und zog das Hemd ab und gab es auch noch hin. Und wie es so dastand und gar nichts mehr hatte, fielen auf einmal die Sterne vom Himmel und waren lauter harte, blanke Taler; und ob es gleich sein Hemdlein weggegeben, so hatte es ein neues an, und das war vom allerfeinsten Linnen. Da sammelte es sich die Taler hinein und war reich für sein Lebtag.

Frau Trude

Es war einmal ein kleines Mädchen, das war eigensinnig und vorwitzig, und wenn ihm seine Eltern etwas sagten, so gehorchte es nicht. Wie konnte es dem gut gehen?

Eines Tages sagte es zu seinen Eltern: »Ich habe so viel von der Frau Trude gehört, ich will einmal zu ihr hingehen; die Leute sagen, es sehe so wunderlich bei ihr aus, und erzählen, es seien so seltsame Dinge in ihrem Hause, da bin ich ganz neugierig geworden.« Die Eltern verboten es ihr streng und sagten: »Die Frau Trude ist eine böse Frau, die gottlose Dinge treibt, und wenn du zu ihr hingehst, so bist du unser Kind nicht mehr.«

Aber das Mädchen kehrte sich nicht an das Verbot seiner Eltern und ging doch zu der Frau Trude. Und als es zu ihr kam, fragte die Frau Trude: »Warum bist du so bleich?« — »Ach«, antwortete es und zitterte am Leibe, »ich habe mich so erschrocken über das, was ich gesehen habe.« — »Was hast du gesehen?« — »Ich sah auf Eurer Stiege einen schwarzen Mann.« — »Das war ein Köhler.« — »Dann sah ich einen grünen Mann.« — »Das war ein Jäger.« — »Danach sah ich einen blutroten Mann.« — »Das war ein Metzger.« — »Ach, Frau Trude, mir grauste, ich sah durchs Fenster und sah Euch nicht, wohl aber den Teufel mit feurigem Kopf.« — »Oho«, sagte sie, »so hast du die Hexe in ihrem rechten Schmuck gesehen. Ich habe schon lange auf dich gewartet und nach dir verlangt, du sollst mir leuchten.« Da verwandelte sie das Mädchen in einen Holzblock und warf ihn ins Feuer. Und als er in voller Glut war, setzte sie sich daneben, wärmte sich daran und sprach: »Das leuchtet einmal hell!«

Das goldig Betheli und das Harzebabi

Ein schweizer Märchen

Lebte einst, niemand weiß, vor wie langer Zeit, eine Frau, die dem Betheli, ihrem Stiefkinde, recht böse war, dagegen ihrem eigenen, dem Babi, alles nachsah, selbst das gröbste. Babi hatte immer recht, Betheli immer unrecht; Babi behielt immer den Vorzug, bekam die Haut voll zu essen, was es nur wollte, und ging hoffärtig gekleidet daher, während Betheli oft hungerte, daß ihm fast die Ohren abfielen und es in Lumpen armselig dastand. Babi hatte immer Feiertag. Betheli mußte Mühsal und hartes Leben erdauern. Tag und Nacht sollte Bethelis Spinnrädchen schnurren, Stiefmutter war nie zufrieden. Einmal fiel sein Wirtli zu Boden, trollte und trollte in ein Mauseloch hinunter. Stiefmutter beharrte durchaus darauf, Betheli müsse jetzt in das Mauseloch hinabschliefen und das Wirtli selber wiederholen. Arm Betheli weiß nun nichts anderes, als zu gehorchen; es probiert, und Mauslöchlein macht ihm Platz. Und es ist, als ob es von unsichtbaren Händen unaussprechlich weit hinunter in eine ganz andere Welt getragen würde.

So geschah es. O wie herrlich sah es da unten aus, welch prächtiges Schloß glitzerte ihm entgegen! Wie es demselben nahe stand, sah Betheli vor den Pforten spielende Hündchen, gar liebe, gescheite Tierchen, die reden konnten wie Menschen. Sie grüßten das erstaunte Mädchen freundlich und wußten gar seinen Namen, denn sie riefen: »Wau, wau, 's goldig Betheli chunnt!« Bald erschienen und traten Betheli entgegen mehrere Kinder; sie waren so hold und klug, ich kann nicht beschreiben wie. Betheli machte große, schüchterne Augen; aber es fühlte sich von den wunderbaren Kindern so wohltätig angeblickt, daß ihm ganz heimelig und wonnig wurde, zumal da es sich wieder als das goldig Betheli begrüßen hörte. Die Kinderlein sahen ihm indessen wohl an, wie sehr es hungerte, und fragten gleich: »Goldig Betheli, mit wem willst du essen, mit uns oder mit den Hündchen?« »Setzt mich nur zu den Hündchen, 's ist lang gut genug für mich«, sagte demütig das Mädchen. »Nein, du sollst mit uns zu Tische gehen«, riefen einstimmig die Holden und hielten ihm sofort zweierlei Gewänder zur Auswahl vor, ein hölziges und ein goldenes. Betheli langte nach dem hölzigen, indem es sagte: »Das ist gut genug für mich.« Es geschah jedoch dem bescheidenen Kinde zum Lohne das bessere Gegenteil, sie zogen ihm das Goldkleid an und führten's in einen glänzenden Saal des Schlosses, wo ein goldener Tisch mit den allerbesten und süßesten Speisen und Getränken bedeckt stand. Hungrig Betheli bekam es jetzt einmal so gut, fast wie des lieben Herrgotts seine Engelchen bei der himmlischen Mahlzeit. Die lieblichen Kinder spendeten Betheli von allen guten Sachen, lobten und küßten es, so daß ihm war wie im Paradies. Zum Abschied schenkten sie ihm obendrein vielen kostbaren Schmuck und unter anderem ein goldenes Wirtli. Dann schoben und hoben sie's wieder durch jenes Mauslöchlein hinauf in der bösen Stiefmutter Stube.

Da stand Betheli wie ein lichter Engel strahlend im Goldkleid. Kaum hatten sich Mutter und Babi vom größten Erstaunen erholt und Betheli über alles haarklein ausgefragt, als beschlossen wurde, Babi müsse ebenfalls in die andere Welt hinunter und zum mindesten ebenso schöne Sachen als Betheli heraufholen. Mutter und Tochter zweifelten gar nicht daran, daß, wenn dem verachteten, einfältigen Betheli solche Aufnahme zuteil ward, dem Babi natürlich noch weit mehr Ehre widerfahren würde. Und sie ließen ein Wirtli durch das Mauseloch hinab, und Babi setzte ihm nach. Da wirklich das Löchlein wieder Platz machte und Babi verschwand, hoffte die Mutter oben und hoffte das Meidli unten während der Fahrt in die andere Welt das Allerbeste. Babi, dort angelangt, ging die gleichen Wege, wie Betheli sie beschrieben hatte, bis es zu den Hündchen und zum Schloß gelangte. Schon lachte ihm das Herz im Leibe. Die Hündchen bellten sogleich: »Wau, wau, 's Harzebabi chunnt! Wau, wau, 's Harzebabi chunnt!« Und das riefen sie in mürrischem Tone, machten glänzende Augen und ließen die Schwänzchen hängen. Wohl eilten auch jene holden Kinder herbei, allein ihr Blick leuchtete nicht so sonnig in Babis Herz wie in Bethelis. Sie fragten das Babi, mit wem es essen wolle. »Mit euch«, sagte es; »das Betheli hat auch mit euch gegessen.« Dann legten sie ihm zwei paar Kleider vor, ein hölziges und ein goldiges. Babi sprach, es wolle das goldige; Betheli habe auch ein goldiges; und wolle ein goldiges Wirtli und andern Goldschmuck. Allein sie ließen's ihm nicht, es mußte das hölzige anziehen, sofort mit den Hündchen auf dem Boden zu Gast essen: Abfall und Treber. Zum Abschied ward sein Holzgewand mit Pech und Harz überstrichen, und es wurde dabei immer nur Harzebabi geheißen. Ein Wirtli bekam es, aber ein altes, hölziges. Sie waren froh, seiner bald loszuwerden, und machten, daß Harzebabi schnell durch das Mausloch in die Oberwelt stieg.

Hier oben blieb Betheli zeitlebens in Ehre und Ansehen und hieß immer Goldig Betheli, während Babi verachtet blieb und oft hören mußte:

»Wau, wau, 's Harzebabi chunnt!«

Großmütterchen Immergrün

Es war einmal eine kranke Mutter, die hatte Herzweh nach Erdbeeren und schickte deshalb ihre beiden Kinder ins Holz, daß sie ihr welche suchten. Als das Körbchen voll war — keins aber hatte eine gegessen, so lieb hatten sie die Mutter —, da kam ein altes Mütterchen daher, das war grün angezogen und sprach zu ihnen: »Ich bin hungrig und kann mich nicht mehr bücken, so alt bin ich; schenkt mir ein paar Erdbeeren.« Und sie erbarmten sich der alten Frau und schütteten ihr das Körbchen in den Schoß. Als sie hierauf forteilten, um andere zu pflücken, rief das Mütterchen sie zurück, nahm sie bei der Hand und sagte: »Nehmt die Erdbeeren nur wieder, ich finde schon welche. Und weil ihr ein so gutes Herz habt, schenke ich dir eine weiße und dir eine blaue Blume. Nehmt sie wohl in acht, bringt ihnen alle Morgen frisches Wasser und zankt nicht miteinander!« Sie dankten und eilten nach Hause. Als die Mutter die erste Erdbeere an die Lippen brachte, da war sie gesund, und das hatte Großmütterchen Immergrün getan. Und als die Kinder die Geschichte erzählten, da dankte sie der holden Frau und freute sich der Kinder, und sooft diese die Blumen ansahen, die immer frisch und lieblich waren, dachten sie an das Wort: ›Zankt nicht miteinander!‹ Eines Abends jedoch entzweiten sie sich und gingen friedlos zu Bette, und als sie am Morgen die Blumen tränken wollten, siehe, da waren sie kohlrabenschwarz. Da erschraken sie, nahmen sie traurig in die Hand und weinten viele, viele Tränen auf die Blumen; und siehe, die weiße wurde wieder weiß, die blaue wieder blau. Seit dem Tage haben sie immer Frieden miteinander gehalten; und die Mutter hat sie gesegnet im Leben und im Tode. So sind also die Blumen ein großer Schatz für sie geworden, und sie haben Großmütterchen Immergrün lieb gehabt bis in ihren Tod.

Fundevogel

Es war einmal ein Förster, der ging in den Wald auf die Jagd, und wie er in den Wald kam, hörte er schreien, als ob's ein kleines Kind wäre. Er ging dem Schreien nach und kam endlich zu einem hohen Baum, und oben darauf saß ein kleines Kind. Es war aber die Mutter mit dem Kinde unter dem Baum eingeschlafen, und ein Raubvogel hatte das Kind in ihrem Schoß gesehen: da war er hinzugeflogen, hatte es mit seinem Schnabel weggenommen und auf den hohen Baum gesetzt.

Der Förster stieg hinauf, holte das Kind herunter und dachte, du willst das Kind mit nach Hause nehmen und mit deinem Lenchen zusammen aufziehn. Er brachte es also heim, und die zwei Kinder wuchsen miteinander auf. Das aber, das auf dem Baum gefunden worden war und weil es ein Vogel weggetragen hatte, wurde ›Fundevogel‹ geheißen. Fundevogel und Lenchen hatten sich so lieb, nein so lieb, daß, wenn eins das andere nicht sah, es traurig ward.

Der Förster hatte aber eine alte Köchin, die nahm eines Abends zwei Eimer und fing an, Wasser zu schleppen, und ging nicht einmal, sondern viele Male hinaus an den Brunnen. Lenchen sah es und sprach: »Hör einmal, alte Sanne, was trägst du denn so viel Wasser zu?« — »Wenn du's keinem Menschen wiedersagen willst, so will ich dir's wohl sagen.« Da sagte Lenchen: nein, sie wollte es keinem Menschen wiedersagen; so sprach die Köchin: »Morgen früh, wenn der Förster auf die Jagd geht, da koche ich das Wasser, und wenn's im Kessel siedet, werfe ich den Fundevogel hinein und will ihn darin kochen.«

Des andern Morgens in der Frühe stand der Förster auf und ging auf die Jagd, und als er weg war, lagen die Kinder noch im Bett. Da sprach Lenchen zum Fundevogel: »Verläßt du mich nicht, so verlaß ich dich auch nicht«; so sprach der Fundevogel: »Nun und nimmermehr.« Da sprach Lenchen: »Ich will es dir nur sagen, die alte Sanne schleppte gestern abend so viele Eimer Wasser ins Haus, da fragte ich sie, warum sie das täte, so sagte sie, wenn ich's keinem Menschen sagen wollte, so wollte sie es mir wohl sagen; sprach ich, ich wollte es gewiß keinem Menschen sagen; da sagte sie, morgen früh, wenn der Vater auf die Jagd wäre, wollte sie den Kessel voll Wasser sieden, dich hineinwerfen und kochen. Wir wollen aber geschwind aufstehen, uns anziehen und zusammen fortgehen.«

Also standen die beiden Kinder auf, zogen sich geschwind an und gingen fort. Wie nun das Wasser im Kessel kochte, ging die Köchin in die Schlafkammer, wollte den

Fundevogel holen und ihn hineinwerfen. Aber als sie hineinkam und zu den Betten trat, waren die Kinder alle beide fort. Da wurde ihr grausam angst, und sie sprach vor sich: »Was will ich nun sagen, wenn der Förster heimkommt und sieht, daß die Kinder weg sind? Geschwind hintennach, daß wir sie wiederkriegen.«

Da schickte die Köchin drei Knechte nach, sie sollten laufen und die Kinder einfangen. Die Kinder aber saßen vor dem Wald, und als sie die drei Knechte von weitem laufen sahen, sprach Lenchen zum Fundevogel: »Verläßt du mich nicht, so verlaß ich dich auch nicht.« So sprach Fundevogel: »Nun und nimmermehr.« Da sagte Lenchen: »Werde du zum Rosenstöckchen und ich zum Röschen darauf.« Wie nun die drei Knechte vor den Wald kamen, so war nichts da als ein Rosenstrauch und ein Röschen obendrauf, die Kinder aber nirgends. Da sprachen sie: »Hier ist nichts zu machen« und gingen heim und sagten der Köchin, sie hätten nichts in der Welt gesehen als nur ein Rosenstöckchen und ein Röschen oben darauf. Da schalt die Köchin: »Ihr Einfaltspinsel, ihr hättet das Rosenstöckchen sollen entzweischneiden und das Röschen abbrechen und mit nach Haus bringen, geschwind und tut's.« Sie mußten also zum zweitenmal hinaus und suchen. Die Kinder sahen sie aber von weitem kommen, da sprach Lenchen: »Fundevogel, verläßt du mich nicht, so verlaß ich dich auch nicht.« Fundevogel sagte: »Nun und nimmermehr.« Sprach Lenchen: »So werde du eine Kirche und ich die Krone darin.«

Wie nun die drei Knechte dahinkamen, war nichts da als eine Kirche und eine Krone darin. Sie sprachen also zueinander: »Was sollen wir hier machen, laßt uns nach Hause gehen.« Wie sie nach Hause kamen, fragte die Köchin, ob sie nichts gefunden hätten, so sagten sie nein, sie hätten nichts gefunden als eine Kirche, da wäre eine Krone darin gewesen. »Ihr Narren«, schalt die Köchin, »warum habt ihr nicht die Kirche zerbrochen und die Krone mit heimgebracht?« Nun machte sich die alte Köchin selbst auf die Beine und ging mit den drei Knechten den Kindern nach. Die Kinder sahen aber die drei Knechte von weitem kommen, und die Köchin wackelte hintennach. Da sprach Lenchen: »Fundevogel, verläßt du mich nicht, so verlaß ich dich auch nicht.« Da sprach der Fundevogel: »Nun und nimmermehr.« Sprach Lenchen: »Werde zum Teich und ich die Ente darauf.« Die Köchin kam herzu, und als sie den Teich sah, legte sie sich darüber hin und wollte ihn aussaufen. Aber die Ente kam schnell geschwommen, faßte sie mit dem Schnabel beim Kopfe und zog sie ins Wasser hinein: da mußte die alte Hexe ertrinken. Da gingen die Kinder zusammen nach Haus und waren herzlich froh; und wenn sie nicht gestorben sind, leben sie noch.

Rotkäppchen

Es war einmal eine kleine süße Dirne, die hatte jedermann lieb, der sie nur ansah, am allerliebsten aber ihre Großmutter. Die wußte gar nicht, was sie alles dem Kinde geben sollte. Einmal schenkte sie ihm ein Käppchen von rotem Samt, und weil ihm das so wohl stand und es nichts anderes mehr tragen wollte, hieß es nur ›das Rotkäppchen‹. Eines Tages sprach seine Mutter zu ihm: »Komm, Rotkäppchen, da hast du ein Stück Kuchen und eine Flasche Wein. Bring das der Großmutter hinaus; sie ist krank und schwach und wird sich daran laben. Mach dich auf, bevor es heiß wird, und wenn du hinauskommst, so geh hübsch sittsam und lauf nicht vom Weg ab, sonst fällst du und zerbrichst das Glas, und die Großmutter hat nichts. Und wenn du in ihre Stube kommst, so vergiß nicht, ›guten Morgen‹ zu sagen, und guck nicht erst in allen Ecken herum.«

»Ich will schon alles gut machen«, sagte Rotkäppchen zur Mutter und gab ihr die Hand darauf. Die Großmutter aber wohnte draußen im Wald, eine halbe Stunde vom Dorf.

Wie nun Rotkäppchen in den Wald kam, begegnete ihm der Wolf. Rotkäppchen aber wußte nicht, was das für ein böses Tier war, und fürchtete sich nicht vor ihm. »Guten Tag, Rotkäppchen«, sprach er. — »Schönen Dank, Wolf.« — »Wo hinaus so früh, Rotkäppchen?« — »Zur Großmutter.« — »Was trägst du unter der Schürze?« — »Kuchen und Wein. Gestern haben wir gebacken, da soll sich die kranke und schwache Großmutter etwas zugute tun und sich damit stärken.« — »Rotkäppchen, wo wohnt deine Großmutter?« — »Noch eine gute Viertelstunde weiter im Wald, unter den drei großen Eichbäumen, da steht ihr Haus. Unten sind die Nußhecken, das wirst du ja wissen«, sagte Rotkäppchen.

Der Wolf dachte bei sich: Das junge, zarte Ding, das ist ein fetter Bissen, der wird noch besser schmecken als die Alte. Du mußt es listig anfangen, damit du beide erschnappst. Da ging er ein Weilchen neben Rotkäppchen her, dann sprach er: »Rotkäppchen, sieh einmal die schönen Blumen, die ringsumher stehen. Warum guckst du dich nicht um? Ich glaube, du hörst gar nicht, wie die Vöglein so lieblich singen. Du gehst ja für dich hin, als wenn du zur Schule gingst, und es ist so lustig draußen in dem Wald.«

Rotkäppchen schlug die Augen auf, und als es sah, wie die Sonnenstrahlen durch die Bäume hin und her tanzten und alles voll schöner Blumen stand, dachte es:

›Wenn ich der Großmutter einen frischen Strauß mitbringe, der wird ihr auch Freude machen; es ist so früh am Tag, daß ich doch zu rechter Zeit ankomme‹, lief vom Wege ab in den Wald hinein und suchte Blumen. Und wenn es eine gebrochen hatte, meinte es, weiter hinaus stände eine schönere, und lief danach und geriet immer tiefer in den Wald hinein. Der Wolf aber ging geradenwegs nach dem Haus der Großmutter und klopfte an die Türe. »Wer ist draußen?« — ›Rotkäppchen, das bringt Kuchen und Wein. Mach auf.« — »Drück nur auf die Klinke!« rief die Großmutter, »ich bin zu schwach und kann nicht aufstehen.« Der Wolf drückte auf die Klinke, die Türe sprang auf, und er ging, ohne ein Wort zu sprechen, gerade zum Bett der Großmutter und verschluckte sie. Dann tat er ihre Kleider an, setzte ihre Haube auf, legte sich in ihr Bett und zog die Vorhänge zu.

Rotkäppchen aber war nach den Blumen herumgelaufen, und als es so viel zusammen hatte, daß es keine mehr tragen konnte, fiel ihm die Großmutter wieder ein, und es machte sich auf den Weg zu ihr. Es wunderte sich, daß die Türe aufstand, und wie es in die Stube trat, so kam es ihm so seltsam darin vor, daß es dachte: ›Ei, du mein Gott, wie ängstlich wird mir's heute zumut, und bin sonst so gerne bei der Großmutter!‹ Es rief: »Guten Morgen!« bekam aber keine Antwort. Darauf ging es zum Bett und zog die Vorhänge zurück. Da lag die Großmutter und hatte die Haube tief ins Gesicht gesetzt und sah so verwunderlich aus. »Ei, Großmutter, was hast du für große Ohren!« — »Daß ich dich besser hören kann.« — »Ei, Großmutter, was hast du für große Augen!« — »Daß ich dich besser sehen kann.« — »Ei, Großmutter, was hast du für große Hände!« — »Daß ich dich besser packen kann.« — »Aber Großmutter, was hast du für ein entsetzlich großes Maul!« — »Daß ich dich besser fressen kann!« Kaum hatte der Wolf das gesagt, so tat er einen Satz aus dem Bett und verschlang das arme Rotkäppchen.

Wie der Wolf sein Gelüsten gestillt hatte, legte er sich wieder ins Bett, schlief ein und fing an, überlaut zu schnarchen. Der Jäger ging eben an dem Haus vorbei und dachte: wie die alte Frau schnarcht, du mußt doch sehen, ob ihr etwas fehlt. Da trat er in die Stube, und wie er vor das Bette kam, so sah er, daß der Wolf darin lag. »Finde ich dich hier, du alter Sünder«, sagte er, »ich habe dich lange gesucht.« Nun wollte er seine Büchse anlegen, da fiel ihm ein, der Wolf könnte die Großmutter gefressen haben, und sie wäre noch zu retten. Er schoß nicht, sondern nahm eine Schere und fing an, dem schlafenden Wolf den Bauch aufzuschneiden. Wie er ein paar Schnitte getan hatte, da sah er das rote Käppchen leuchten, und noch ein paar Schnitte, da sprang das Mädchen heraus und rief: »Ach, wie war ich erschrocken, wie war's so dunkel in dem Wolf seinem Leib!« Und dann kam die alte Großmutter auch noch lebendig heraus und konnte kaum atmen. Rotkäppchen aber holte geschwind große Steine. Damit füllten sie dem Wolf den Leib, und wie er aufwachte, wollte er fortspringen, aber die Steine waren so schwer, daß er gleich niedersank und sich tot fiel.

Da waren alle drei vergnügt. Der Jäger zog dem Wolf den Pelz ab und ging damit heim; die Großmutter aß den Kuchen und trank den Wein, den Rotkäppchen gebracht hatte, und erholte sich wieder; Rotkäppchen aber dachte: ›Du willst dein Lebtag nicht wieder allein vom Wege ab in den Wald laufen, wenn dir's die Mutter verboten hat!‹

Es wird auch erzählt, daß einmal, als Rotkäppchen der alten Großmutter wieder Gebackenes brachte, ein anderer Wolf ihm zugesprochen und es vom Wege hatte ableiten wollen. Rotkäppchen aber hütete sich und ging geradefort seines Wegs und sagte der Großmutter, daß es dem Wolf begegnet wäre, der ihm ›guten Tag‹ gewünscht, aber so bös aus den Augen geguckt hätte: »Wenn's nicht auf offener Straße gewesen wäre, er hätte mich gefressen.« – »Komm«, sagte die Großmutter, »wir wollen die Türe verschließen, daß er nicht herein kann.« Bald darauf klopfte der Wolf an und rief: »Mach auf, Großmutter, ich bin das Rotkäppchen. Ich bring dir Gebackenes.« Sie schwiegen aber still und machten die Tür nicht auf. Da schlich der Graukopf etlichemal um das Haus, sprang endlich aufs Dach und wollte warten, bis Rotkäppchen abends nach Haus ginge. Dann wollte er ihm nachschleichen und wollt's in der Dunkelheit fressen. Aber die Großmutter merkte, was er im Sinn hatte. Nun stand vor dem Haus ein großer Steintrog, da sprach sie zu dem Kind: »Nimm den Eimer, Rotkäppchen. Gestern hab ich Würste gekocht, da trag das Wasser, worin sie gekocht sind, in den Trog.« Rotkäppchen trug so lange, bis der große Trog ganz voll war. Da stieg der Geruch von den Würsten dem Wolf in die Nase, er schnupperte und guckte hinab. Endlich machte er den Hals so lang, daß er sich nicht mehr halten konnte und anfing zu rutschen. So rutschte er vom Dach herab, gerade in den großen Trog hinein und ertrank. Rotkäppchen aber ging fröhlich nach Haus, und tat ihm niemand etwas zuleid.

Das Waldhaus

Ein armer Holzhauer lebte mit seiner Frau und drei Töchtern in einer kleinen Hütte an dem Rande eines einsamen Waldes. Eines Morgens, als er wieder an seine Arbeit wollte, sagte er zu seiner Frau: »Laß mir mein Mittagbrot von dem ältesten Mädchen hinaus in den Wald bringen, ich werde sonst nicht fertig. Und damit es sich nicht verirrt«, setzte er hinzu, »so will ich einen Beutel mit Hirsen mitnehmen und die Körner auf den Weg streuen.«

Als nun die Sonne mitten über dem Walde stand, machte sich das Mädchen mit einem Topf voll Suppe auf den Weg. Aber die Feld- und Waldsperlinge, die Lerchen und Finken, Amseln und Zeisige hatten den Hirsen schon längst aufgepickt, und das Mädchen konnte die Spur nicht finden. Da ging es auf gut Glück immer fort, bis die Sonne sank und die Nacht einbrach. Die Bäume rauschten in der Dunkelheit, die Eulen schnarrten, und es fing an, ihm angst zu werden. Da erblickte es in der Ferne ein Licht, das zwischen den Bäumen blinkte. Dort sollten wohl Leute wohnen, dachte es, die mich über Nacht behalten, und ging auf das Licht zu. Nicht lange, so kam es an ein Haus, dessen Fenster erleuchtet waren. Es klopfte an, und eine rauhe Stimme rief von innen: »Herein!« Das Mädchen trat auf die dunkle Diele und pochte an die Stubentür. »Nur herein!« rief die Stimme, und als es öffnete, saß ein alter, eisgrauer Mann an dem Tisch, hatte das Gesicht auf die beiden Hände gestützt, und sein weißer Bart floß über den Tisch herab fast bis auf die Erde. Am Ofen aber lagen drei Tiere: ein Hühnchen, ein Hähnchen und eine buntgescheckte Kuh. Das Mädchen erzählte dem Alten sein Schicksal und bat um ein Nachtlager. Der Mann sprach:

»Schön Hühnchen,
schön Hähnchen,
und du schöne bunte Kuh,
was sagst du dazu?«

»Duks!« antworteten die Tiere. Und das mußte wohl heißen: wir sind es zufrieden; denn der Alte sprach weiter: »Hier ist Hülle und Fülle, geh hinaus an den Herd und koch uns ein Abendessen.« Das Mädchen fand in der Küche Überfluß an allem und kochte ihnen eine gute Speise, aber an die Tiere dachte es nicht. Es trug die volle Schüssel auf den Tisch, setzte sich zu dem grauen Mann, aß und stillte seinen Hunger. Als es satt war, sprach es: »Aber jetzt bin ich müde. Wo ist ein

Bett, in das ich mich legen und schlafen kann?« Die Tiere antworteten:

>Du hast mit ihm gegessen,

du hast mit ihm getrunken,

du hast an uns gar nicht gedacht,

nun sieh auch, wo du bleibst die Nacht.«

Da sprach der Alte: »Steig nur die Treppe hinauf, so wirst du eine Kammer mit zwei Betten finden. Schüttle sie auf und decke sie mit weißem Linnen, so will ich auch kommen und mich schlafen legen.« Das Mädchen stieg hinauf, und als es die Betten geschüttelt und frisch gedeckt hatte, legte es sich in das eine, ohne weiter auf den Alten zu warten. Nach einiger Zeit aber kam der graue Mann, beleuchtete das Mädchen mit dem Licht und schüttelte mit dem Kopf. Und als er sah, daß es fest eingeschlafen war, öffnete er eine Falltüre und ließ es in den Keller sinken.

Der Holzhauer kam am späten Abend nach Haus und machte seiner Frau Vorwürfe, daß sie ihn den ganzen Tag habe hungern lassen. »Ich habe keine Schuld«, antwortete sie, »das Mädchen ist mit dem Mittagessen hinausgegangen, es muß sich verirrt haben. Morgen wird es schon wiederkommen.« Vor Tag aber stand der Holzhauer auf, wollte in den Wald und verlangte, die zweite Tochter sollte ihm diesmal das Essen bringen. »Ich will einen Beutel mit Linsen mitnehmen«, sagte er, »die Körner sind größer als Hirsen, das Mädchen wird sie besser sehen und kann den Weg nicht verfehlen.«

Zur Mittagszeit trug auch das Mädchen die Speise hinaus, aber die Linsen waren verschwunden: die Waldvögel hatten sie, wie am vorigen Tag, aufgepickt und keine übriggelassen. Das Mädchen irrte im Walde umher, bis es Nacht ward. Da kam es ebenfalls zu dem Haus des Alten, ward hereingerufen und bat um Speise und Nachtlager. Der Mann mit dem weißen Barte fragte wieder die Tiere:

>Schön Hühnchen,

schön Hähnchen,

und du schöne bunte Kuh,

was sagst du dazu?«

Die Tiere antworteten abermals: »Duks«, und es geschah alles wie am vorigen Tag. Das Mädchen kochte eine gute Speise, aß und trank mit dem Alten und kümmerte sich nicht um die Tiere. Und als es sich nach seinem Nachtlager erkundigte, antworteten sie:

>Du hast mit ihm gegessen,

du hast mit ihm getrunken,

du hast an uns gar nicht gedacht,
nun sieh auch, wo du bleibst die Nacht.«

Als es eingeschlafen war, kam der Alte, betrachtete es mit Kopfschütteln und ließ es in den Keller hinab.

Am dritten Morgen sprach der Holzhacker zu seiner Frau: »Schicke mir heute unser jüngstes Kind mit dem Essen hinaus. Das ist immer gut und gehorsam gewesen, das wird auf dem rechten Weg bleiben und nicht wie seine Schwestern, die wilden Hummeln, herumschwärmen.« Die Mutter wollte nicht und sprach: »Soll ich mein liebstes Kind auch noch verlieren?« — »Sei ohne Sorge«, antwortete er, »das Mädchen verirrt sich nicht, es ist zu klug und verständig. Zum Überfluß will ich Erbsen mitnehmen und ausstreuen, die sind noch größer als Linsen und werden ihm den Weg zeigen.« Aber als das Mädchen mit dem Korb am Arm hinauskam, hatten die Waldtauben die Erbsen schon im Kropf. Es wußte nicht, wohin es sich wenden sollte. Es war voll Sorge und dachte, wie der Vater hungern und die Mutter jammern würde, wenn es ausbliebe. Als es finster ward, erblickte es das Lichtchen und kam an das Waldhaus.Es bat freundlich, sie möchten es beherbergen, und der Mann mit dem weißen Bart fragte wieder die Tiere:

»Schön Hühnchen,

schön Hähnchen,

und du schöne bunte Kuh,

was sagst du dazu?«

»Duks!« sagten sie. Da trat das Mädchen an den Ofen, wo die Tiere lagen, und liebkoste Hühnchen und Hähnchen, indem es mit der Hand über die glatten Federn hinstrich, und die bunte Kuh kraute es zwischen den Hörnern. Und als es auf Geheiß des Alten eine gute Suppe bereitet hatte und die Schüssel auf dem Tisch stand, so sprach es: »Soll ich mich sättigen und die guten Tiere sollen nichts haben? Draußen ist die Hülle und Fülle, erst will ich für sie sorgen.« Da ging es, holte Gerste und streute sie dem Hühnchen und Hähnchen vor und brachte der Kuh wohlriechendes Heu, einen ganzen Arm voll. »Laßt's euch schmecken, ihr lieben Tiere«, sagte es, »und wenn ihr durstig seid, sollt ihr auch einen frischen Trunk haben.« Dann trug es einen Eimer voll Wasser herein, und Hühnchen und Hähnchen sprangen auf den Rand, steckten den Schnabel hinein und hielten den Kopf dann in die Höhe, wie die Vögel trinken, und die bunte Kuh tat auch einen herzhaften Zug. Als die Tiere gefüttert waren, setzte sich das Mädchen zu dem Alten an den Tisch und aß, was er ihm übriggelassen hatte.

Nicht lange, so fingen Hühnchen und Hähnchen an, das Köpfchen zwischen die Flügel zu stecken, und die bunte Kuh blinzelte mit den Augen.

Da sprach das Mädchen: »Sollen wir uns nicht zur Ruhe begeben?

> Schön Hühnchen,
>
> schön Hähnchen,
>
> und du schöne bunte Kuh,
>
> was sagst du dazu?«

Die Tiere antworteten: »Duks,

> du hast mit uns gegessen,
>
> du hast mit uns getrunken,
>
> du hast uns alle wohl bedacht,
>
> wir wünschen dir eine gute Nacht!«

Da ging das Mädchen die Treppe hinauf, schüttelte die Federkissen und deckte frisches Linnen auf. Und als es fertig war, kam der Alte und legte sich in das Bett, und sein weißer Bart reichte ihm bis an die Füße. Das Mädchen legte sich in das andere, tat sein Gebet und schlief ein.

Es schlief ruhig bis Mitternacht. Da ward es so unruhig in dem Hause, daß das Mädchen erwachte. Da fing es in den Ecken an zu knittern und zu knattern, und die Türe sprang auf und schlug an die Wand. Die Balken dröhnten, als wenn sie aus ihren Fugen gerissen würden, und es war, als wenn die Treppe herabstürzte, und endlich krachte es, als wenn das ganze Dach zusammenfiele. Da es aber wieder still ward und dem Mädchen nichts zuleid geschah, so blieb es ruhig liegen und schlief wieder ein. Als es aber am Morgen bei hellem Sonnenschein aufwachte, was erblickten seine Augen? Es lag in einem großen Saal, und ringsumher glänzte alles in königlicher Pracht. An den Wänden wuchsen auf grünseidenem Grund goldene Blumen in die Höhe, das Bett war von Elfenbein und die Decke darauf von rotem Sammet, und auf einem Stuhl daneben stand ein Paar mit Perlen gestickte Pantoffeln. Das Mädchen glaubte, es wäre ein Traum, aber es traten drei reichgekleidete Diener herein und fragten, was es zu befehlen hätte.

»Geht nur«, antwortete das Mädchen, »ich will gleich aufstehen und dem Alten eine Suppe kochen und dann auch schön Hühnchen, schön Hähnchen und die schöne bunte Kuh füttern.« Es dachte, der Alte wäre schon aufgestanden und sah sich nach seinem Bette um, aber er lag nicht darin, sondern ein fremder Mann. Und als es ihn betrachtete und sah, daß er jung und schön war, erwachte er, richtete sich auf und sprach: »Ich bin ein Königssohn und war von einer Hexe verwünscht worden, als ein alter, eisgrauer Mann in dem Wald zu leben. Niemand durfte um mich sein als meine drei Diener in der Gestalt eines Hühnchens, eines Hähnchens und einer bunten Kuh. Und nicht eher sollte die Verwünschung aufhören, als bis ein Mädchen zu uns käme, so gut von Herzen, daß es nicht gegen die Menschen allein, sondern auch gegen die Tiere sich liebreich bezeigte, und das bist du gewesen. Und heute um Mitternacht sind wir durch dich erlöst, und das alte Waldhaus ist wieder in meinen königlichen Palast verwandelt worden.« Und als sie aufgestanden waren, sagte der Königssohn den drei Dienern, sie sollten hinfahren und Vater und Mutter des Mädchens zur Hochzeitsfeier herbeiholen.

»Aber wo sind meine zwei Schwestern?« fragte das Mädchen. »Die habe ich in den Keller gesperrt, und morgen sollen sie in den Wald geführt werden und sollen bei einem Köhler so lange als Mägde dienen, bis sie sich gebessert haben und auch die armen Tiere nicht hungern lassen.«

Hänsel und Gretel

Vor einem großen Walde wohnte ein armer Holzhacker mit seiner Frau und seinen zwei Kindern. Das Bübchen hieß Hänsel und das Mädchen Gretel. Er hatte wenig zu beißen und zu brechen, und einmal, als große Teuerung ins Land kam, konnte er auch das tägliche Brot nicht mehr schaffen. Wie er sich nun abends im Bette Gedanken machte und sich vor Sorgen herumwälzte, seufzte er und sprach zu seiner Frau: »Was soll aus uns werden? Wie können wir unsere armen Kinder ernähren, da wir für uns selbst nichts mehr haben?« — »Weißt du was, Mann«, antwortete die Frau, »wir wollen morgen in aller Frühe die Kinder hinaus in den Wald führen, wo er am dicksten ist. Da machen wir ihnen ein Feuer an und geben jedem noch ein Stückchen Brot, dann gehen wir an unsere Arbeit und lassen sie allein. Sie finden den Weg nicht zurück, und wir sind sie los.« – »Nein, Frau«, sagte der Mann, »das tue ich nicht. Wie sollt ich's übers Herz bringen, meine Kinder im Walde allein zu lassen. Die wilden Tiere würden bald kommen und sie zerreißen.« – »O du Narr«, sagte sie, »dann müssen wir alle viere Hungers sterben. Du kannst nur die Bretter für die Särge hobeln –«, und ließ ihm keine Ruhe, bis er einwilligte. »Aber die armen Kinder dauern mich doch«, sagte der Mann.

Die zwei Kinder hatten vor Hunger auch nicht einschlafen können und hatten gehört, was die Stiefmutter zum Vater gesagt hatte. Gretel weinte bittere Tränen und sprach zu Hänsel: »Nun ist's um uns geschehen.« — »Still, Gretel«, sprach Hänsel, »gräme dich nicht, ich will uns schon helfen.« Und als die Alten eingeschlafen waren, stand er auf, zog sein Röcklein an, machte die Untertüre auf und schlich sich hinaus. Da schien der Mond ganz helle, und die weißen Kieselsteine, die vor dem Hause lagen, glänzten wie lauter Batzen. Hänsel bückte sich und steckte so viel in sein Rocktäschlein, als nur hinein wollten. Dann ging er wieder zurück, sprach zu Gretel: »Sei getrost, liebes Schwesterchen und schlaf nur ruhig ein, Gott wird uns nicht verlassen«, und legte sich wieder ins Bett.

Als der Tag anbrach, noch ehe die Sonne aufgegangen war, kam schon die Frau und weckte die beiden Kinder: »Steht auf, ihr Faulenzer, wir wollen in den Wald gehen und Holz holen.« Dann gab sie jedem ein Stückchen Brot und sprach: »Da habt ihr etwas für den Mittag, aber eßt's nicht vorher auf, weiter kriegt ihr nichts.« Gretel nahm das Brot unter die Schürze, weil Hänsel die Steine in der Tasche hatte. Danach machten sie sich alle zusammen auf den Weg nach dem Wald. Als sie ein Weilchen gegangen waren, stand Hänsel still und guckte nach dem Haus zurück und tat das wieder und immer wieder. Der Vater sprach: »Hänsel, was guckst du da und bleibst zurück. Hab acht und vergiß deine Beine nicht.« — »Ach, Vater«, sagte Hänsel, »ich sehe nach meinem weißen Kätzchen, das sitzt oben auf dem Dach und will mir Ade sagen.« Die Frau sprach: »Narr, das ist dein Kätzchen nicht, das ist die Morgensonne, die auf den Schornstein scheint.« Hänsel aber hatte nicht nach dem Kätzchen gesehen, sondern immer einen von den blanken Kieselsteinen aus seiner Tasche auf den Weg geworfen.

Als sie mitten in den Wald gekommen waren, sprach der Vater: »Nun sammelt Holz, ihr Kinder, ich will ein Feuer anmachen, damit ihr nicht friert.« Hänsel und Gretel trugen Reisig zusammen, einen kleinen Berg hoch. Das Reisig ward angezündet, und als die Flamme recht hoch brannte, sagte die Frau: »Nun legt euch ans Feuer, ihr Kinder, und ruht euch aus, wir gehen in den Wald und hauen Holz. Wenn wir fertig sind, kommen wir wieder und holen euch ab.«

Hänsel und Gretel saßen am Feuer, und als der Mittag kam, aß jedes ein Stücklein Brot. Und weil sie die Schläge der Holzaxt hörten, so glaubten sie, ihr Vater wäre in der Nähe. Es war aber nicht die Holzaxt, es war ein Ast, den er an einen dürren Baum gebunden hatte und den der Wind hin und her schlug. Und als sie so lange gesessen hatten, fielen ihnen die Augen vor Müdigkeit zu, und sie schliefen fest ein.

Als sie endlich erwachten, war es schon finstere Nacht. Gretel fing an zu weinen und sprach: »Wie sollen wir nun aus dem Wald kommen!« Hänsel aber tröstete sie: »Wart nur ein Weilchen, bis der Mond aufgegangen ist, dann wollen wir den Weg schon finden.« Und als der volle Mond aufgestiegen war, so nahm Hänsel sein Schwesterchen an der Hand und ging den Kieselsteinen nach, die schimmerten wie neu geschlagene Batzen und zeigten ihnen den Weg. Sie gingen die ganze Nacht hindurch und kamen bei anbrechendem Tag wieder zu ihres Vaters Haus. Sie klopften an die Tür, und als die Frau aufmachte und sah, daß es Hänsel und Gretel war, sprach sie: »Ihr bösen Kinder, was habt ihr so lange im Wald geschlafen. Wir haben geglaubt, ihr wolltet gar nicht wiederkommen.« Der Vater aber freute sich, denn es war ihm zu Herzen gegangen, daß er sie so allein zurückgelassen hatte.

Nicht lange danach war wieder Not in allen Ecken, und die Kinder hörten, wie die Mutter nachts im Bette zu dem Vater sprach: »Alles ist wieder aufgezehrt. Wir haben noch einen halben Laib Brot, hernach hat das Lied ein Ende. Die Kinder müssen fort, wir wollen sie tiefer in den Wald hineinführen, damit sie den Weg nicht wieder herausfinden. Es ist sonst keine Rettung für uns.« Dem Mann fiel's schwer aufs Herz, und er dachte: ›Es wäre besser, daß du den letzten Bissen mit deinen Kindern teiltest‹. Aber die Frau hörte auf nichts, was er sagte, schalt ihn und machte ihm Vorwürfe. Wer A sagt, muß auch B sagen, und weil er das erstemal nachgegeben hatte, so mußte er es auch zum zweitenmal.

Die Kinder waren aber noch wach gewesen und hatten das Gespräch mit angehört. Als die Alten schliefen, stand Hänsel wieder auf, wollte hinaus und Kieselsteine auflesen, wie das vorige Mal. Aber die Frau hatte die Tür verschlossen, und Hänsel konnte nicht hinaus. Aber er tröstete sein Schwesterchen und sprach: »Weine nicht, Gretel, und schlaf nur ruhig. Der liebe Gott wird uns schon helfen.«

Am frühen Morgen kam die Frau und holte die Kinder aus dem Bette. Sie erhielten ihr Stückchen Brot, das war aber noch kleiner als das vorige Mal. Auf dem Wege nach dem Walde bröckelte es Hänsel in der Tasche, stand oft still und warf ein Bröcklein auf die Erde. »Hänsel, was stehst du da und guckst dich um«, sagte der Vater, »geh deiner Wege.« — »Ich sehe nach meinem Täubchen, das sitzt auf dem Dache und will mir Ade sagen«, antwortete Hänsel. – »Narr«, sagte die Frau, »das ist dein Täubchen nicht, das ist die Morgensonne, die auf den Schornstein oben scheint.« Hänsel aber warf nach und nach alle Bröcklein auf den Weg.

Die Frau führte die Kinder noch tiefer in den Wald, wo sie ihr Lebtag noch nicht gewesen waren. Da ward wieder ein großes Feuer angemacht, und die Mutter sagte: »Bleibt nur da sitzen, ihr Kinder, und wenn ihr müde seid, könnt ihr ein wenig schlafen; wir gehen in den Wald und hauen Holz, und abends, wenn wir fertig sind, kommen wir und holen euch ab.« Als es Mittag war, teilte Gretel ihr Brot mit Hänsel, der sein Stück auf den Weg gestreut hatte. Dann schliefen sie ein, und der Abend verging, aber niemand kam zu den armen Kindern. Sie erwachten erst in der finstern Nacht, und Hänsel tröstete sein Schwesterchen und sagte: »Wart nur, Gretel, bis der Mond aufgeht, dann werden wir die Brotbröcklein sehen, die ich ausgestreut habe. Die zeigen uns den Weg nach Haus.« Als der Mond kam, machten sie sich auf, aber sie fanden kein Bröcklein mehr, denn die vieltausend Vögel, die im Walde und im Felde umherfliegen, die hatten sie weggepickt. Hänsel sagte zu Gretel: »Wir werden den Weg schon finden«, aber sie fanden ihn nicht. Sie gingen die ganze Nacht und noch einen Tag vom Morgen bis Abend, aber sie kamen aus dem Wald nicht heraus und waren so hungrig, denn sie hatten nichts als die paar Beeren, die auf der Erde standen. Und weil sie so müde waren, daß die Beine sie nicht mehr tragen wollten, so legten sie sich unter einen Baum und schliefen ein.

Nun war's schon der dritte Morgen, daß sie ihres Vaters Haus verlassen hatten. Sie fingen wieder an zu gehen, aber sie gerieten immer tiefer in den Wald, und wenn nicht bald Hilfe kam, so mußten sie verschmachten. Als es Mittag war, sahen sie ein schönes, schneeweißes Vöglein auf einem Ast sitzen, das sang so schön, daß sie stehenblieben und ihm zuhörten. Und als es fertig war, schwang es seine Flügel und flog vor ihnen her. Und sie gingen ihm nach, bis sie zu einem Häuschen gelangten, auf dessen Dach es sich setzte, und als sie ganz nahe herankamen, so sahen sie, daß das Häuslein aus Brot gebaut war und mit Kuchen gedeckt. Aber die Fenster waren von hellem Zucker. »Da wollen wir uns dranmachen«, sprach Hänsel, »und eine gesegnete Mahlzeit halten. Ich will ein Stück vom Dach essen. Gretel, du kannst vom Fenster essen, das schmeckt süß.« Hänsel reichte in die Höhe und brach sich ein wenig vom Dach ab, um zu versuchen, wie es schmeckte, und Gretel stellte sich an die Scheiben und knusperte daran. Da rief eine feine Stimme aus der Stube heraus:

> »Knusper, knusper, kneischen,
> wer knuspert an meinem Häuschen?«

Die Kinder antworteten:

> »Der Wind, der Wind,
> das himmlische Kind«

und aßen weiter, ohne sich irremachen zu lassen. Hänsel, dem das Dach sehr gut schmeckte, riß sich ein großes Stück davon herunter, und Gretel stieß eine ganze runde Fensterscheibe heraus, setzte sich nieder und tat sich wohl damit.

Da ging auf einmal die Tür auf, und eine steinalte Frau, die sich auf eine Krücke stützte, kam herausgeschlichen. Hänsel und Gretel erschraken so gewaltig, daß sie fallen ließen, was sie in den Händen hielten. Die Alte aber wackelte mit dem Kopfe und sprach: »Ei, ihr lieben Kinder, wer hat euch hierher gebracht? Kommt nur herein und bleibt bei mir, es geschieht euch kein Leid.« Sie faßte beide an der Hand und führte sie in ihr Häuschen. Da ward gutes Essen aufgetragen, Milch und Pfannkuchen mit Zucker, Äpfel und Nüsse. Hernach wurden zwei schöne Bettlein weiß gedeckt, und Hänsel und Gretel legten sich hinein und meinten, sie wären im Himmel.

Die Alte hatte sich nur so freundlich gestellt, sie war aber eine böse Hexe, die den Kindern auflauerte, und hatte das Brothäuslein bloß gebaut, um sie herbeizulocken. Wenn eins in ihre Gewalt kam, so machte sie es tot, kochte es und aß es, und das war ihr ein Festtag. Die Hexen haben rote Augen und können nicht weit sehen, aber sie haben eine feine Witterung wie die Tiere und merken's, wenn Menschen herankommen. Als Hänsel und Gretel in ihre Nähe kamen, da lachte sie boshaft und sprach höhnisch: »Die habe ich, die sollen mir nicht wieder entwischen.« Frühmorgens, ehe die Kinder erwacht waren, stand sie schon auf, und als sie beide so lieblich ruhen sah, mit den vollen roten Backen, so murmelte sie vor sich hin: »Das wird ein guter Bissen werden.« Da packte sie Hänsel mit ihrer dürren Hand und trug ihn in einen kleinen Stall und sperrte ihn mit einer Gittertüre ein. Er mochte schreien, wie er wollte, es half ihm nichts. Dann ging sie zu Gretel, rüttelte sie wach und rief: »Steh auf, Faulenzerin, trag Wasser und koch deinem Bruder etwas Gutes. Der sitzt draußen im Stall und soll fett werden. Wenn er fett ist, so will ich ihn essen.« Gretel fing an, bitterlich zu weinen, aber es war alles vergeblich. Sie mußte tun, was die böse Hexe verlangte.

Nun ward dem armen Hänsel das beste Essen gekocht, aber Gretel bekam nichts als Krebsschalen. Jeden Morgen schlich die Alte zu dem Ställchen und rief: »Hänsel, streck deine Finger heraus, damit ich fühle, ob du bald fett bist.« Hänsel streckte ihr aber ein Knöchlein heraus, und die Alte, die trübe Augen hatte, konnte es nicht sehen und meinte, es wären Hänsels Finger, und verwunderte sich, daß er gar nicht fett werden wollte. Als vier Wochen herum waren und Hänschen immer mager blieb, da überkam sie die Ungeduld, und sie wollte nicht länger warten. »He da, Gretel!« rief sie dem Mädchen zu, »sei flink und trag Wasser; Hänsel mag fett oder mager sein, morgen will ich ihn schlachten und kochen.« Ach, wie jammerte das arme Schwesterchen, als es Wasser tragen mußte, und wie flossen ihm die Tränen über die Backen herunter. »Lieber Gott, hilf uns doch!« rief sie aus, »hätten uns nur die wilden Tiere im Wald gefressen, so wären wir doch zusammen gestorben.« — »Spar nur dein Geplärre«, sagte die Alte, »es hilft dir alles nichts.«

Frühmorgens mußte Gretel heraus, den Kessel mit Wasser aufhängen und Feuer anzünden. »Erst wollen wir backen«, sagte die Alte, »ich habe den Backofen schon eingeheizt und den Teig geknetet.« Sie stieß das arme Gretel hinaus zu dem Backofen, aus dem die Feuerflammen schon herausschlugen. »Kriech hinein«, sagte die Hexe, »und sieh zu, ob recht eingeheizt ist, damit wir das Brot hineinschieben können.« Und wenn Gretel darin war, wollte sie den Ofen zumachen, und Gretel sollte darin braten, und dann wollte sie's auch aufessen. Aber Gretel merkte, was sie im Sinn hatte, und sprach: »Ich weiß nicht, wie ich's machen soll. Wie komm ich da hinein?« — »Dumme Gans«, sagte die Alte, »die Öffnung ist groß genug, siehst du wohl, ich könnte selbst hinein«, krabbelte heran und steckte den Kopf in den Backofen. Da gab ihr Gretel einen Stoß, daß sie weit hineinfuhr, machte die eiserne Tür zu und schob den Riegel vor. Hu! da fing sie an zu heulen, ganz grauselig; aber Gretel lief fort, und die gottlose Hexe mußte elendiglich verbrennen.

Gretel aber lief schnurstracks zum Hänsel, öffnete sein Ställchen und rief: »Hänsel, wir sind erlöst, die alte Hexe ist tot!« Da sprang Hänsel heraus wie ein Vogel aus dem Käfig, wenn ihm die Türe aufgemacht wird. Wie haben sie sich gefreut, sind sich um den Hals gefallen, sind herumgesprungen und haben sich geküßt! Und weil sie sich nicht mehr zu fürchten brauchten, so gingen sie in das Haus der Hexe hinein, da standen in allen Ecken Kasten mit Perlen und Edelsteinen. »Die sind noch besser als Kieselsteine«, sagte Hänsel und steckte in seine Taschen, was hinein wollte, und Gretel sagte: »Ich will auch etwas mit nach Haus bringen«, und füllte sich ein Schürzchen voll. »Aber jetzt wollen wir fort«, sagte Hänsel, »damit wir aus dem Hexenwald herauskommen.«

Als sie aber ein paar Stunden gegangen waren, gelangten sie an ein großes Wasser. »Wir können nicht hinüber«, sprach Hänsel, »ich seh keinen Steg und keine Brücke.« — »Hier fährt auch kein Schiffchen«, antwortete Gretel, »aber da schwimmt eine weiße Ente, wenn ich die bitte, so hilft sie uns hinüber.« Da rief sie:

»Entchen, Entchen,
da steht Gretel und Hänsel,
kein Steg und keine Brücke,
nimm uns auf deinen weißen Rücken.«

Das Entchen kam auch heran, und Hänsel setzte sich auf und bat sein Schwesterchen, sich zu ihm zu setzen. »Nein«, antwortete Gretel, »es wird dem Entchen zu schwer. Es soll uns nacheinander hinüberbringen.« Das tat das gute Tierchen, und als sie glücklich drüben waren und ein Weilchen fortgingen, da kam ihnen der Wald immer bekannter vor, und endlich erblickten sie von weitem ihres Vaters Haus. Da fingen sie an zu laufen, stürzten in die Stube hinein und fielen ihrem Vater um den Hals. Der Mann hatte keine frohe Stunde gehabt, seitdem er die Kinder im Walde gelassen hatte. Die Frau aber war gestorben. Gretel schüttelte sein Schürzchen aus, daß die Perlen und Edelsteine in der Stube herumsprangen, und Hänsel warf eine Handvoll nach der andern aus seiner Tasche dazu. Da hatten alle Sorgen ein Ende, und sie lebten in lauter Freude zusammen.

Mein Märchen ist aus, dort läuft eine Maus, wer sie fängt, darf sich eine große, große Pelzkappe daraus machen.

Max und Moritz aus der Südsee
Ein Südseemärchen

Taffitopua und Ogapua hatten zwei Buben, die hießen Laupanini und Laupanana, das waren arge Schlingel. Eines Tages sagten die Eltern, sie sollten hübsch artig zu Hause bleiben, denn sie wollten ins Feld gehen und dort arbeiten. »Daß ihr mir aber nicht im Wasser herumplantscht und die Vorhänge auf- und zuzieht«, sagten sie im Weggehen. Die Burschen aber gehorchten nicht. Sie zogen die Vorhänge auf und plantschten im Wasser herum. Als die Eltern wieder zurückkamen, erhielten sie beide eine gehörige Tracht Prügel. Darüber waren sie empört und sagten unter sich: »Jetzt laufen wir fort, nach Mulifanua. Dort wohnt der Tulivae Pupula, der große Menschenfresser. Der soll uns beide auf einmal verschlucken!«

Sie gingen nun zu dem Riesen Tulivae Pupula, der sie gleich fragte: »Wohin wollt ihr denn?« — »Ach«, sagten die Buben, »sei so gut und friß uns beide auf.« Tulivae

Pupula hatte keine Lust und sagte, sie sollten hereinkommen. Da saßen sie nun, und plötzlich fing der kleinere Junge an zu weinen. »Weshalb heult der Bengel?« fragte Tulivae Pupula. »Ich bin so durstig«, antwortete der. »Da geh und klettere auf die Kokospalme.«

Der Knabe kletterte hinauf, schlug eine Nuß auf und trank sie aus. Bald darauf heulte er von neuem los, und der Riese fragte: »Warum brüllt der Bengel denn schon wieder?« — »Ach, ich bin so hungrig«, sagte der Knabe.

»Na, denn geh«, sagte Tulivae Pupula, »richte den Herd her und zünde ein Feuer an.« Sie taten es und fragten, was sie kochen sollten. Tulivae Pupula antwortete: »Stellt euch auf den Herd und ringt miteinander. Wer hinfällt, soll im Ofen gebacken werden.« Sie rangen miteinander. Der ältere Bruder fiel hin und mußte nun von dem andern im Ofen gebacken werden. Der weinte dabei. Und als er fertig war, sagte Tulivae Pupula: »Geh und hole Wasser in der Kokosschale.« Dabei sang er:

> »Füll sie einmal,
> füll sie zweimal,
> oho, da lacht ja was im Kochhaus.«

Darauf sagte er zum Jungen, er solle den Ofen aufdecken, und sieh da, der gebackene Bruder lachte ihm aus dem Ofen entgegen und war gar nicht tot. Nun machten sich die beiden Knaben daran, das andere Essen aus dem Ofen zu ziehen. Ei, was gab es da für schöne Dinge! Fische, ein Schwein und ein Huhn! Da aßen sie sich alle drei satt. Tulivae Pupula mußte ausgehen und sagte zu den Knaben, sie möchten hübsch artig zu Haus bleiben. Sie hatten aber Langeweile und machten ein großes Feuer an. Nun hatte Tulivae Pupula ein Stück Tapa. Das konnte sprechen und ihm alles sagen. Und weil sie den Tulivae Pupula ärgern wollten, warfen sie die Taparinde ins Feuer. Da schrie sie ganz laut: »O Tulivae Pupula, komm her, ich verbrenne, ich verbrenne!« Darauf liefen die Jungen fort.

Als Tulivae zurückkam und sah, was die Bengel angerichtet hatten, rannte er hinter ihnen her. Doch sie waren schon weit fort. Darum sagte Tulivae Pupula: »Ich will, daß ein ganzer Wald von Zuckerrohr sich den Buben in den Weg stellt.« Als die Knaben an das Zuckerrohrdickicht kamen, brachen sie sich einen Weg hindurch und liefen weiter. Wieder sagte Tulivae Pupula: »Ich will, daß ein großer Fluß sich vor die Jungen stellt, daß sie nicht hinüber können.«

Als die Knaben an den Fluß kamen, wußten sie sich nicht zu retten. Da pflückte der ältere Knabe eine Brotfrucht ab und nahm das Innere heraus. Dann hing er sie wieder an den Baum, und die beiden Knaben schlüpften hinein, um sich darin zu verstecken.

Bald darauf kam Tulivae Pupula herbei. Er rannte am Fluß entlang und konnte die Knaben nicht finden. Plötzlich stieß er sich den Kopf an einer Brotfrucht. Wütend brach er sie ab und schleuderte sie auf die andere Seite des Flusses. Die Brotfrucht schlug auf, und die beiden Knaben sprangen heraus. Sie standen nun auf dem andern Ufer und lachten den Riesen tüchtig aus. Dann rannten sie weiter. Und Tulivae Pupula sagte: »Ich wollte, daß ein hoher Berg den Bengeln den Weg verstellte.« Sie aber kletterten den Berg hinauf und saßen vergnügt auf der höchsten Spitze, als Tulivae unten ankam. Wie sollte er sie jetzt herunterbekommen? Tulivae Pupula griff zur List. Er legte Brot, Gemüse, Früchte, Schweinefleisch und Fische hin, versteckte sich im Gebüsch und lauerte, daß die Knaben kämen, um sich die Leckerbissen zu holen. Der ältere Bruder befestigte ein Tau am Bein des jüngeren und ließ ihn damit herunter. Laupanana schlich sich leise an die schönen Sachen, packte zusammen, was er tragen konnte, und sein Bruder zog ihn wieder herauf. Und als Tulivae Pupula am nächsten Morgen kam, waren seine Lockspeisen verschwunden.

Als es dunkel wurde, setzte er wieder Speisen hin, und als der Junge diesmal kam, sprang er zu und hielt ihn fest und sagte: »So, nun hast du mich genug geärgert, und jetzt wirst du aufgefressen.« – »Friß mich nicht«, sagte der Junge. »Sieh mal, ich schmecke ja gar nicht, ich bin noch viel zu klein. Halte mal dein Bein her, dann binde ich dieses Tau daran, und dann denkt mein Bruder, ich bin es und zieht dich in die Höhe, und dann kannst du ihn fressen.« So geschah es. Als aber der Menschenfresser fast oben war, rief der kleine Bengel von unten hinauf: »Laupanini, laß das Tau los, Laupanini, laß das Tau los!« Da ließ der ältere Bruder das Tau los, und Tulivae Pupula stürzte kopfüber hinab und blieb unten liegen. Die beiden Buben gingen nun nach seinem Haus zurück und machten es sich dort bequem, und so wurden sie Erben des Menschenfressers.

Von klugen und dummen Leuten

Das Hirtenbüblein

Es war einmal ein Hirtenbüblein, das war wegen seiner weisen Antworten, die es auf alle Fragen gab, weit und breit berühmt. Der König des Landes hörte davon, glaubte es nicht und ließ das Bübchen kommen. Da sprach er zu ihm: »Kannst du mir auf drei Fragen, die ich dir vorlegen will, Antwort geben, so will ich dich ansehen wie mein eigen Kind, und du sollst bei mir in meinem königlichen Schloß wohnen.« Sprach das Büblein: »Wie lauten die drei Fragen?« Der König sagte: »Die erste lautet: Wieviel Tropfen Wasser sind in dem Weltmeer?« Das Hirtenbüblein antwortete: »Herr König, laßt alle, alle Flüsse auf der Erde verstopfen, damit kein Tröpflein mehr daraus ins Meer läuft, das ich nicht erst gezählt habe, so will ich Euch sagen, wieviel Tropfen im Meer sind.« Sprach der König: »Die andere Frage lautet: Wieviel Sterne stehen am Himmel?« Das Hirtenbüblein sagte: »Gebt mir einen großen Bogen weiß Papier«, und dann machte es mit der Feder so viel Punkte darauf, daß sie kaum zu sehen und fast gar nicht zu zählen waren und einem die Augen vergingen, wenn man darauf blickte. Darauf sprach es: »Soviel Sterne stehen am Himmel, als hier Punkte auf dem Papier, zählt

109

sie nur.« Aber niemand war dazu imstande. Sprach der König: »Die dritte Frage lautet: Wieviel Sekunden hat die Ewigkeit?« Da sagte das Hirtenbüblein: »In Hinterpommern liegt der Demantberg, der hat eine Stunde in die Höhe, eine Stunde in die Breite und eine Stunde in die Tiefe; dahin kommt alle hundert Jahre ein Vöglein und wetzt sein Schnäblein dran, und wenn der ganze Berg abgewetzt ist, dann ist die erste Sekunde von der Ewigkeit vorbei.«

Sprach der König: »Du hast die drei Fragen aufgelöst wie ein Weiser und sollst fortan bei mir in meinem königlichen Schlosse wohnen, und ich will dich ansehen wie mein eigenes Kind.«

Vom klugen Schneiderlein

Es war einmal eine Prinzessin gewaltig stolz; kam ein Freier, so gab sie ihm etwas zu raten auf, und wenn er's nicht erraten konnte, so ward er mit Spott fortgeschickt. Sie ließ auch bekanntmachen, wer ihr Rätsel löste, sollte sich mit ihr vermählen, und möchte kommen, wer da wollte. Endlich fanden sich auch drei Schneider zusammen, davon meinten die zwei ältesten, sie hätten so manchen feinen Stich getan und hätten's getroffen, da könnt's ihnen nicht fehlen, sie müßten's auch hier treffen; der dritte war ein kleiner unnützer Springinsfeld, der nicht einmal sein Handwerk verstand, aber meinte, er müßte dabei Glück haben, denn woher sollt's ihm sonst kommen? Da sprachen die zwei andern zu ihm: »Bleib nur zu Haus, du wirst mit deinem bißchen Verstande nicht weit kommen.« Das Schneiderlein ließ sich nicht irremachen und sagte, es hätte einmal seinen Kopf darauf gesetzt und wollte sich schon helfen und ging dahin, als wäre die ganze Welt sein.

Da meldeten sich alle drei bei der Prinzessin und sagten, sie sollte ihnen ihre Rätsel vorlegen: es wären die rechten Leute angekommen, die hätten einen feinen Verstand, daß man ihn wohl in eine Nadel fädeln könnte. Da sprach die Prinzessin: »Ich habe zweierlei Haar auf dem Kopf, von was für Farben ist das?«

»Wenn's weiter nichts ist«, sagte der erste, »es wird schwarz und weiß sein, wie Tuch, das man Kümmel und Salz nennt.« Die Prinzessin sprach: »Falsch geraten, antworte der zweite.« Da sagte der zweite: »Ist's nicht schwarz und weiß, so ist's braun und rot wie meines Herrn Vaters Bratenrock.«

»Falsch geraten«, sagte die Prinzessin, »antworte der dritte, dem seh' ich's an, der weiß es sicherlich.« Da trat das Schneiderlein keck hervor und sprach: »Die Prinzessin hat ein silbernes und ein goldenes Haar auf dem Kopf, und das sind die zweierlei Farben.« Wie die Prinzessin das hörte, ward sie blaß und wäre vor Schrecken beinah hingefallen, denn das Schneiderlein hatte es getroffen, und sie hatte fest geglaubt, das würde kein Mensch auf der Welt herausbringen. Als ihr das Herz wiederkam, sprach sie: »Damit hast du mich noch nicht gewonnen, du mußt noch eins tun: Unten im Stall liegt ein Bär, bei dem sollst du die Nacht zubringen; wenn ich dann morgen aufstehe und du bist noch lebendig, so sollst du mich heiraten.« Sie dachte aber, damit wollte sie das Schneiderlein loswerden, denn der Bär hatte noch keinen Menschen lebendig gelassen, der ihm unter die Tatzen gekommen war. Das Schneiderlein ließ sich nicht abschrecken, war ganz vergnügt und sprach: »Frisch gewagt ist halb gewonnen.«

Als nun der Abend kam, ward mein Schneiderlein hinunter zum Bären gebracht. Der Bär wollte auch gleich auf den kleinen Kerl los und ihm mit seiner Tatze einen guten Willkommen geben. »Sachte, sachte«, sprach das Schneiderlein, »ich will dich schon zur Ruhe bringen.« Da holte es ganz gemächlich, als hätt' es keine Sorgen, welsche Nüsse aus der Tasche, biß sie auf und aß die Kerne. Wie der Bär das sah, kriegte er Lust und wollte auch Nüsse haben. Das Schneiderlein griff in die Tasche und reichte ihm eine Handvoll; es waren aber keine Nüsse, sondern Wackersteine. Der Bär steckte sie ins Maul, konnte aber nichts aufbringen, er mochte beißen, wie er wollte. ›Ei‹, dachte er, ›was bist du für ein dummer Klotz, kannst nicht einmal die Nüsse aufbeißen‹ und sprach zum Schneiderlein: »Nein, beiß mir die Nüsse auf.«

»Da siehst du, was du für ein Kerl bist«, sprach das Schneiderlein, »hast so ein großes Maul und kannst die kleine Nuß nicht aufbeißen.« Da nahm es die Steine, war hurtig, steckte dafür eine Nuß in den Mund, und knack, war sie entzwei. »Ich muß das Ding noch einmal probieren«, sprach der Bär, »wenn ich's so ansehe, ich mein, ich müßt's auch können.« Da gab ihm das Schneiderlein abermals Wackersteine, und der Bär arbeitete und biß aus allen Leibeskräften hinein. Aber du glaubst auch nicht, daß er sie aufgebracht hat. Wie das vorbei war, holte das Schneiderlein eine Violine unter dem Rock hervor und spielte sich ein Stückchen darauf. Als der Bär die Musik vernahm, konnte er es nicht lassen und fing an zu tanzen, und als er ein Weilchen getanzt hatte, gefiel ihm das Ding so wohl, daß er zum Schneiderlein sprach: »Hör, ist das Geigen schwer?«

»Kinderleicht, siehst du, mit der Linken leg ich die Feder auf, und mit der Rechten streich ich mit dem Bogen drauflos, da geht's lustig, hopsassa, vivallalera!«

»So geigen«, sprach der Bär, »das möcht ich auch verstehen, damit ich tanzen könnte, so oft ich Lust hätte. Was meinst du dazu? Willst du mir Unterricht darin geben?«

»Von Herzen gern«, sagte das Schneiderlein, »wenn du Geschick dazu hast. Aber weis einmal deine Tatzen her, die sind gewaltig lang, ich muß dir die Nägel ein wenig abschneiden.« Da ward ein Schraubstock herbeigeholt, und der Bär legte seine Tatzen darauf, das Schneiderlein aber schraubte sie fest und sprach: »Nun warte, bis ich mit der Schere komme«, ließ den Bären brummen, soviel er wollte, legte sich in die Ecke auf ein Bund Stroh und schlief ein.

Die Prinzessin, als sie am Abend den Bären so gewaltig brummen hörte, glaubte nicht anders, als er brummte vor Freuden und hätte dem Schneider den Garaus gemacht. Am Morgen stand sie ganz unbesorgt und vergnügt auf; wie sie aber nach dem Stall guckt, so steht das Schneiderlein ganz munter davor und ist gesund wie ein Fisch im Wasser. Da konnte sie nun kein Wort mehr dagegen sagen, weil sie's öffentlich versprochen hatte, und der König ließ einen Wagen kommen, darin mußte sie mit dem Schneiderlein zur Kirche fahren und sollte sie da vermählt werden. Wie sie eingestiegen waren, gingen die beiden andern Schneider, die ein falsches Herz hatten und ihm sein Glück nicht gönnten, in den Stall und schraubten den Bären los. Der Bär in voller Wut rannte hinter dem Wagen her. Die Prinzessin hörte ihn schnauben und brummen; es ward ihr angst, und sie rief: »Ach, der Bär ist hinter uns und will dich holen.« Das Schneiderlein war fix, stellte sich auf den Kopf, steckte die Beine zum Fenster heraus und rief: »Siehst du den Schraubstock? Wenn du nicht gehst, so sollst du wieder hinein.« Wie der Bär das sah, drehte er um und lief fort. Mein Schneiderlein fuhr da ruhig in die Kirche, und die Prinzessin ward ihm an die Hand getraut, und lebte er mit ihr vergnügt wie eine Heidlerche. Wer's nicht glaubt, bezahlt einen Taler.

Das tapfere Schneiderlein

An einem Sommermorgen saß ein Schneiderlein auf seinem Tisch am Fenster, war guter Dinge und nähte aus Leibeskräften. Da kam eine Bauersfrau die Straße herab und rief: »Gut Mus feil! Gut Mus feil!« Das klang dem Schneiderlein lieblich in die Ohren, es steckte sein zartes Haupt zum Fenster hinaus und rief: »Hier herauf, liebe Frau, hier wird Sie Ihre Ware los.« Die Frau stieg die drei Treppen mit ihrem schweren Korbe zu dem Schneider herauf und mußte die Töpfe sämtlich vor ihm auspacken. Er besah sie alle, hob sie in die Höhe, hielt die Nase dran und sagte endlich: »Das Mus scheint mir gut, wieg Sie mir doch vier Lot ab, liebe Frau; wenn's auch ein Viertelpfund ist, kommt es mir nicht darauf an.« Die Frau, welche gehofft hatte, einen guten Absatz zu finden, gab ihm, was er verlangte, ging aber ganz ärgerlich und brummig fort. »Nun, das Mus soll mir Gott gesegnen«, rief das Schneiderlein, »und soll mir Kraft und Stärke geben«, holte das Brot aus dem Schrank, schnitt sich ein Stück über den ganzen Laib und strich das Mus darüber. »Das wird nicht bitter schmecken«, sprach er, »aber erst will ich das Wams fertigmachen, eh ich anbeiße.« Er legte das Brot neben sich, nähte weiter und machte vor Freude immer größere Stiche. Indes stieg der Geruch von dem süßen Mus hinauf an die Wand, wo die Fliegen in großer Menge saßen, so daß sie herangelockt wurden und sich scharenweis darauf niederließen. »Ei, wer hat euch eingeladen?« sprach das Schneiderlein und jagte die ungebetenen Gäste fort. Die Fliegen aber, die kein Deutsch verstanden, ließen sich nicht abweisen, sondern kamen in immer größerer Gesellschaft wieder. Da lief dem Schneiderlein endlich, wie man sagt, die Laus über die Leber. Es langte aus seiner Hölle nach einem Tuchlappen und: »Wart', ich will es euch geben!« schlug es unbarmherzig drauf. Als er es abzog und zählte, so lagen nicht weniger als sieben vor ihm tot und streckten die Beine. »Bist du so ein Kerl?« sprach es und mußte selbst seine Tapferkeit bewundern, »das soll die ganze Stadt erfahren.« Und in der Hast schnitt sich das Schneiderlein einen Gürtel, nähte ihn und stickte mit großen Buchstaben darauf: ›Siebene auf einen Streich!‹ – »Ei was, Stadt!« sprach er weiter, »die ganze Welt soll's erfahren!« und sein Herz wackelte ihm vor Freude wie ein Lämmerschwänzchen.
Der Schneider band sich den Gürtel um den Leib und wollte in die Welt hinaus, weil er meinte, die Werkstätte sei zu klein für seine Tapferkeit. Eh er abzog, suchte er im Haus herum, ob nichts da wäre, was er mitnehmen könnte, er fand

aber nichts als einen alten Käs', den steckte er ein. Vor dem Tor bemerkte er einen Vogel, der sich im Gesträuch gefangen hatte, der mußte zu dem Käse in die Tasche. Nun nahm er den Weg tapfer zwischen die Beine, und weil er leicht und behend war, fühlte er keine Müdigkeit. Der Weg führte ihn auf einen Berg, und als er den höchsten Gipfel erreicht hatte, so saß da ein gewaltiger Riese und schaute sich ganz gemächlich um. Das Schneiderlein ging beherzt auf ihn zu, redete ihn an und sprach: »Guten Tag, Kamerad, gelt, du sitzest da und besiehst dir die weitläufige Welt? Ich bin eben auf dem Wege dahin und will mich versuchen. Hast du Lust, mitzugehen?« Der Riese sah den Schneider verächtlich an und sprach: »Du Lump, du miserabler Kerl!« – »Das wäre!« antwortete das Schneiderlein, knöpfte den Rock auf und zeigte dem Riesen den Gürtel, »da kannst du lesen, was ich für ein Mann bin.« Der Riese las: ›Siebene auf einen Streich‹, meinte, das wären Menschen gewesen, die der Schneider erschlagen hätte, und kriegte ein wenig Respekt vor dem kleinen Kerl. Doch wollte er ihn erst prüfen, nahm einen Stein in die Hand und drückte ihn zusammen, daß das Wasser heraustropfte. »Das mach mir nach«, sprach der Riese, »wenn du Stärke hast.«

»Ist's weiter nichts?« sagte das Schneiderlein, »das ist bei unsereinem Spielwerk«, griff in die Tasche, holte den weichen Käs' und drückte ihn, daß der Saft heraus lief. »Gelt«, sprach er, »das war ein wenig besser?« Der Riese wußte nicht, was er sagen sollte, und konnte es von dem Männlein nicht glauben. Da hob der Riese einen Stein auf und warf ihn so hoch, daß man ihn mit Augen kaum noch sehen konnte. »Nun, du Erpelmännchen, das tu mir nach.« – »Gut geworfen«, sagte der Schneider, »aber der Stein hat doch wieder zur Erde herabfallen müssen, ich will dir einen werfen, der soll gar nicht wiederkommen«, griff in die Tasche, nahm den Vogel und warf ihn in die Luft. Der Vogel, froh über seine Freiheit, stieg auf, flog fort und kam nicht wieder. »Wie gefällt dir das Stückchen, Kamerad?« fragte der Schneider. »Werfen kannst du wohl«, sagte der Riese, »aber nun wollen wir sehen, ob du imstande bist, etwas Ordentliches zu tragen.« Er führte das Schneiderlein zu einem mächtigen Eichbaum, der da gefällt auf dem Boden lag, und sagte: »Wenn du stark genug bist, hilf mir, den Baum aus dem Walde tragen.«

»Gerne«, antwortete der kleine Mann, »nimm du nur den Stamm auf deine Schulter, ich will die Äste mit dem Gezweig aufheben und tragen, das ist doch das Schwerste.« Der Riese nahm den Stamm auf die Schulter, der Schneider aber setzte sich auf einen Ast, und der Riese, der sich nicht umsehen konnte, mußte den ganzen Baum und das Schneiderlein noch obendrein forttragen. Es war da hinten ganz lustig und guter Dinge, pfiff das Liedchen ›Es ritten drei Schneider zum Tore hinaus‹, als wäre das Baumtragen ein Kinderspiel. Der Riese, nachdem er ein Stück Wegs die schwere Last fortgeschleppt hatte, konnte nicht weiter und rief: »Hör, ich muß den Baum fallen lassen.« Der Schneider sprang behendiglich herab, faßte den Baum mit beiden Armen, als wenn er ihn getragen hätte, und sprach zum Riesen: »Du bist ein so großer Kerl und kannst den Baum nicht einmal tragen.«

Sie gingen zusammen weiter, und als sie an einem Kirschbaum vorbeikamen, faßte der Riese die Krone des Baumes, wo die zeitigsten Früchte hingen, bog sie herab, gab sie dem Schneider in die Hand und hieß ihn essen. Das Schneiderlein aber war viel zu schwach, um den Baum zu halten, und als der Riese losließ, fuhr der Baum in die Höhe, und der Schneider ward mit in die Luft geschnellt. Als er wieder ohne Schaden herabgefallen war, sprach der Riese: »Was ist das, hast du nicht Kraft, die schwache Gerte zu halten?«

»An der Kraft fehlt es nicht«, antwortete das Schneiderlein, »meinst du, das wäre etwas für einen, der siebene mit einem Streich getroffen hat? Ich bin über den Baum gesprungen, weil die Jäger da unten in das Gebüsch schießen. Spring nach, wenn du's vermagst.« Der Riese machte den Versuch, konnte aber nicht über den Baum kommen, sondern blieb in den Ästen hängen, also, daß das Schneiderlein auch die Oberhand behielt. Der Riese sprach: »Wenn du so ein tapferer Kerl bist, so komm mit in unsere Höhle und übernachte bei uns.« Das Schneiderlein war bereit und folgte ihm. Als sie in der Höhle anlangten, saßen da noch andere Riesen beim Feuer, und jeder hatte ein gebratenes Schaf in der Hand und aß davon. Das Schneiderlein sah sich um und dachte: ›Es ist doch hier viel weitläufiger als in meiner Werkstatt.‹ Der Riese wies ihm ein Bett an und sagte, er sollte sich hinlegen und ausschlafen. Dem Schneiderlein war aber das Bett zu groß, es legte sich nicht hinein, sondern kroch in eine Ecke. Als es Mitternacht war und der Riese meinte, das Schneiderlein läge in tiefem Schlafe, so stand er auf, nahm eine große Eisenstange, schlug das Bett mit einem Schlag durch und meinte, er hätte dem Grashüpfer den Garaus gemacht. Mit dem frühesten Morgen gingen die Riesen in den Wald und hatten das Schneiderlein ganz vergessen, da kam es auf einmal ganz lustig und verwegen dahergeschritten. Die Riesen erschraken, fürchteten, es schlüge sie alle tot und liefen in einer Hast fort. Das Schneiderlein zog weiter, immer seiner spitzen Nase nach. Nachdem es lange gewandert war, kam es in den Hof eines königlichen Palastes, und da es Müdigkeit empfand, legte es sich ins Gras und schlief ein. Während es da lag, kamen die Leute, betrachteten das Schneiderlein von allen Seiten und lasen verwundert auf dem Gürtel: ›Siebene auf einen Streich.‹ »Ach«, sprachen sie, »was will der große Kriegsheld hier mitten im Frieden? Das muß ein mächtiger Herr sein.« Sie gingen und meldeten es dem König und meinten, wenn Krieg ausbrechen sollte, so wäre das ein wichtiger und nützlicher Mann, den man um keinen Preis fortlassen dürfte. Dem König gefiel der Rat, und er schickte einen von seinen Hofleuten an das Schneiderlein ab, der sollte ihm, wenn es aufgewacht wäre, Kriegsdienste anbieten. Der Abgesandte blieb bei dem Schläfer stehen, wartete, bis er seine Glieder streckte und die Augen aufschlug, und brachte dann seinen Antrag vor. »Eben deshalb bin ich hierhergekommen«, antwortete er, »ich bin bereit, in des Königs Dienste zu treten.« Also ward er ehrenvoll empfangen und ihm eine besondere Wohnung angewiesen.

Die Kriegsleute aber waren dem Schneiderlein aufgesessen und wünschten, es wäre tausend Meilen weit weg. »Was soll daraus werden?« sprachen sie untereinander, »wenn wir Zank mit ihm kriegen und er haut zu, so fallen auf jeden Streich siebene. Da kann unsereiner nicht bestehen.« Also faßten sie einen Entschluß, begaben sich allesamt zum König und baten um ihren Abschied. »Wir sind nicht gemacht«, sprachen sie, »neben einem Manne auszuhalten, der siebene auf einen Streich schlägt.« Der König war traurig, daß er um des einen willen alle seine treuen Diener verlieren sollte, wünschte, daß seine Augen ihn nie gesehen hätten, und wäre ihn gerne wieder los gewesen. Aber er getraute sich nicht, ihm den Abschied zu geben, weil er fürchtete, er möchte ihn samt seinem Volke totschlagen und sich auf den königlichen Thron setzen. Er sann lange hin und her, endlich fand er einen Rat. Er schickte zu dem Schneiderlein und ließ ihm sagen, weil er ein so großer Kriegsheld wäre, so wollte er ihm ein Anerbieten machen. In einem Walde seines Landes hausten zwei Riesen, die mit Rauben, Morden, Sengen und Brennen großen Schaden stifteten, niemand dürfte sich ihnen nahen, ohne sich in Lebensgefahr zu setzen. Wenn er diese beiden Riesen überwände und tötete, so wollte er ihm seine einzige Tochter zur Gemahlin geben und das halbe Königreich zur Ehesteuer; auch sollten hundert Reiter mitziehen und ihm Beistand leisten. ›Das wäre so etwas für einen Mann, wie du bist‹, dachte das Schneiderlein, ›eine schöne Königstochter und ein halbes Königreich wird einem nicht alle Tage angeboten.‹

»O ja«, gab es zur Antwort, »die Riesen will ich schon bändigen und habe die hundert Reiter dabei nicht nötig: Wer siebene auf einen Streich trifft, braucht sich vor zweien nicht zu fürchten.«

Das Schneiderlein zog aus, und die hundert Reiter folgten ihm. Als er zu dem

Rand des Waldes kam, sprach er zu seinen Begleitern: »Bleibt hier nur halten, ich will schon allein mit den Riesen fertig werden.« Dann sprang er in den Wald hinein und schaute sich rechts und links um. Über ein Weilchen erblickte er beide Riesen: Sie lagen unter einem Baume und schliefen und schnarchten dabei, daß sich die Äste auf und nieder bogen. Das Schneiderlein, nicht faul, las beide Taschen voll Steine und stieg damit auf den Baum. Als es in der Mitte war, rutschte es auf einen Ast, bis es gerade über die Schläfer zu sitzen kam, und ließ dem einen Riesen einen Stein nach dem anderen auf die Brust fallen. Der Riese spürte lange nichts, doch endlich wachte er auf, stieß seinen Gesellen an und sprach: »Was schlägst du mich?« – »Du träumst«, sagte der andere, »ich schlage dich nicht.« Sie legten sich wieder zum Schlaf, da warf der Schneider auf den zweiten einen Stein herab. »Was soll das?« rief der andere, »warum wirfst du mich?« — »Ich werfe dich nicht«, antwortete der erste und brummte. Sie zankten sich eine Weile herum, doch weil sie müde waren, ließen sie's gut sein, und die Augen fielen ihnen wieder zu. Das Schneiderlein fing sein Spiel von neuem an, suchte den dicksten Stein aus und warf ihn dem ersten Riesen mit aller Gewalt auf die Brust. »Das ist zu arg!« schrie er, sprang wie ein Unsinniger auf und stieß seinen Gesellen wider den Baum, daß dieser zitterte. Der andere zahlte mit gleicher Münze, und sie gerieten in solche Wut, daß sie Bäume ausrissen, aufeinander losschlugen, so lang, bis sie endlich beide zugleich tot auf die Erde fielen. Nun sprang das Schneiderlein herab. »Ein Glück nur«, sprach es, »daß sie den Baum, auf dem ich saß, nicht ausgerissen haben, sonst hätte ich wie ein Eichhörnchen auf einen andern springen müssen: doch unsereiner ist flüchtig!« Es zog sein Schwert und versetzte jedem ein paar tüchtige Hiebe in die Brust, dann ging es hinaus zu den Reitern und sprach: »Die Arbeit ist getan, ich habe beiden den Garaus gemacht: aber hart ist es hergegangen, sie haben in der Not Bäume ausgerissen und sich gewehrt, doch das hilft alles nichts, wenn einer kommt wie ich, der siebene auf einen Streich schlägt.«

»Seid Ihr denn nicht verwundet?« fragten die Reiter. »Das hat gute Wege«, antwortete der Schneider, »kein Haar haben sie mir gekrümmt.«

Die Reiter wollten ihm keinen Glauben beimessen und ritten in den Wald hinein: da fanden sie die Riesen in ihrem Blute schwimmend, und ringsherum lagen die ausgerissenen Bäume.

Das Schneiderlein verlangte von dem König die versprochene Belohnung, den aber reute sein Versprechen, und er sann aufs neue, wie er sich den Helden vom Halse schaffen könnte. »Ehe du meine Tochter und das halbe Reich erhältst«, sprach er zu ihm, »mußt du noch eine Heldentat vollbringen. In dem Walde läuft ein Einhorn, das großen Schaden anrichtet, das mußt du erst einfangen.«

»Vor einem Einhorn fürchte ich mich noch weniger als vor zwei Riesen; siebene auf einen Streich, das ist meine Sache.« Er nahm sich einen Strick und eine Axt mit, ging hinaus in den Wald und hieß abermals die, welche ihm zugeordnet waren, außen warten. Er brauchte nicht lange zu suchen. Das Einhorn kam bald daher und sprang geradezu auf den Schneider los, als wollte es ihn ohne Umstände aufspießen. »Sachte, sachte«, sprach er, »so geschwind geht das nicht«, blieb stehen und wartete, bis das Tier ganz nahe war, dann sprang er behendiglich hinter den Baum. Das Einhorn rannte mit aller Kraft gegen den Baum und spießte sein Horn so fest in den Stamm, daß es nicht Kraft genug hatte, es wieder herauszuziehen, und so war es gefangen. »Jetzt hab' ich das Vöglein«, sagte der Schneider, kam hinter dem Baum hervor, legte dem Einhorn den Strick erst um den Hals, dann hieb er mit der Axt das Horn aus dem Baum, und als alles in Ordnung war, führte er das Tier ab und brachte es dem König.

Der König wollte ihm den verheißenen Lohn noch nicht gewähren und machte eine dritte Forderung. Der Schneider sollte ihm vor der Hochzeit erst ein Wildschwein fangen, das in dem Wald großen Schaden tat; die Jäger sollten ihm Beistand leisten. »Gern«, sprach der Schneider, »das ist ein Kinderspiel.« Die Jäger nahm er nicht mit in den Wald, und sie waren's wohl zufrieden, denn das Wildschwein hatte sie schon mehrmals so empfangen, daß sie keine Lust hatten, ihm nachzustellen. Als das Schwein den Schneider erblickte, lief es mit schäumendem Munde und wetzenden Zähnen auf ihn zu und wollte ihn zur Erde werfen: der flüchtige Held aber sprang in eine Kapelle, die in der Nähe war, und gleich oben zum Fenster in einem Satze wieder hinaus. Das Schwein war hinter ihm hergelaufen, er aber hüpfte außen herum und schlug die Türe hinter ihm zu; da war das wütende Tier gefangen, das viel zu schwer und unbeholfen war, um zu dem Fenster hinauszuspringen. Das Schneiderlein rief die Jäger herbei, die mußten den Gefangenen mit eigenen Augen sehen: der Held aber begab sich zum Könige, der nun, er mochte wollen oder nicht, sein Versprechen halten mußte und ihm seine Tochter und das halbe Königreich übergab. Hätte er gewußt, daß kein Kriegsheld, sondern ein Schneiderlein vor ihm stand, es wäre ihm noch mehr zu Herzen gegangen. Die Hochzeit ward also mit großer Pracht und kleiner Freude gehalten und aus einem Schneider ein König gemacht.

Nach einiger Zeit hörte die junge Königin in der Nacht, wie ihr Gemahl im Traume sprach: »Junge, mach mir den Wams und flick mir die Hose, oder ich will·dir die Elle über die Ohren schlagen.« Da merkte sie, in welcher Gasse der junge Herr geboren war, klagte am andern Morgen ihrem Vater ihr Leid und bat, er möchte ihr von dem Manne helfen, der nichts anderes als ein Schneider wäre. Der König sprach ihr Trost zu und sagte: »Laß in der nächsten Nacht deine Schlafkammer offen, meine Diener sollen außen stehen und, wenn er eingeschlafen ist, hineingehen, ihn binden und auf ein Schiff tragen, das ihn in die weite Welt führt.« Die Frau war damit zufrieden, des Königs Waffenträger aber, der alles mit angehört hatte, war dem jungen Herrn gewogen und hinterbrachte ihm den ganzen Anschlag. »Dem Ding will ich einen Riegel vorschieben«, sagte das Schneiderlein. Abends legte es sich zu gewöhnlicher Zeit mit seiner Frau zu Bett; als sie glaubte, er sei eingeschlafen, stand sie auf, öffnete die Türe und legte sich wieder. Das Schneiderlein, das sich nur stellte, als wenn es schlief, fing an mit heller Stimme zu rufen: »Junge, mach mir den Wams und flick mir die Hosen, oder ich will dir die Elle über die Ohren schlagen! Ich habe siebene mit einem Streich getroffen, zwei Riesen getötet, ein Einhorn fortgeführt und ein Wildschwein gefangen und sollte mich vor denen fürchten, die draußen vor der Kammer stehen!« Als diese den Schneider also sprechen hörten, überkam sie eine große Furcht, sie liefen, als wenn das wilde Heer hinter ihnen wäre, und keiner wollte sich mehr an ihn wagen. Also war und blieb das Schneiderlein sein Lebtag ein König.

Daumerlings Wanderschaft

Ein Schneider hatte einen Sohn, der war klein geraten und nicht größer als ein Daumen, darum hieß er auch der Daumerling. Er hatte aber Courage im Leibe und sagte zu seinem Vater: »Vater, ich soll und muß in die Welt hinaus.« — »Recht, mein Sohn«, sprach der Alte, nahm eine lange Stopfnadel und machte am Licht einen Knoten von Siegellack daran, »da hast du auch einen Degen mit auf den Weg.« Nun wollte das Schneiderlein noch einmal mitessen und hüpfte in die Küche, um zu sehen, was die Frau Mutter zu guter Letzt gekocht hätte. Es war aber eben angerichtet, und die Schüssel stand auf dem Herd. Da sprach es: »Frau Mutter, was gibt's heute zu essen?« — »Sieh du selbst zu«, sagte die Mutter. Da sprang Daumerling auf den Herd und guckte in die Schüssel; weil er aber den Hals zu weit hineinstreckte, faßte ihn der Dampf von der Speise und trieb ihn zum Schornstein hinaus. Eine Weile ritt er auf dem Dampf in der Luft herum, bis er endlich wieder auf die Erde herabsank. Nun war das Schneiderlein draußen in der weiten Welt, zog umher, ging auch bei einem Meister in die Arbeit, aber das Essen war ihm nicht gut genug. »Frau Meisterin, wenn Sie uns kein besser Essen gibt«, sagte Daumerling, »so gehe ich fort und schreibe morgen früh mit Kreide an Ihre Haustüre ›Kartoffel zu viel, Fleisch zu wenig, Adies, Herr Kartoffelkönig‹.« — »Was willst du wohl, Grashüpfer?« sagte die Meisterin, ward bös, ergriff einen Lappen und wollte nach ihm schlagen, mein Schneiderlein kroch behende unter den Fingerhut, guckte unten hervor und streckte der Frau Meisterin die Zunge heraus. Sie hob den Fingerhut auf und wollte ihn packen, aber der kleine Daumerling hüpfte in die Lappen, und wie die Meisterin die Lappen auseinanderwarf und ihn suchte, machte er sich in den Tischritz. »He, he, Frau Meisterin«, rief er und steckte den Kopf in die Höhe, und wenn sie zuschlagen wollte, sprang er in die Schublade hinunter. Endlich aber erwischte sie ihn doch und jagte ihn zum Haus hinaus.

Das Schneiderlein wanderte und kam in einen großen Wald: Da begegnete ihm ein Haufen Räuber, die hatten vor, des Königs Schatz zu bestehlen. Als sie das Schneiderlein sahen, dachten sie: ›So ein kleiner Kerl kann durch ein Schlüsselloch kriechen und uns als Dietrich dienen.‹ — »Heda«, rief einer, »du Riese Goliath, willst du mit zur Schatzkammer gehen? Du kannst dich hineinschleichen und das Geld herauswerfen.« Der Daumerling besann sich, endlich sagte er: »Ja« und ging mit zu der Schatzkammer. Da besah er die Türe oben und unten, ob kein Ritz darin wäre. Nicht lange, so entdeckte er einen, der breit genug war, um ihn einzulassen. Er wollte auch gleich hindurch, aber eine von den beiden Schildwachen, die vor der Tür standen, bemerkte ihn und sprach zu der andern: »Was kriecht da für eine häßliche Spinne? Ich will sie tottreten.« — »Laß das arme Tier gehen«, sagte die andere, »es hat dir ja nichts getan.« Nun kam der Daumerling durch den Ritz glücklich in die Schatzkammer, öffnete das Fenster, unter welchem die Räuber standen, und warf ihnen einen Taler nach dem andern hinaus. Als das Schneiderlein in der besten Arbeit war, hörte es den König kommen, der seine Schatzkammer besehen wollte, und verkroch sich eilig. Der König merkte, daß viele harte Taler fehlten, konnte aber nicht begreifen, wer sie sollte gestohlen haben, da Schlösser und Riegel in gutem Stand waren und alles wohl verwahrt schien. Da ging er wieder fort und sprach zu den zwei Wachen: »Habt acht, es ist einer hinter dem Geld.« Als der Daumerling nun seine Arbeit von neuem anfing, hörten sie das Geld drinnen sich regen und klingen klipp, klapp, klipp, klapp. Sie sprangen geschwind hinein und wollten den Dieb greifen. Aber das Schneiderlein, das sie kommen hörte, war noch geschwinder, sprang in eine Ecke und deckte einen Taler über sich, so daß nichts von ihm zu sehen war, dabei neckte es noch die Wachen und rief: »He, hier bin ich.« Die Wachen liefen dahin, wie sie aber ankamen, war es schon wieder in eine andere Ecke unter einen Taler gehüpft und rief: »He, hier bin ich.« Die Wachen sprangen eilends herbei, Daumerling war aber längst in einer dritten Ecke und rief: »He, hier bin ich.« Und so hatte es sie zu Narren und trieb sie so lange in der Schatzkammer herum, bis sie müde waren und davongingen. Nun warf es die Taler nach und nach alle hinaus: den letzten schnellte es mit aller Macht, hüpfte dann selber noch behendiglich darauf und flog mit ihm durchs Fenster hinab. Die Räuber machten ihm große Lobsprüche: »Du bist ein gewaltiger Held«, sagten sie, »willst du unser Hauptmann werden?« Daumerling bedankte sich aber und sagte, er wollte erst die Welt sehen. Sie teilten nun die Beute, das Schneiderlein aber verlangte nur einen Kreuzer, weil es nicht mehr tragen konnte.

Darauf schnallte es seinen Degen wieder um den Leib, sagte den Räubern guten Tag und nahm den Weg zwischen die Beine. Es ging bei einigen Meistern in Arbeit, aber sie wollte ihm nicht schmecken: endlich verdingte es sich als Hausknecht in einem Gasthof. Die Mägde aber konnten es nicht leiden, denn ohne daß sie es sehen konnten, sah es alles, was sie heimlich taten, und gab bei der Herrschaft an, was sie sich von den Tellern genommen und aus dem Keller für sich weggeholt hatten. Da sprachen sie: »Wart, wir wollen dir's eintränken« und verabredeten untereinander, ihm einen Schabernack anzutun. Als die eine Magd bald hernach im Garten mähte und den Daumerling da herumspringen und an den Kräutern auf und ab kriechen sah, mähte sie ihn mit dem Gras schnell zusammen, band alles in ein großes Tuch und warf es heimlich den Kühen vor. Nun war eine große schwarze darunter, die schluckte ihn mit hinab, ohne ihm weh zu tun. Unten gefiel's ihm aber schlecht, denn es war da ganz finster und brannte auch kein Licht. Als die Kuh gemolken wurde, da rief er:

> »Strip, strap, stroll,
>   ist der Eimer bald voll?«

Doch bei dem Geräusch des Melkens wurde er nicht verstanden. Hernach trat der Hausherr in den Stall und sprach: »Morgen soll die Kuh da geschlachtet werden.« Da ward dem Daumerling angst, daß er mit heller Stimme rief: »Laßt mich erst heraus, ich sitze ja drin.« Der Herr hörte das wohl, wußte aber nicht, wo die Stimme herkam. »Wo bist du?« fragte er. »In der schwarzen«, antwortete er, aber der Herr verstand nicht, was das heißen sollte, und ging fort.

Am andern Morgen ward die Kuh geschlachtet. Glücklicherweise traf bei dem Zerhacken und Zerlegen den Daumerling kein Hieb, aber er geriet unter das Wurstfleisch. Wie nun der Metzger herbeitrat und seine Arbeit anfing, schrie er aus Leibeskräften: »Hackt nicht zu tief, hackt nicht zu tief, ich stecke ja drunter.« Vor dem Lärmen der Hackmesser hörte das kein Mensch. Nun hatte der armen Daumerling seine Not, aber die Not macht Beine, und da sprang er so behend zwischen den Hackmessern durch, daß ihn keins anrührte und er mit heiler Haut davonkam. Aber entspringen konnte er auch nicht; es war keine andere Auskunft, er mußte sich mit den Speckbrocken in eine Blutwurst hinunterstopfen lassen. Da war das Quartier etwas enge, und dazu ward er noch in den Schornstein zum Räuchern aufgehängt, wo ihm Zeit und Weile gewaltig lang wurde. Endlich im Winter wurde er heruntergeholt, weil die Wurst einem Gast sollte vorgesetzt werden. Als nun die Frau Wirtin die Wurst in Scheiben schnitt, nahm er sich in acht, daß er den Kopf nicht zu weit vorstreckte, damit ihm nicht etwa der Hals mit abgeschnitten würde, endlich ersah er seinen Vorteil, machte sich Luft und sprang heraus.

In dem Hause aber, wo es ihm so übel ergangen war, wollte das Schneiderlein nicht länger mehr bleiben, sondern begab sich gleich wieder auf die Wanderung. Doch seine Freiheit dauerte nicht lange. Auf dem offenen Feld kam es einem Fuchs in den Weg, der schnappte es in Gedanken auf. »Ei, Herr Fuchs«, rief's Schneiderlein, »ich bin's ja, der in Eurem Hals steckt, laßt mich wieder frei.« — »Du hast recht«, antwortete der Fuchs, »an dir habe ich doch so viel als nichts; versprichst du mir die Hühner in deines Vaters Hof, so will ich dich loslassen.« — »Von Herzen gern«, antwortete der Daumerling, »die Hühner sollst du alle haben, das gelobe ich dir.« Da ließ ihn der Fuchs wieder los und trug ihn selber heim. Als der Vater sein liebes Söhnchen wiedersah, gab er dem Fuchs gern alle die Hühner, die er hatte. »Dafür bring ich dir auch ein Stück Geld mit«, sprach der Daumerling und reichte ihm den Kreuzer, den er auf seiner Wanderschaft erworben hatte. »Warum hat aber der Fuchs die armen Piephühner zu fressen kriegt?« — »Ei, du Narr, deinem Vater wird ja wohl sein Kind lieber sein als die Hühner auf dem Hof.«

Daumesdick

Es war ein armer Bauersmann, der saß abends beim Herd und schürte das Feuer, und die Frau saß und spann. Da sprach er: »Wie ist's so traurig, daß wir keine Kinder haben! Es ist so still bei uns, und in den andern Häusern ist's so laut und lustig.« — »Ja«, antwortete die Frau und seufzte, »wenn's nur ein einziges wäre und wenn's auch ganz klein wäre, nur Daumens groß, so wollt' ich schon zufrieden sein; wir hätten's doch von Herzen lieb.« Nun geschah es, daß die Frau kränklich ward und nach sieben Monaten ein Kind gebar, das zwar an allen Gliedern vollkommen, aber nicht länger als ein Daumen war. Da sprachen sie: »Es ist, wie wir es gewünscht haben, und es soll unser liebes Kind sein« und nannten es nach seiner Gestalt Daumesdick. Sie ließen's nicht an Nahrung fehlen, aber das Kind ward nicht größer, sondern blieb, wie es in der ersten Stunde gewesen war; doch schaute es verständig aus den Augen und zeigte sich bald als ein kluges und behendes Ding, dem alles glückte, was es anfing.

Der Bauer machte sich eines Tages fertig, in den Wald zu gehen und Holz zu fällen, da sprach er so vor sich hin: »Nun wollt ich, daß einer da wäre, der mir den Wagen nachbrächte.« — »O Vater«, rief Daumesdick, »den Wagen will ich schon bringen, verlaßt Euch drauf, er soll zur bestimmten Zeit im Walde sein.« Da lachte der Mann und sprach: »Wie sollte das zugehen, du bist viel zu klein, um das Pferd mit dem Zügel zu leiten.« — »Das tut nichts, Vater, wenn nur die Mutter anspannen will, ich setze mich dem Pferd ins Ohr und rufe ihm zu, wie es gehen soll.« — »Nun«, antwortete der Vater, »einmal wollen wir's versuchen.« Als die Stunde kam, spannte die Mutter an und setzte Daumesdick ins Ohr des Pferdes, und rief dann der Kleine, wie das Pferd gehen sollte: »Jüh und joh! Hott und har!« Da ging es ganz ordentlich als wie bei einem Meister, und der Wagen fuhr den rechten Weg nach dem Walde. Es trug sich zu, als er eben um eine Ecke bog und der Kleine »har, har!« rief, daß zwei fremde Männer daherkamen. »Mein«, sprach der eine, »was ist das? Da fährt ein Wagen, und ein Fuhrmann ruft dem Pferde zu und ist doch nicht zu sehen.« — »Das geht nicht mit rechten Dingen zu«, sagte der andere, »wir wollen dem Karren folgen und sehen, wo er anhält.« Der Wagen aber fuhr vollends in den Wald hinein und richtig zu dem Platze, wo das Holz gehauen ward. Als Daumesdick seinen Vater erblickte, rief er ihm zu: »Siehst du Vater, da bin ich mit dem Wagen, nun hol mich herunter.« Der Vater faßte das Pferd mit der

Linken und holte mit der Rechten sein Söhnlein aus dem Ohr, das sich ganz lustig auf einen Strohhalm niedersetzte. Als die beiden fremden Männer den Daumesdick erblickten, wußten sie nicht, was sie vor Verwunderung sagen sollten. Da nahm der eine den andern beiseit und sprach: »Hör, der kleine Kerl könnte unser Glück machen, wenn wir ihn in einer großen Stadt für Geld sehen ließen, wir wollen ihn kaufen.« Sie gingen zu dem Bauer und sprachen: »Verkauft uns den kleinen Mann, er soll's gut bei uns haben.« — »Nein«, antwortete der Vater, »es ist mein Herzblatt und ist mir für alles Gold in der Welt nicht feil.« Daumesdick aber, als er von dem Handel gehört, war an den Rockfalten seines Vaters hinaufgekrochen, stellte sich ihm auf die Schulter und wisperte ihm ins Ohr: »Vater, gib mich nur hin, ich will schon wieder zurückkommen.« Da gab ihn der Vater für ein schönes Stück Geld den beiden Männern hin. »Wo willst du sitzen?« sprachen sie zu ihm. »Ach, setzt mich nur auf den Rand von eurem Hut, da kann ich auf und ab spazieren und die Gegend betrachten und falle doch nicht herunter.« Sie taten ihm den Willen, und als Daumesdick Abschied von seinem Vater genommen hatte, machten sie sich mit ihm fort. So gingen sie, bis es dämmrig ward, da sprach der Kleine: »Hebt mich einmal herunter, es ist nötig.« — »Bleib nur droben«, sprach der Mann, auf dessen Kopf er saß, »ich will mir nichts draus machen, die Vögel lassen mir auch manchmal was drauffallen.« — »Nein«, sprach Daumesdick, »ich weiß auch, was sich schickt: hebt mich nur geschwind herab.« Der Mann nahm den Hut ab und setzte den Kleinen auf einen Acker am Weg, da sprang und kroch er ein wenig zwischen den Schollen hin und her, dann schlüpfte er plötzlich in ein Mausloch, das er sich ausgesucht hatte. »Guten Abend, ihr Herren, geht nur ohne mich heim«, rief er ihnen zu und lachte sie aus. Sie liefen herbei und stachen mit Stöcken in das Mausloch, aber das war vergebliche Mühe: Daumesdick kroch immer weiter zurück, und da es bald ganz dunkel ward, mußten sie mit leerem Beutel wieder heimwandern.

Als Daumesdick merkte, daß sie fort waren, kroch er aus dem unterirdischen Gang wieder hervor. »Es ist auf dem Acker in der Finsternis so gefährlich gehen«, sprach er, »wie leicht bricht einer Hals und Bein!« Zum Glück stieß er an ein leeres Schneckenhaus. »Gottlob«, sagte er, »da kann ich die Nacht sicher zubringen« und setzte sich hinein. Nicht lang, als er eben einschlafen wollte, so hörte er zwei Männer vorübergehen, davon sprach der eine: »Wie wir's nur anfagen, um dem reichen Pfarrer sein Geld und sein Silber zu holen?« — »Das könnt ich dir sagen«, rief Daumesdick dazwischen. »Was war das?« sprach der eine Dieb erschrocken, »ich hörte jemand sprechen.« Sie blieben stehen und horchten, da sprach Daumesdick wieder: »Nehmt mich mit, so will ich euch helfen.« — »Wo bist du denn?« — »Sucht nur auf der Erde und merkt, wo die Stimme herkommt«, antwortete er. Da fanden ihn endlich die Diebe und hoben ihn in die Höhe. »Du kleiner Wicht, wie willst du uns helfen!« sprachen sie. »Seht«, antwortete er, »ich krieche zwischen den Eisenstäben in die Kammer des Pfarrers und reiche euch heraus, was ihr haben wollt.« — »Wohlan«, sagten sie, »wir wollen sehen, was du kannst.« Als sie zu dem Pfarrhaus kamen, kroch Daumesdick in die Kammer, schrie aber gleich aus Leibeskräften: »Wollt ihr alles haben, was hier ist?« Die Diebe erschraken und sagten: »So sprich doch leise, damit niemand aufwacht.« Aber Daumesdick tat, als hätte er sie nicht verstanden, und schrie von neuem: »Was wollt ihr? Wollt ihr alles haben, was hier ist?« Das hörte die Köchin, die in der Stube daran schlief, richtete sich im Bett auf und horchte. Die Diebe aber waren vor Schrecken ein Stück Wegs zurückgelaufen, endlich faßten sie wieder Mut und dachten: »Der kleine Kerl will uns necken.« Sie kamen zurück und flüsterten ihm zu: »Nun mach Ernst und reich uns etwas heraus.« Da schrie Daumesdick noch einmal, so laut er konnte: »Ich will euch ja alles geben, reicht nur die Hände herein.« Das hörte die horchende Magd ganz deutlich, sprang aus dem Bett und stolperte zur Tür herein. Die Diebe liefen fort und rannten, als wäre der wilde Jäger hinter ihnen; die Magd aber, als sie nichts bemerken konnte, ging ein Licht anzünden. Wie sie damit herbeikam, machte sich Daumesdick, ohne daß er gesehen wurde, hinaus in die Scheune; die Magd aber, nachdem sie alle Winkel durchgesucht und nichts gefunden hatte, legte sich endlich wieder zu Bett und glaubte, sie hätte mit offenen Augen und Ohren doch nur geträumt.

Daumesdick war in den Heuhälmchen herumgeklettert und hatte einen schönen Platz zum Schlafen gefunden: da wollte er sich ausruhen, bis es Tag wäre, und dann zu seinen Eltern wieder heimgehen. Aber er mußte andere Dinge erfahren! Ja, es gibt viel Trübsal und Not auf der Welt! Die Magd stieg, als der Tag graute, schon aus dem Bett, um das Vieh zu füttern. Ihr erster Gang war in die Scheune, wo sie einen Arm voll Heu packte und gerade dasjenige, worin der arme Daumesdick lag und schlief. Er schlief aber so fest, daß er nichts gewahr ward und nicht eher aufwachte, als bis er in dem Maul der Kuh war, die ihn mit dem Heu aufgerafft hatte. »Ach Gott«, rief er, »wie bin ich in die Walkmühle geraten!«, merkte aber bald, wo er war. Da hieß es aufpassen, daß er nicht zwischen die Zähne kam und zermalmt ward, und hernach mußte er doch mit in den Magen hinabrutschen. »In dem Stübchen sind die Fenster vergessen«, sprach er, »und scheint keine Sonne hinein, ein Licht wird auch nicht gebracht.« Überhaupt gefiel ihm das Quartier schlecht, und was das schlimmste war, es kam immer mehr neues Heu zur Türe hinein, und der Platz ward immer enger. Da rief er endlich in der Angst, so laut er konnte: »Bringt mir kein frisch Futter mehr, bringt mir kein frisch Futter mehr.« Die Magd molk gerade die Kuh, und als sie sprechen hörte, ohne jemand zu sehen, und es dieselbe Stimme war, die sie auch in der Nacht gehört hatte, erschrak sie so, daß sie von ihrem Stühlchen herabglitschte und die Milch verschüttete. Sie lief in der größten Hast zu ihrem Herrn und rief: »Ach Gott, Herr Pfarrer, die Kuh hat geredet.« — »Du bist verrückt«, antwortete der Pfarrer, ging aber doch selbst in den Stall und wollte nachsehen, was es da gäbe. Kaum aber hatte er den Fuß hineingesetzt, so rief Daumesdick aufs neue: »Bringt mir kein frisch Futter mehr, bringt mir kein frisch Futter mehr.« Da erschrak der Pfarrer selbst, meinte, es wäre ein böser Geist in die Kuh gefahren, und hieß sie töten. Sie ward geschlachtet, der Magen aber, worin Daumesdick steckte, auf den Mist geworfen. Daumesdick hatte große Mühe, sich hindurchzuarbeiten, doch brachte er's so weit, daß er Platz bekam, aber als er eben sein Haupt herausstrecken wollte, kam ein neues Unglück. Ein hungriger Wolf lief heran und verschlang den ganzen Magen mit einem Schluck. Daumesdick verlor den Mut nicht; ›vielleicht‹, dachte er, ›läßt der Wolf mit sich reden!‹ und rief ihm aus dem Wanste zu: »Lieber Wolf, ich weiß dir einen herrlichen Fraß.« — »Wo ist der zu holen?« sprach der Wolf. »In dem und dem Haus, da mußt du durch die Gosse hineinkriechen und wirst Kuchen, Speck und Wurst finden, soviel du essen willst«, und beschrieb ihm genau seines Vaters Haus. Der Wolf ließ sich das nicht zweimal sagen, drängte sich in der Nacht zur Gosse hinein und fraß in der Vorratskammer nach Herzenslust. Als er sich gesättigt hatte, wollte er wieder fort, aber er war so dick geworden, daß er denselben Weg nicht wieder hinauskonnte. Darauf hatte Daumesdick gerechnet und fing nun an, in dem Leib des Wolfs einen gewaltigen Lärm zu machen, tobte und schrie, was er konnte. »Willst du stille sein«, sprach der Wolf, »du weckst die Leute auf.« — »Ei was«, antwortete der Kleine, »du hast dich sattgefressen, ich will mich auch lustigmachen«, und fing von neuem an, aus allen Kräften zu schreien. Davon erwachten endlich sein Vater und seine Mutter, liefen an die Kammer und schauten durch die Spalte hinein. Wie sie sahen, daß ein Wolf darin hauste, liefen sie davon, und der Mann holte die Axt und die Frau die Sense. »Bleib dahinten«, sprach der Mann, als sie in die Kammer traten, »wenn ich ihm einen Schlag gegeben habe und er davon noch nicht tot ist, so mußt du auf ihn einhauen und ihm den Leib zerschneiden.« Da hörte Daumesdick die Stimme seines Vaters und rief: »Lieber Vater, ich bin hier, ich stecke im Leibe des Wolfs.« Sprach der Vater voll Freuden: »Gottlob, unser liebes Kind hat sich wiedergefunden«, und hieß die Frau die Sense wegtun, damit Daumesdick nicht beschädigt würde. Danach holte er aus und schlug dem Wolf einen Schlag auf den Kopf, daß er tot niederstürzte, dann suchten sie Messer und Schere, schnitten ihm den Leib auf und zogen den Kleinen wieder hervor. »Ach«, sprach der Vater, »was haben wir für Sorge um dich ausgestanden!« — »Ja, Vater, ich bin viel in der Welt herumgekommen; gottlob, daß ich wieder frische Luft schöpfe!« — »Wo bist du denn all gewesen?« — »Ach, Vater, ich war in einem Mauseloch, in einer Kuh Bauch und in eines Wolfes Wanst: nun bleib ich euch.« — »Und wir verkaufen dich um alle Reichtümer der Welt nicht wieder«, sprachen die Eltern, herzten und küßten ihren lieben Daumesdick. Sie gaben ihm zu essen und trinken und ließen ihm neue Kleider machen, denn die seinigen waren ihm auf der Reise verdorben.

Hans in der Schule

Als mein Großvater noch ein kleiner Junge war, da lebte im Dorfe ein Mann, der hieß Hans, mit seiner Frau — oder vielmehr lebte eine Frau mit ihrem Manne Hans; denn sie hatte allein die ganze Sorge für Haus und Acker, der Hans machte alles verkehrt, was er angriff.

Einmal sagte Grete — so hieß sie — zu ihrem Manne: »Hans, mach dich gleich auf und trag die Milch in die Stadt. Ich hab die Kübel schon alle in die Butte gestellt. Sieh, daß du sie nicht verschüttest und für ein gutes Geld an den Mann bringst.« ›Ei‹, dachte Hans, ›dafür will ich schon sorgen‹, nahm die Butte auf die Schulter und ging damit seines Wegs. Er war schon ein gutes Stück fortgewandert und sah schon über die letzten Hügel weg die Kirchtürme von der Stadt, da sah er vor sich etwas auf der Straße schimmern. Er ging darauf zu, es war eine kleine Silbermünze. ›Ein gutes Zeichen‹, dachte er und bückte sich danach – aber o weh! Er hatte ganz vergessen, daß er die Butte mit den Milchkübeln auf dem Rücken trug — und die kullerten ihm nun alle über den Kopf, die ganze schöne weiße Milch! Hans erschrak so, daß er dachte, die Welt ginge unter.

Ihm war gar nicht wohl zumute. Und als er nun auch noch sah, daß das blinkende Ding nichts weiter als ein abgerissener Knopf gewesen war, ärgerte er sich noch mehr. ›Ach, was wird Grete sagen‹, dachte er, ›wenn sie dies neue Unglück erfährt?‹, und kratzte sich ganz tiefsinnig hinter den Ohren. Es blieb ihm aber nichts übrig, als die leeren Kübel zusammenzupacken und ohne Milch und ohne Geld wieder zu seiner Grete zurückzukehren. Na, Kinder, was meint ihr wohl, wie die Grete den armen Hans geschimpft hat, als er so wieder nach Hause kam! Ein paar Wochen später schickte sie ihn wieder in die Stadt, mit frischer Butter und gepökeltem Fleisch, das sollte er ihrem Paten zum Namenstag bringen. »Mach es aber diesmal klüger als sonst!« sagte sie, »und nimm einmal deine fünf Sinne zusammen!« — »Das werde ich schon«, brummte Hans, nahm den Korb mit Fleisch und Butter und wanderte wohlgemut von dannen.

Er war aber noch nicht weit gekommen, da rauschte es in einem nahen Busche, und ein großer Pudel sprang heraus. Hans hatte außer den Haushunden in seinem Dorfe noch keine andern gesehen und bekam einen entsetzlichen Schrecken: er meinte nichts anderes, als ein kleiner Löwe stände vor ihm. Er hielt es für das beste, wenn er, um sich zu retten, ihm Fleisch und Butter vorwürfe. Er warf ihm also rasch Butter und Schinken hin und war froh, daß der vermeintliche Löwe sich nicht mehr um ihn bekümmerte, wohl aber mit einem wahren Löwenhunger sich über die schönen Sachen hermachte. Er lief nun, so schnell er konnte, nach Hause und erzählte Grete, was er erlebt hatte. Als ihm die Grete aber sagte: »Das war ja gar kein Löwe, das war ja ein Pudel, ein Hund! Du bist und bleibst doch ein dummer, dummer Hans!«, da hättet ihr sein verblüfftes Gesicht sehen müssen.

Am folgenden Tage sagte sie zu ihm: »Nimm die Hacke, geh in den Wald und hack' Holz!« Hans tat's, seufzte und dachte: ›Ich mache doch alles verkehrt!‹ Er suchte sich aber doch einen schönen Baum aus und hieb tapfer drauf los. Die untern Äste hatte er bald ab, und nun sollte es an die obern gehen; er kletterte an dem Baumstamm hinauf, setzte sich auf den ersten starken Ast und fing an, auf den mit seiner Hacke dicht am Stamme loszuhauen; da rief wer von unten. Hans blickte hinab, es war ein Jäger, den er noch nie gesehen hatte. »Wenn du so weiterhaust«, sagte der Fremde, »dann wirst du bald vom Baum herunterfallen.« — »He he«, lachte Hans, »woher wißt Ihr das so genau? Ihr seid wohl ein Wahrsager?« — »Zuweilen«, antwortete der Jäger. — »Wenn Ihr ein Wahrsager seid, dann könnt Ihr mir ja auch sagen, wie lange ich noch lebe; das möchte ich zu gerne wissen.« — »Das kann ich wohl«, sagte der Mann, der hatte es natürlich schon weg, daß man sich mit dem Hans schon einen Spaß leisten konnte. »Du mußt mir vorher aber noch eine Frage beantworten: niesest du zuweilen?« – »O ja«, sagte Hans, »so oft ich in die Sonne sehe.« – »Das ist ein schlimmes Zeichen«, meinte der Jäger bedenklich; »wisse also, sobald du wieder dreimal nacheinander niesest, mußt du sterben.« – »Oh weh!« jammerte Hans, »da bin ich ja schon so gut wie halbtot!« Der Jäger lachte laut und ging fort. Hans aber dachte: ›Ach wer weiß, ob der Kerl wirklich ein Wahrsager ist‹, nahm seine Hacke und fing wieder an, seinen Ast zu bearbeiten. Noch ein paar Schläge, und der Ast war durch und fiel herab, aber mit ihm zugleich der dumme Hans. »O weh, jetzt ist er doch ein Wahrsager«, seufzte er, las sein Holz zusammen und humpelte ganz trübselig nach Hause. »Was ist denn nun wieder?« fragte Grete. »Ach, mit mir ist's aus«, sprach Hans und schluckte bei jedem Wort, »mein Sterbestündlein ist vor der Tür, ein Jäger hat mir's prophezeit.« – »Du bist ein Narr und der Jäger ein Spaßvogel«, sagte Grete. »Ja, das habe ich anfangs auch gedacht; aber er hat mir auch prophezeit, ich würde vom Baum herunterfallen, und ich bin wirklich heruntergefallen, da hab' ich's gesehen, der Jäger ist ein Wahrsager. Du wirst schon sehen, das andere trifft auch ein.« – »Ach was«, sprach Grete ärgerlich, »setz dir nicht solche Albernheiten in den Kopf; du bist selbst zum Sterben zu dumm!« – »Das wär' das erste Mal, daß meine Dummheit für etwas in der Welt gut wär'«, seufzte Hans.

Tags darauf sprach Grete: »Hans, du mußt den Sack Korn zur Mühle tragen.« – »Ja, Grete«, sagte Hans, nahm den Sack auf den Rücken und ging traurig der Mühle zu; er mußte den ganzen Weg an den Jäger und seine Prophezeiung denken. Wie er langsam mit seinem Sack einen kleinen Hügel hinanstieg, schien ihm die Sonne gerade ins Gesicht. Da wurde es ihm himmelangst, daß er jetzt niesen müßte, und die hellen Schweißtropfen standen ihm an der Stirn. Wirklich, ein paar Schritte weiter, tat er einen mächtigen Nieser. Er blieb eine Weile stehen, ganz verdonnert; dann stieg er langsam weiter, aber nach ein paar Augenblicken konnt' er's nicht mehr aufhalten, er nieste zum zweiten Male. »Das ist mein letzter Gang«, stöhnte er und stapfte weiter. Da – nieste er zum dritten Male und erschrak dermaßen, daß er hinschlug und daß sein Sack von seinen Schultern den Steig hinabkollerte. ›Jetzt – bin – ich – tot‹, dachte Hans, blieb liegen und rührte und regte sich nicht. Sein Sack aber war von dem Fall aufgesprungen, und bald hatten des Müllers Schweine das Korn gefunden und fraßen und fraßen.

Grete wartete indessen auf ihren Hans; wo blieb der nur wieder? Es wurde Abend, und er kam immer noch nicht. Da dachte sie: ›Der hat wieder einen dummen Streich gemacht‹, und lief nach der Mühle, um nach ihm zu schauen. Da bekam sie doch einen Schrecken, als sie den Hans wie tot auf dem Steige liegen sah. Sie rüttelte ihn und schrie: »Hans! Hans! Was ist mit dir geschehen?« — »Ach, Grete«, schluchzte Hans, »siehst du denn nicht, daß ich tot bin?« — »Ein Narr bist du!« schrie Grete, »rasch steh auf und schäm dich, daß du so albern bist.« — »Aber ich hab ja dreimal geniest.« — »Das mag sein«, antwortete Grete, »aber du sprichst ja und hörst und stehst; das kann ein Toter nicht.« Hans sah sie ungewiß an — »warte nur, mein Küchenbesen soll dich schon überzeugen, daß du lebst. — Aber wo hast du denn den Sack mit dem Korn — ist das schon gemahlen?« — »Den Sack, ja den Sack«, stotterte Hans, »den hab ich von der Schulter fallen lassen, wie ich das dritte Mal niesen mußte; der muß wohl den Steig hinabgerollt sein.« — »Ach du allmächtiger Himmel! Das schöne Korn, das schöne Korn!« schrie Grete und lief den Mühlensteig hinab, aber da kam sie zu spät, da lag nichts mehr als die leeren Hülsen, die Schweine waren schon fertig mit dem Korn. Da lief sie ganz außer sich nach Hause, ohne sich weiter nach Hans umzusehen. Aber wie er endlich auch nachgezottelt kam, da kriegte er seine Tracht mit dem Besen, jetzt zweifelte er nicht mehr daran, daß er lebte.

Ein paar Tage danach wollte Grete Honig nach der Stadt schicken, dachte aber: ›Wenn ich Hans sage, es ist Honig in dem Gefäß, dann nascht er mir davon.‹ Also sprach sie zu Hans: »Da, das trag in die Stadt zum Kaufmann, der von uns sonst den Honig kriegt. Diesmal ist's aber kein Honig, sondern ein ganz furchtbares Gift« — »Gift?« fragte Hans erschrocken. »Ja, Gift — der Kaufmann weiß schon Bescheid; eil dich nur und sieh zu, daß es möglichst schnell in seine Hände kommt!« — »Ja, möglichst schnell«, sagte Hans und zog ab. Unterwegs aber kamen ihm ganz sonderbare Gedanken. ›Es ist ein Kreuz mit dir‹, dachte er, ›alles was du anfängst, mißlingt dir, du magst es anstellen, wie du willst. Das beste wäre, wenn du tot wärst, dann machtest du wenigstens nichts Dummes mehr. — Wenn ich jetzt dies Gift hier verzehrte, dann hätte alles Leiden ein Ende. Frisch, Hans, dir ist nicht anders zu helfen‹, und dabei kullerten ihm die hellen Tränen die Backen herunter, aber er fing tapfer an, von dem Gift zu essen, und aß und schluchzte und weinte und aß, bis nichts mehr übrig war. Dann machte er sich auf den Weg nach Hause und dachte: ›Nun habe ich mich vergiftet.‹ Als er bereits eine halbe Stunde fortgewandert war, mußte er sich doch wundern, daß er immer noch nichts spürte.

Endlich kam er nach Hause. »Nun, hast du das Gift beim Kaufmann abgegeben?« fragte Grete. Hans schüttelte den Kopf und setzte sich auf die Ofenbank. »Nein?«

schrie Grete, »hast du's wieder mitgebracht?« Hans schüttelte wieder den Kopf. »Wo hast du's denn hingetan?« schrie Grete und hatte schon einen ganz roten Kopf. »Ich habe es gegessen«, sagte Hans mit Grabesstimme. »Gegessen?« — Grete war versteinert. — »Ja«, antwortete Hans, »ich bin meine Dummheit müde — ich habe mich selbst vergiftet.« – »Nein! – das ist zuviel!«, rief Grete, »verschlingt der den ganzen kostbaren Honig!« – »Honig?« fragte Hans ganz verwundert. »Nun ja freilich, Honig, den allerbesten, den ich aus den Bienenstöcken bekommen hatte. Ich hab' bloß gesagt, es sei Gift, damit du Schleckmaul nicht davon naschen solltest, wie du's gewöhnlich tust!« – »Also – bin ich nicht vergiftet?« fragte Hans, »ich werde also nicht sterben?« – »Besser wär's beinah, wenn das nicht anders mit dir wird. – Aber das muß anders werden, und zwar gleich morgen soll's anfangen; du kommst in die Schule.« – »Was? – Ich in die Schule!« stotterte Hans; das war ihm aber in die Glieder gefahren! — »Ja, ich geh' jetzt gleich zum Schulmeister und spreche mit ihm; er soll dich ganz besonders unter die Fuchtel nehmen, noch mehr als alle die andern.« — »Aber, liebe Grete, bedenk doch«, bettelte Hans, »ich unter die kleinen Kinder!« — »Das hilft nichts, du mußt von Grund aus anfangen, sonst bringen wir die Dummheit nimmer aus dir heraus.« — »Ach Grete, du wirst sehen, es ist zu spät!« Doch alles »Aber Grete, ach Grete!« half nichts. Grete ging zum Schulmeister und brachte ihr Anliegen vor. Der wunderte sich zwar sehr, daß er noch einen so alten Schüler bekommen sollte, aber er schlug ihr's nicht ab und versprach ihr, den Hans tüchtig vorzunehmen. Und am andern Morgen, als die ersten Schulkinder mit Schiefertafel und Büchern am Haus vorbeikamen, rief Grete: »Hans! Hans! Eil dich, die Kinder sind schon alle auf dem Wege!« Dann steckte sie ihm die Fibel unter den Arm, die sie am vorhergehenden Tage besorgt hatte, und schob ihn zur Tür hinaus. Den Kindern in der Schule machte es natürlich einen Heidenspaß, als der große Hans sich zwischen sie setzen mußte, und sie neckten ihn von allen Seiten. Aber noch schlimmer war das Lernen: damit wollte es gar nicht vorwärtsgehen, und nach acht Tagen war er noch kein Spürchen gescheiter geworden, und dabei wurde er mit jedem Tage elender und magerer. Denn er mußte nicht bloß Tag für Tag seine vier Stunden in der dumpfen Schulstube absitzen, sondern Grete hörte ihm auch noch jeden Abend seine Aufgaben ab und zankte ihn bei jedem Fehler gehörig aus. Und wenn er dann wieder anfing: »Ach Grete, ich bin ja doch zu alt, laß mich doch aus der Schule bleiben, es geht nichts mehr in meinen Kopf herein« — dann sagte sie immer: »Geh du nur, wenn's dir auch noch so sauer wird. Du sollst sehen, das wird noch unser Glück!«

131

So war das schon einen Monat gegangen, da kam einmal, wie Hans wieder aus der Schule nach Hause ging, ein schöner Reisewagen daher, mit vier Pferden davor, und gerade als er an Hans vorbeifuhr, löste sich hinten ein Koffer ab und fiel herunter. »He! Halt!« schrie Hans aus Leibeskräften, »ihr habt was verloren!« Aber niemand hörte, und der Wagen rollte rasch davon. Da nahm Hans den Koffer und lud ihn auf seine Schulter — er war nicht leicht — und trug ihn nach Hause. »Was hast du denn da?« fragte Grete neugierig, als er damit angekeucht kam. Hans erzählte. »Wir wollen doch mal sehen, was drin ist«, sagte Grete, aber es war nicht so leicht, ihn aufzumachen, der Koffer war mit Eisen beschlagen und fest verschlossen; sie mußten eine Hacke nehmen und ihn aufsprengen. Da bekamen sie ordentlich einen Schrecken, der Koffer war bis zum Rand mit blanken Goldstücken und Talern angefüllt.

»Ach, wenn das doch alles uns gehörte«, sagte Grete und seufzte. »Nu, wem soll es denn sonst gehören, ich hab es doch gefunden!« rief Hans. »Nein Hans, die Leute, die es verloren haben, kommen sicher zurück und fragen nach, und dann müssen wir ihnen gleich die Wahrheit sagen! Hörst du! Du mußt es genau so sagen, wie es ist!« — »Je nu, wenn es sein muß, dann will ich es schon tun«, seufzte Hans. Dann schlossen sie den Koffer zu, ohne ein einziges Geldstück davon zu nehmen, und stellten ihn in eine Ecke der Stube.

Nach dem Essen ging Hans, der schulfrei hatte, in den Gemüsegarten, der ein Stück vom Hause ab lag. Er war noch nicht an der Gartenplanke, da kam ein Diener in roter, goldgalonierter Livree ganz hastig den Weg dahergerannt, auf dem des Morgens der Wagen verschwunden war. ›Aha‹, dachte Hans, ›der sucht den verlorenen Kasten‹. Und wirklich, als der Lakai Hansen sah, winkte er mit seinem Taschentuch. »Was gibt's?« fragte Hans. »Habt Ihr keinen Koffer hier gefunden?« fragte der Rote und trocknete sich den Schweiß von der Stirn. »O ja!« erwiderte Hans, »als ich in die Schule ging.« — »Dummkopf!« schrie der Bediente, der meinte, Hans wollte ihn foppen, und rannte wütend weiter.

»He! So hört doch — es ist noch gar nicht so lange her, daß ich aus der Schule bin!« schrie Hans ihm nach, aber der Lakai hörte nicht und war bald verschwunden und nicht mehr zu sehen. Hans schrie und stand noch eine Weile und sah ihm nach, dann ging er rasch nach Hause und erzählte es Grete. Grete aber meinte noch immer, die Leute müßten wiederkommen und nach ihrem Koffer fragen. Aber ein Tag nach dem andern, eine Woche nach der andern verging, und keiner meldete sich.

So blieb der Koffer denn ihr Eigentum, und es erfüllte sich, was Grete prophezeit hatte: Durch die Schule hatte Hans sein Glück gemacht; wenn auch anders, als sie es gemeint hatte. Aber klüger wurde Hans doch nicht und machte seine dummen Streiche nach wie vor. Nur daß jetzt niemand mehr darüber zu schelten wagte — niemand, das heißt außer seiner Frau —, weil er jetzt so viel Geld hatte und er nicht mehr der dumme, sondern der reiche Hans hieß.

Der faule Heinz

Heinz war faul, und obgleich er weiter nichts zu tun hatte, als seine Ziege täglich auf die Weide zu treiben, so seufzte er dennoch, wenn er nach vollbrachtem Tagewerk abends nach Hause kam. »Es ist in Wahrheit eine schwere Last«, sagte er, »und ein mühseliges Geschäft, so eine Ziege jahraus jahrein bis in den späten Herbst ins Feld zu treiben. Und wenn man sich noch dabei hinlegen und schlafen könnte! Aber nein, da muß man die Augen aufhaben, damit sie die jungen Bäume nicht beschädigt, durch die Hecke in einen Garten dringt oder gar davonläuft. Wie sollte da einer zur Ruhe kommen und seines Lebens froh werden!« Er setzte sich, sammelte seine Gedanken und überlegte, wie er seine Schultern von dieser Bürde freimachen könnte. Lange war alles Nachsinnen vergeblich, plötzlich fiel's ihm wie Schuppen von den Augen: »Ich weiß, was ich tue«, rief er aus, »ich heirate die dicke Trine, die hat auch eine Ziege und kann meine mit austreiben, so brauche ich mich nicht länger zu quälen.«
Heinz erhob sich also, setzte seine müden Glieder in Bewegung, ging quer über die Straße, denn weiter war der Weg nicht, wo die Eltern der dicken Trine wohnten, und hielt um ihre arbeitsame und tugendreiche Tochter an. Die Eltern besannen sich nicht lange: »gleich und gleich gesellt sich gern«, meinten sie und willigten ein. Nun ward die dicke Trine Heinzens Frau und trieb die beiden Ziegen aus. Heinz hatte gute Tage und brauchte sich von keiner andern Arbeit zu erholen als von seiner eigenen Faulheit. Nur dann und wann ging er mit hinaus und sagte: »Es geschieht bloß, damit mir die Ruhe hernach desto besser schmeckt: man verliert sonst alles Gefühl dafür.«
Aber die dicke Trine war nicht minder faul. »Lieber Heinz«, sprach sie eines Tages,

»warum sollen wir uns das Leben ohne Not sauer machen und unsere beste Jugend-zeit verkümmern? Ist es nicht besser, wir geben die beiden Ziegen, die jeden Morgen einen mit ihrem Meckern im besten Schlaf stören, unserm Nachbarn, und der gibt uns einen Bienenstock dafür? Den Bienenstock stellen wir an einen sonnigen Platz hinter das Haus und bekümmern uns nicht weiter darum. Die Bienen brauchen nicht gehütet und nicht ins Feld getrieben zu werden; sie fliegen aus, finden den Weg nach Haus von selbst wieder und sammeln Honig, ohne daß es uns die ge-ringste Mühe macht.« — »Du hast wie eine verständige Frau gesprochen«, ant-wortete Heinz, »deinen Vorschlag wollen wir ohne Zaudern ausführen: außerdem schmeckt und nährt der Honig besser als die Ziegenmilch und läßt sich auch länger aufbewahren.«

Der Nachbar gab für die beiden Ziegen gerne einen Bienenstock. Die Bienen flogen unermüdlich vom frühen Morgen bis zum späten Abend aus und ein und füllten den Stock mit dem schönsten Honig, so daß Heinz im Herbst einen ganzen Krug voll herausnehmen konnte.

Sie stellten den Krug auf ein Brett, das oben an der Wand in ihrer Schlafkammer befestigt war, und weil sie fürchteten, er könnte ihnen gestohlen werden oder die Mäuse könnten darüber geraten, so holte Trine einen starken Haselstock herbei und legte ihn neben ihr Bett, damit sie ihn, ohne unnötigerweise aufzustehen, mit der Hand erreichen und die ungebetenen Gäste von dem Bette aus verjagen könnte.

Der faule Heinz verließ das Bett nicht gerne vor Mittag: »Wer früh aufsteht«, sprach er, »sein Gut verzehrt.« Eines Morgens, als er so am hellen Tage noch in den Federn lag und von dem langen Schlaf ausruhte, sprach er zu seiner Frau: »Die Weiber lieben die Süßigkeit, und du naschest von dem Honig, es ist besser, ehe er von dir allein ausgegessen wird, daß wir dafür eine Gans mit einem jungen Gäns-lein erhandeln.« — »Aber nicht eher«, erwiderte Trine, »als bis wir ein Kind haben, das sie hütet. Soll ich mich etwa mit den jungen Gänsen plagen und meine Kräfte dabei unnötigerweise zusetzen?« — »Meinst du«, sagte Heinz, »der Junge werde Gänse hüten? Heutzutage gehorchen die Kinder nicht mehr, sie tun nach ihrem eigenen Willen, weil sie sich klüger dünken als die Eltern, gerade wie jener Knecht, der die Kuh suchen sollte und drei Amseln nachjagte.« — »Oh«, antwortete Trine, »dem soll es schlecht bekommen, wenn er nicht tut, was ich sage. Einen Stock will ich nehmen und mit ungezählten Schlägen ihm die Haut gerben. Siehst du, Heinz«, rief sie in ihrem Eifer und faßte den Stock, mit dem sie die Mäuse verjagen wollte, »siehst du, so will ich auf ihn losschlagen.« Sie holte aus, traf aber unglücklicherweise den Honigkrug über dem Bette. Der Krug sprang wider die Wand und fiel in Scherben herab, und der schöne Honig floß auf den Boden. »Da liegt nun die Gans mit dem jungen Gänslein«, sagte Heinz, »und braucht nicht gehütet zu werden. Aber ein Glück ist es, daß mir der Krug nicht auf den Kopf gefallen ist, wir haben alle Ursache, mit dem Schicksal zufrieden zu sein.« Und da er in einer Scherbe noch etwas Honig bemerkte, so langte er danach und sprach ganz vergnügt: »Das Restchen, Frau, wollen wir uns noch schmecken lassen und dann nach dem gehabten Schrecken ein wenig ausruhen, was tut's, wenn wir etwas später als gewöhnlich aufstehen, der Tag ist doch noch lang genug.« — »Ja«, antwortete Trine, »man kommt immer noch zu rechter Zeit. Weißt du, die Schnecke war einmal zur Hochzeit eingeladen, machte sich auf den Weg, kam aber zur Kindtaufe an. Vor dem Haus stürzte sie noch über den Zaun und sagte: ›Eilen tut nicht gut‹.«

Die hagere Liese

Ganz anders als der faule Heinz und die dicke Trine, die sich von nichts aus der Ruhe bringen ließen, dachte die hagere Liese. Sie äscherte sich ab von Morgen bis Abend und lud ihrem Mann, dem langen Lenz, so viel Arbeit auf, daß er schwerer zu tragen hatte als ein Esel an drei Säcken. Es war aber alles umsonst, sie hatten nichts und kamen zu nichts. Eines Abends, als sie im Bette lag und vor Müdigkeit kaum ein Glied regen konnte, ließen sie die Gedanken doch nicht einschlafen. Sie stieß ihren Mann mit dem Ellenbogen in die Seite und sprach: »Hörst du, Lenz, was ich gedacht habe? Wenn ich einen Gulden fände und mir einer geschenkt würde, so wollte ich einen dazu borgen, und du solltest mir auch noch einen dazu geben: sobald ich dann die vier Gulden beisammen hätte, so wollte ich eine junge Kuh kaufen.« Dem Manne gefiel das recht gut. »Ich weiß zwar nicht«, sprach er, »woher ich den Gulden nehmen soll, den du von mir geschenkt haben willst, aber wenn du dennoch das Geld zusammenbringst und du kannst dafür eine Kuh kaufen, so tust du wohl, wenn du dein Vorhaben ausführst. — Ich freue mich«, fügte er hinzu, »wenn die Kuh ein Kälbchen bringt, so werde ich doch manchmal zu meiner Erquickung einen Trunk Milch erhalten.« — »Die Milch ist nicht für dich«, sagte die Frau, »wir lassen das Kalb saugen, damit es groß und fett wird und wir es gut verkaufen können.« — »Freilich«, antwortete der Mann, »aber ein wenig Milch nehmen wir doch, das schadet nichts.« — »Wer hat dich gelehrt, mit Kühen umzugehen?« sprach die Frau, »es mag schaden oder nicht, ich will es nicht haben: und wenn du dich auf den Kopf stellst, du kriegst keinen Tropfen Milch. Du langer Lenz, weil du nicht zu ersättigen bist, meinst du, du wolltest verzehren, was ich mit Mühe erwerbe?« — »Frau«, sagte der Mann, »sei still, oder ich hänge dir eine Maultasche an.« — »Was«, rief sie, »du willst mir drohen, du Nimmersatt, du Strick, du fauler Heinz?« Sie wollte ihm in die Haare fallen, aber der lange Lenz richtete sich auf, packte mit der einen Hand die dürren Arme der hageren Liese zusammen, mit der anderen drückte er ihr den Kopf auf das Kissen, ließ sie schimpfen und hielt sie so lange, bis sie vor großer Müdigkeit eingeschlafen war. Ob sie am andern Morgen beim Erwachen fortfuhr zu zanken oder ob sie ausging, den Gulden zu suchen, den sie finden wollte, weiß ich nicht.

Hans im Glück

Hans hatte sieben Jahre bei seinem Herrn gedient, da sprach er zu ihm: »Herr, meine Zeit ist herum, nun wollte ich gerne wieder heim zu meiner Mutter, gebt mir meinen Lohn.« Der Herr antwortete: »Du hast mir treu und ehrlich gedient; wie der Dienst war, so soll der Lohn sein«, und gab ihm ein Stück Gold, das so groß wie Hansens Kopf war. Hans zog sein Tüchlein aus der Tasche, wickelte den Klumpen hinein, setzte ihn auf die Schulter und machte sich auf den Weg nach Haus. Wie er nun so dahinging und immer ein Bein vor das andere setzte, kam ihm ein Reiter in die Augen, der frisch und fröhlich auf einem muntern Pferd vorbeitrabte. »Ach«, sprach Hans ganz laut, »was ist das Reiten ein schönes Ding! Da sitzt einer wie auf einem Stuhl, stößt sich an keinem Stein, spart die Schuh und kommt fort, er weiß nicht wie.« Der Reiter, der das gehört hatte, hielt an und rief: »Ei, Hans, warum läufst du auch zu Fuß?« — »Ich muß ja wohl«, antwortete er, »da habe ich einen Klumpen heimzutragen: es ist zwar Gold, aber ich kann den Kopf dabei nicht geradhalten, auch drückt mir's auf die Schulter.« — »Weißt du was«, sagte der Reiter, »wir wollen tauschen: ich gebe dir mein Pferd, und du gibst mir den Klumpen.« — »Von Herzen gern«, sprach Hans, »aber ich sage Euch, Ihr müßt Euch damit schleppen.« Der Reiter stieg ab, nahm das Gold und half dem Hans hinauf, gab ihm die Zügel fest in die Hände und sprach: »Wenn's nun recht geschwind soll gehen, so mußt du mit der Zunge schnalzen und hopp hopp rufen.«

Hans war seelenfroh, als er auf dem Pferde saß und so frank und frei dahinritt. Über ein Weilchen fiel's ihm ein, es sollte noch schneller gehen, und fing an, mit der Zunge zu schnalzen und ›hopp hopp‹ zu rufen. Das Pferd setzte sich in starken Trab, und ehe sich's Hans versah, war er abgeworfen und lag in einem Graben, der die Äcker von der Landstraße trennte. Das Pferd wäre auch durchgegangen, wenn es nicht ein Bauer aufgehalten hätte, der des Weges kam und eine Kuh vor sich her trieb. Hans suchte seine Glieder zusammen und machte sich wieder auf die Beine. Er war aber verdrießlich und sprach zu dem Bauern: »Es ist ein schlechter Spaß, das Reiten, zumal, wenn man auf so eine Mähre gerät wie diese, die stößt und einen herabwirft, daß man den Hals brechen kann; ich setze mich nun und nimmermehr wieder auf. Da lob ich mir Eure Kuh, da kann man mit einer Gemächlichkeit hinterhergehen und hat obendrein seine Milch, Butter und Käse jeden Tag gewiß. Was gäbe ich darum, wenn ich so eine Kuh hätte!« — »Nun«, sprach der Bauer, »geschieht Euch so ein großer Gefallen, so will ich Euch wohl die Kuh für das Pferd vertauschen.« Hans willigte mit tausend Freuden ein; der Bauer schwang sich aufs Pferd und ritt eilig davon.

Hans trieb seine Kuh ruhig vor sich her und bedachte den glücklichen Handel. »Hab ich nur ein Stück Brot, und daran wird mir's doch nicht fehlen, so kann ich, so oft mir's beliebt, Butter und Käse dazu essen; hab ich Durst, so melk ich meine Kuh und trinke Milch. Herz, was verlangst du mehr?« Als er zu einem Wirtshaus kam, machte er Halt, aß in der großen Freude alles, was er bei sich hatte, sein Mittags- und Abendbrot, rein auf und ließ sich für seine letzten paar Heller ein halbes Glas Bier einschenken. Dann trieb er seine Kuh weiter, immer nach dem Dorfe seiner Mutter zu. Die Hitze ward drückender, je näher der Mittag kam, und Hans befand sich in einer Heide, die wohl eine Stunde dauerte. Da ward es ihm ganz heiß, so daß ihm vor Durst die Zunge am Gaumen klebte. ›Dem Ding ist zu helfen‹, dachte Hans, ›jetzt will ich meine Kuh melken und mich an der Milch laben.‹ Er band sie an einen dürren Baum, und da er keinen Eimer hatte, so stellte er seine Ledermütze unter, aber wie er sich auch bemühte, es kam kein Tropfen Milch zum Vorschein. Und weil er sich ungeschickt dabei anstellte, so gab ihm das ungeduldige Tier endlich mit einem seiner Hinterfüße einen solchen Schlag vor den

Kopf, daß er zu Boden taumelte und eine Zeitlang sich gar nicht besinnen konnte, wo er war. Glücklicherweise kam gerade ein Metzger des Weges, der auf einem Schubkarren ein junges Schwein liegen hatte. »Was sind das für Streiche!« rief er und half dem guten Hans auf. Hans erzählte ihm, was vorgefallen war. Der Metzger reichte ihm seine Flasche und sprach: »Da trinkt einmal und erholt Euch. Die Kuh will wohl keine Milch geben, das ist ein altes Tier, das höchstens noch zum Ziehen taugt oder zum Schlachten.« — »Ei, ei«, sprach Hans und strich sich die Haare über den Kopf, »wer hätte das gedacht! Es ist freilich gut, wenn man so ein Tier im Haus abschlachten kann, was gibt's für Fleisch! Aber ich mache mir aus dem Kuhfleisch nicht viel, es ist mir nicht saftig genug. Ja, wer so ein junges Schwein hätte! Das schmeckt anders, dabei noch die Würste.« — »Hört, Hans«, sprach da der Metzger, »Euch zuliebe will ich tauschen und will Euch das Schwein für die Kuh lassen.« — »Gott lohn Euch Eure Freundschaft«, sprach Hans, übergab ihm die Kuh, ließ sich das Schweinchen vom Karren losmachen und den Strick, woran es gebunden war, in die Hand geben.

Hans zog weiter und überdachte, wie ihm doch alles nach Wunsch ginge: begegnete ihm ja eine Verdrießlichkeit, so würde sie doch gleich wieder gutgemacht. Es gesellte sich danach ein Bursch zu ihm, der trug eine schöne weiße Gans unter dem Arm. Sie boten einander die Zeit, und Hans fing an, von seinem Glück zu erzählen und wie er immer so vorteilhaft getauscht hätte. Der Bursch erzählte ihm, daß er die Gans zu einem Kindtaufschmaus brächte. »Hebt einmal«, fuhr er fort und packte sie bei den Flügeln, »wie schwer sie ist, die ist aber auch über acht Wochen lang genudelt worden. Wer in den Braten beißt, muß sich das Fett von beiden Seiten abwischen.« — »Ja«, sprach Hans und wog sie mit der einen Hand, »die hat ihr Gewicht, aber mein Schwein ist auch keine Sau.« Indessen sah sich der Bursch nach allen Seiten ganz bedenklich um, schüttelte auch wohl den Kopf. »Hört«, fing er darauf an, »mit Eurem Schweine mag's nicht ganz richtig sein. In dem Dorfe, durch das ich gekommen bin, ist eben dem Schulzen eins aus dem Stall gestohlen worden. Ich fürchte, ich fürchte, Ihr habt's da in der Hand. Sie haben Leute ausgeschickt, und es wäre ein schlimmer Handel, wenn sie Euch mit dem Schwein erwischten: das geringste ist, daß Ihr ins finstere Loch gesteckt werdet.« Dem guten Hans ward bang. »Ach Gott«, sprach er, »helft mir aus der Not, Ihr wißt hierherum bessern Bescheid, nehmt mein Schwein da und laßt mir Eure Gans.« — »Ich muß schon etwas aufs Spiel setzen«, antwortete der Bursche, »aber ich will doch nicht schuld sein, daß Ihr ins Unglück geratet.« Er nahm also das Seil in die Hand und trieb das Schwein schnell auf einem Seitenweg fort: der gute Hans aber ging, seiner Sorgen entledigt, mit der Gans unter dem Arme der Heimat zu. »Wenn ich's recht überlege«, sprach er mit sich selbst, »habe ich noch einen Vorteil bei dem Tausch: erstlich den guten Braten, hernach die Menge von Fett, die herausträufeln wird, das gibt Gänsefettbrot auf ein Vierteljahr: und endlich die schönen weißen Federn, die laß ich mir in mein Kopfkissen stopfen, und darauf will ich wohl ungewiegt einschlafen. Was wird meine Mutter eine Freude haben!«

Als er durch das letzte Dorf gekommen war, stand da ein Scherenschleifer mit seinem Karren, sein Rad schnurrte, und er sang dazu:

> »Ich schleife die Schere und drehe geschwind
> und hänge mein Mäntelchen nach dem Wind.«

Hans blieb stehen und sah ihm zu; endlich redete er ihn an und sprach: »Euch geht's wohl, weil Ihr so lustig bei Eurem Schleifen seid.« — »Ja«, antwortete der Scherenschleifer, »das Handwerk hat einen güldenen Boden. Ein rechter Schleifer ist ein Mann, der, so oft er in die Tasche greift, auch Geld darin findet. Aber wo habt Ihr die schöne Gans gekauft?« — »Die hab ich nicht gekauft, sondern für mein Schwein eingetauscht.« — »Und das Schwein?« — »Das hab ich für meine Kuh gekriegt.« — »Und die Kuh?« — »Die hab ich für ein Pferd bekommen.« — »Und das Pferd?« — »Dafür hab ich einen Klumpen Gold, so groß als mein Kopf, gegeben.« — »Und das Gold?« — »Ei, das war mein Lohn für sieben Jahre Dienst.« — »Ihr habt Euch jederzeit zu helfen gewußt«, sprach der Schleifer, »könntet Ihr's nun dahin bringen, daß Ihr das Geld in der Tasche springen hört, wenn Ihr aufsteht, so habt Ihr Euer Glück gemacht.« — »Wie soll ich das anfangen?« sprach Hans. »Ihr müßt ein Schleifer werden wie ich; dazu gehört eigentlich nichts als ein Wetzstein, das andere findet sich schon von selbst. Da hab ich einen, der ist zwar ein wenig schadhaft, dafür sollt Ihr mir aber auch weiter nichts als Eure Gans geben; wollt Ihr das?« – »Wie könnt Ihr noch fragen?« antwortete Hans, »ich werde ja zum glücklichsten Menschen auf Erden: habe ich Geld, so oft ich in die Tasche greife, was brauche ich da länger zu sorgen?« reichte ihm die Gans hin und nahm den Wetzstein in Empfang. »Nun«, sprach der Schleifer und hob einen gewöhnlichen schweren Feldstein, der neben ihm lag, auf, »da habt Ihr noch einen tüchtigen Stein dazu, auf dem sich's gut schlagen läßt und Ihr Eure alten Nägel geradeklopfen könnt. Nehmt ihn und hebt ihn ordentlich auf.«

Hans lud den Stein auf und ging mit vergnügtem Herzen weiter; seine Augen leuchteten vor Freude, »ich muß in einer Glückshaut geboren sein«, rief er aus:

»Alles, was ich wünsche, trifft mir ein wie einem Sonntagskind.« Indessen, weil er seit Tagesanbruch auf den Beinen gewesen war, begann er müde zu werden; auch plagte ihn der Hunger, da er allen Vorrat auf einmal in der Freude über die erhandelte Kuh aufgezehrt hatte. Er konnte endlich nur mit Mühe weitergehen und mußte jeden Augenblick Halt machen; dabei drückten ihn die Steine ganz erbärmlich. Da konnte er sich des Gedankens nicht erwehren, wie gut es wäre, wenn er sie gerade jetzt nicht zu tragen brauchte. Wie eine Schnecke kam er zu einem Feldbrunnen geschlichen, wollte da ruhen und sich mit einem frischen Trunk laben; damit er aber die Steine im Niedersitzen nicht beschädigte, legte er sie bedächtig neben sich auf den Rand des Brunnens. Darauf setzte er sich nieder und wollte sich zum Trinken bücken, da versah er's, stieß ein klein wenig an, und beide Steine plumpsten hinab. Hans, als er sie mit seinen Augen in die Tiefe hatte versinken sehen, sprang vor Freuden auf, kniete dann nieder und dankte Gott mit Tränen in den Augen, daß er ihm auch diese Gnade noch erwiesen und ihn auf eine so gute Art und ohne daß er sich einen Vorwurf zu machen brauchte, von den schweren Steinen befreit hätte, die ihm allein noch hinderlich gewesen wären. »So glücklich wie ich«, rief er aus, »gibt es keinen Menschen unter der Sonne.« Mit leichtem Herzen und frei von aller Last sprang er nun fort, bis er daheim bei seiner Mutter war.

Der undankbare Sohn

Es saß einmal ein Mann mit seiner Frau vor der Haustür, und sie hatten ein gebratenes Huhn vor sich stehen und wollten das zusammen verzehren. Da sah der Mann, wie sein alter Vater daherkam, geschwind nahm er das Huhn und versteckte es, weil er ihm nichts davon gönnte. Der Alte kam, tat einen Trunk und ging fort. Nun wollte der Sohn das gebratene Huhn wieder auf den Tisch tragen, aber als er danach griff, war es eine große Kröte geworden, die sprang ihm ins Angesicht und saß da und ging nicht wieder weg, und wenn sie jemand wegtun wollte, sah sie ihn giftig an, als wollte sie ihm ins Gesicht springen, so daß keiner sie anzurühren getraute. Und die Kröte mußte der undankbare Sohn alle Tage füttern, sonst fraß sie ihm aus seinem Angesicht; und also ging er ohne Ruhe in der Welt hin und her.

Vom lieben Gott und seinen Heiligen

Gottes Lohn

Ein Märchen aus dem Donauland

Vor vielen, vielen Jahren hörte ein armer Mann, wer dem lieben Herrgott etwas leihet, der bekomme es hundertfach zurück. Ohne sich lange zu besinnen, warf er seine ganze Barschaft, das war ein einziges Geldstück, in den Klingelbeutel und war fest überzeugt, daß er dafür hundert solche Stücke erhalten werde. Als aber ein Jahr längst verstrichen war und die hundert Geldstücke nie ankamen, machte sich der gute Mann auf den Weg, um den Herrgott selbst aufzusuchen und ihn an sein Versprechen zu mahnen. Nachdem er den ganzen langen Tag gewandert war, kam er schachmatt zu einem Hause, in das ging er und bat um ein Nachtlager. Die Leute, die eben bei dem Nachtmahle waren, nahmen ihn auf und hießen ihn mitessen. Bald fragte man, wohin seine Reise gehe. Er machte kein Hehl und sprach: »Ich gehe unsern lieben Herrgott aufsuchen, um ihn an seine Schuld zu erinnern.« Da sagte die Frau: »Wenn du zu unserm Herrgott gehst, so richte ihm auch von uns etwas aus. Morgen sollte unsere Tochter Hochzeit haben, und heute ist sie schwer erkrankt. Es ist, als ob sie nicht heiraten sollte. Schon früher war zweimal alles in Ordnung, und der Hochzeitstag war bestimmt, und beide Male erkrankte sie. Wenn du zum lieben Gotte kommst, sage ihm unser Anliegen und bitte ihn, er möchte doch unsere Tochter heiraten lassen.« Der Bettler versprach es, ruhte die Nacht hindurch aus und wanderte am frühesten Morgen weiter. Den ganzen Tag ging er, und erst abends wollte er sich Rast und Ruhe gönnen. Als die Sonne längst untergegangen war, kam er zu einem einsamen Hause, an dem lag ein großer Obstanger. Er bat um Nachtherberge und wurde freundlich aufgenommen. Wieder fragten sie ihn: »Wohin des Weges?« und er erzählte es ihnen.

Da sprach der Bauer: »Wenn du zu unserm lieben Herrgott kommst, dann frage ihn, warum in unserm Anger keine Trauben mehr wachsen.« Der Bettler versprach, dies zu tun, legte sich dann zur Ruhe und schlief, bis der Hahn krähte. Dann ging er wieder seines Weges und wanderte den ganzen langen Tag, bis er abends zur Hütte zweier Brüder kam, die hießen ihn willkommen und kochten ihm eine Wassersuppe. Als sie hörten, wohin er wollte, sagte der ältere: »Wenn du den lieben Herrgott findest, so frage ihn doch, warum zwischen uns Brüdern immer Unfriede herrsche und wie dem abzuhelfen sei.« Der Bettler versprach es, lag bei ihnen über Nacht und wanderte mit dem frühesten Morgen wieder weiter. Er war erst einige Stunden gegangen, da begegnete ihm ein ehrwürdiger, alter Mann mit silberweißen Haaren und langem grauem Barte, der fragte den Bettler: »Wohin des Weges?« Er antwortete: »Ich gehe unsern lieben Herrgott suchen, um ihn an ein Versprechen zu mahnen.« — »Wenn dem so ist«, erwiderte der Greis, »dann bist du am Ziele; denn ich bin, den du suchest.« Da fiel der Bettler auf die Knie und sprach: »Wenn Ihr der liebe Herrgott seid, dann bitte ich um die hundert Geldstücke, die Ihr mir versprochen habt.« — »Geh getrost nach Hause«, erwiderte unser Herrgott, »und ehe du heimkommst, wirst du mehr als das Hundertfache haben.« Da dankte der Bettler, sprang auf und wollte schon umkehren, doch fielen ihm noch zu rechter Zeit die Wünsche seiner Wirte ein. Er trug nun ihre Anliegen dem Herrgott vor, und dieser gab die gewünschten Bescheide. Mit großem Danke schied der Bettler von ihm und schlug eiligst den Rückweg ein.

Als er zur Hütte der zwei Brüder kam, fragten ihn die sogleich: »Hast du ihn gefunden? Hast du ihn auch gefragt?« — »Jawohl!« erwiderte der Bettler, »ich habe ihn gefunden und euch läßt er sagen: Ihr lebt in Zwist und Hader, weil keiner dem andern nachgeben will. Ihr sollt euch deshalb voneinander trennen, und ein jeder soll eine eigene Wirtschaft anfangen.« — »Ah, das hätten wir längst getan, aber wir sind zu arm und haben nichts als die baufällige Hütte«, sprachen die Brüder. »Ei, habt nur Geduld und laßt mich zu Ende reden!« versetzte der Bettler. »Der Herrgott sagte, ihr solltet den Herd in der Küche abtragen.« Alsogleich eilten sie in die Küche, schlugen den Herd zusammen und fanden im Grunde einen ungeheuren Topf, gefüllt mit Goldstücken. Überglücklich fielen die Brüder dem Bettler um den Hals, gaben ihm so viel Geld, daß er's kaum ertragen konnte, bewirteten ihn, so gut sie es aus ihrem Wenigen vermochten, und ließen ihn seines Weges ziehen. Der Bettler war nun ein wohlhabender Mann und wanderte Gott dankend und seelenvergnügt weiter. Endlich kam er zum zweiten Hause, in dem er übernachtet hatte, und auch hier fragte man ihn sogleich, ob er bei unserm Herrgott gewesen sei und was der gesagt habe. Da antwortete der Wanderer: »Der liebe Herrgott läßt euch sagen: wundert euch nicht, daß in eurem Anger keine Trauben mehr wachsen! Ehedem hattet ihr um euren Garten einen so niedrigen Zaun, daß jeder Wanderer sich mit der Frucht eurer Reben erquicken konnte, und deshalb segnete ich eure Pflanzung. Nun aber habt ihr den Anger mit so hohen Mauern umgeben, daß kaum mehr ein Vögelchen sich an den Trauben laben kann. Wenn ihr nicht mehr so hartherzig gegen eure Nächsten sein werdet, werde ich auch freigebig gegen euch sein und eure Reben segnen.« Die Leute sahen reuig ihren begangenen Fehler ein, beschenkten und bewirteten den Wanderer reichlich, und am folgenden Morgen zog er wieder weiter, bis er zum dritten Hause kam. »Ich habe ihn gefunden«, rief er zur Türe hinein. Die Eltern begrüßten ihn aufs beste, luden ihn ins Haus und fragten nach dem Bescheide. »Ja«, antwortete er, »unser Herr läßt euch sagen: habt ihr ganz vergessen, daß ihr euer Kind in zarter Jugend mir geschenkt habet? Wie könnt ihr nun dasselbe einem irdischen Bräutigam antrauen wollen? Wenn ihr wollt, daß eure Tochter gesund bleibe und daß ich euer Haus segne, so denkt nicht mehr daran, sie einem Manne zu geben.«

Die Eltern sahen ein, daß sie gefehlt hatten, bereuten es und beschenkten den Wanderer so reichlich, daß er nun nicht nur hundertfach, sondern tausendfach für sein Geldstück belohnt war.

Von der Muttergottes und vom Herrgott

Alle Freitage geht die Muttergottes durch das Fegefeuer. Dann kommen die armen Seelen und küssen den Saum ihres Kleides und weinen so viel auf den Schlepp desselben, daß er ganz naß wird. Darum scheint am Sonnabend immer einmal die Sonne, damit er wieder trocknet. Um die Zeit, wenn Maria übers Gebirge geht, wächst reichlich eine Art kleiner Blumen, die heißen Muttergottespantöffelchen, weil sie damit über das Gebirge geschritten ist. Der liebe Gott schaut alle Jahre dreimal vom Himmel herab. Wen er dann müßig sitzen sieht, der kann auch müßig sitzen, solange er lebt. Er hat doch etwas zu leben und braucht nicht für den kommenden Tag zu sorgen. Wer aber gerade arbeitet, der muß auch sein Lebtag arbeiten. Darum sagt man: »Wobei einen unser Herrgott sieht, da läßt er einen auch bei.«

Das Muttergottesgläschen

Es hatte einmal ein Fuhrmann seinen Karren, der mit Wein schwer beladen war, festgefahren, so daß er ihn trotz aller Mühe nicht wieder losbringen konnte. Nun kam gerade die Mutter Gottes des Weges daher, und als sie die Not des armen Mannes sah, sprach sie zu ihm: »Ich bin müd und durstig, gib mir ein Glas Wein, und ich will dir deinen Wagen frei machen.« — »Gerne«, antwortete der Fuhrmann, »aber ich habe kein Glas, worin ich dir den Wein geben könnte.« Da brach die Mutter Gottes ein weißes Blümchen mit roten Streifen ab, das Feldwinde heißt und einem Glase sehr ähnlich sieht, und reichte es dem Fuhrmann. Er füllte es mit Wein, und die Mutter Gottes trank es, und in dem Augenblick ward der Wagen frei, und der Fuhrmann konnte weiterfahren. Das Blümchen heißt noch immer Muttergottesgläschen.

Die Haselrute

Eines Nachmittags hatte sich das Christkind in sein Wiegenbett gelegt und war eingeschlafen. Da trat seine Mutter heran, sah es voll Freude an und sprach: »Hast du dich schlafen gelegt, mein Kind? Schlaf sanft. Ich will derweil in den Wald gehen und eine Handvoll Erdbeeren für dich holen. Ich weiß wohl, du freust dich darüber, wenn du aufgewacht bist.« Draußen im Wald fand sie einen Platz mit den schönsten Erdbeeren. Als sie sich aber herabbückt, um eine zu brechen, so springt aus dem Gras eine Natter in die Höhe. Sie erschrickt, läßt die Beeren stehen und eilt hinweg. Die Natter schießt ihr nach, aber die Mutter Gottes, das könnt ihr denken, weiß guten Rat. Sie versteckt sich hinter einer Haselstaude und bleibt da stehen, bis die Natter sich wieder verkrochen hat. Sie sammelt die Beeren, und als sie sich auf den Heimweg macht, spricht sie: »Wie die Haselstaude diesmal mein Schutz gewesen ist, so soll sie es auch in Zukunft andern Menschen sein.« Darum ist seit den ältesten Zeiten ein grüner Haselzweig gegen Nattern, Schlangen und was sonst auf der Erde kriecht, der sicherste Schutz.

Die zwölf Apostel

Es war dreihundert Jahre vor des Herrn Christi Geburt, da lebte eine Mutter, die hatte zwölf Söhne, war aber so arm und dürftig, daß sie nicht wußte, womit sie ihnen länger das Leben erhalten sollte. Sie betete täglich zu Gott, er möchte doch geben, daß alle ihre Söhne mit dem verheißenen Heiland auf Erden zusammen wären. Als nun ihre Not immer größer ward, schickte sie einen nach dem andern in die Welt, um sich ihr Brot zu suchen.

Der älteste hieß Petrus. Der ging aus und war schon weit gegangen, eine ganze Tagesreise, da geriet er in einen großen Wald. Er suchte einen Ausweg, konnte aber keinen finden und verirrte sich immer tiefer. Dabei empfand er so großen Hunger, daß er sich kaum aufrecht halten konnte. Endlich ward er so schwach, daß er liegenbleiben mußte und glaubte, dem Tode nahe zu sein. Da stand auf einmal neben ihm ein kleiner Knabe, der glänzte und war so schön und freundlich wie ein Engel. Das Kind schlug seine Händchen zusammen, daß er aufschauen und es anblicken mußte. Da sprach es: »Warum sitzest du da so betrübt?« — »Ach«, antwortete Petrus, »ich gehe umher in der Welt und suche mein Brot, damit ich noch den verheißenen lieben Heiland sehe. Das ist mein größter Wunsch.« Das Kind sprach: »Komm mit, so soll dein Wunsch erfüllt werden.« Es nahm den armen Petrus an der Hand und führte ihn zwischen Felsen zu einer großen Höhle. Wie sie hineinkamen, so blitzte alles von Gold, Silber und Kristall, und in der Mitte standen zwölf Wiegen nebeneinander. Da sprach das Englein: »Lege dich in die erste und schlaf ein wenig, ich will dich wiegen.« Das tat Petrus, und das Englein sang ihm und wiegte ihn so lange, bis er eingeschlafen war. Und wie er schlief, kam der zweite Bruder, den auch sein Schutzenglein hineinführte, und ward wie der erste in den Schlaf gewiegt. Und so kamen die andern nach der Reihe, bis alle zwölf dalagen in den goldenen Wiegen und schliefen. Sie schliefen aber dreihundert Jahre, bis zu der Nacht, worin der Weltheiland geboren ward. Da erwachten sie und waren mit ihm auf Erden und wurden die zwölf Apostel genannt.

Der heilige Joseph im Walde

Es war einmal eine Mutter, die hatte drei Töchter, davon war die älteste unartig und bös, die zweite schon viel besser, obgleich sie auch ihre Fehler hatte, die jüngste aber war ein frommes gutes Kind. Die Mutter war aber so wunderlich, daß sie gerade die älteste Tochter am liebsten hatte und die jüngste nicht leiden konnte. Daher schickte sie das arme Mädchen oft hinaus in einen großen Wald, um es sich vom Hals zu schaffen, denn sie dachte, es würde sich verirren und nimmermehr wiederkommen. Aber der Schutzengel, den jedes fromme Kind hat, verließ es nicht, sondern brachte es immer wieder auf den rechten Weg. Einmal indessen tat das Schutzenglein, als wenn es nicht bei der Hand wäre, und das Kind konnte sich nicht wieder aus dem Wald herausfinden. Es ging immer fort, bis es Abend wurde. Da sah es in der Ferne ein Lichtlein brennen, lief darauf zu und kam vor eine kleine Hütte. Es klopfte an, die Türe ging auf, und es gelangte zu einer zweiten Türe, wo es wieder anklopfte. Ein alter Mann, der einen schneeweißen Bart hatte und ehrwürdig aussah, machte ihm auf, und das war niemand anders als der heilige Joseph. Er sprach ganz freundlich: »Komm, liebes Kind, setze dich ans Feuer auf mein Stühlchen und wärme dich. Ich will dir klar Wässerchen holen, wenn du Durst hast; zu essen aber hab ich hier im Walde nichts für dich als ein paar Würzelchen, die mußt du dir erst schaben und kochen.« Da reichte ihm der heilige Joseph die Wurzeln. Das Mädchen schrappte sie säuberlich ab, dann holte es ein Stückchen Pfannkuchen und das Brot, das ihm seine Mutter mitgegeben hatte, und tat alles zusammen in einem Kesselchen aufs Feuer und kochte sich ein Mus.

Als das fertig war, sprach der heilige Joseph: »Ich bin so hungrig, gib mir etwas von deinem Essen.« Da war das Kind bereitwillig und gab ihm mehr, als es für sich behielt, doch war Gottes Segen dabei, daß es satt ward. Als sie nun gegessen hatten, sprach der heilige Joseph: »Nun wollen wir zu Bett gehen. Ich habe aber nur ein Bett, lege du dich hinein — ich will mich ins Stroh auf die Erde legen.« — »Nein«, antwortete es, »bleib du nur in deinem Bett, für mich ist das Stroh weich genug.« Der heilige Joseph aber nahm das Kind auf den Arm und trug es ins Bettchen. Da tat es sein Gebet und schlief ein. Am andern Morgen, als es aufwachte, wollte es dem heiligen Joseph ›guten Morgen‹ sagen, aber es sah ihn nicht. Da stand es auf und suchte ihn, konnte ihn aber in keiner Ecke finden. Endlich gewahrte es hinter der Tür einen Sack mit Geld, so schwer, als es ihn nur tragen konnte. Darauf stand geschrieben, das wäre für das Kind, das heute nacht hier geschlafen hätte. Da nahm es den Sack und sprang damit fort und kam auch glücklich zu seiner Mutter, und weil es ihr all das Geld schenkte, so konnte sie nicht anders, sie mußte mit ihm zufrieden sein.

Am folgenden Tag bekam das zweite Kind auch Lust, in den Wald zu gehen. Die Mutter gab ihm ein viel größeres Stück Pfannkuchen und Brot mit. Es erging ihm nun gerade wie dem ersten Kinde. Abends kam es in das Hüttchen des heiligen Joseph, der ihm Wurzeln zu einem Mus reichte. Als das fertig war, sprach er gleichfalls zu ihm: »Ich bin so hungrig, gib mir etwas von deinem Essen.« Da antwortete das Kind: »Iß als mit.« Als ihm danach der heilige Joseph sein Bett anbot und sich aufs Stroh legen wollte, antwortete es: »Nein, leg dich als mit ins Bett, wir haben ja beide wohl Platz darin.« Der heilige Joseph nahm es auf den Arm, legte es ins Bettchen und legte sich ins Stroh. Morgens, als das Kind aufwachte und den heiligen Joseph suchte, war er verschwunden, aber hinter der Türe fand es ein Säckchen mit Geld, das war händelang, und darauf stand geschrieben, es wäre für das Kind, das heute nacht hier geschlafen hätte. Da nahm es das Säckchen und lief damit heim und brachte es seiner Mutter, doch behielt es heimlich ein paar Stücke für sich.

Nun war die älteste Tochter neugierig geworden und wollte den folgenden Morgen auch hinaus in den Wald. Die Mutter gab ihr Pfannkuchen mit, soviel sie wollte, Brot und auch Käse dazu. Abends fand sie den heiligen Joseph in seinem Hüttchen geradeso, wie ihn die zwei andern gefunden hatten. Als das Mus fertig war und der heilige Joseph sprach: »Ich bin so hungrig, gib mir etwas von deinem Essen«, antwortete das Mädchen: »Warte, bis ich satt bin. Was ich dann übriglasse, das sollst du haben.« Es aß aber beinahe alles auf, und der heilige Joseph mußte das Schüsselchen ausschrappen. Der gute Alte bot ihm hernach sein Bett an und wollte auf dem Stroh liegen. Das nahm es ohne Widerrede an, legte sich in das Bettchen und ließ dem Greis das harte Stroh. Am andern Morgen, wie es aufwachte, war der heilige Joseph nicht zu finden, doch darüber machte es sich keine Sorgen: es suchte hinter der Türe nach einem Geldsack. Es kam ihm vor, als läge etwas auf der Erde, doch weil es nicht recht unterscheiden konnte, was es war, bückte es sich und stieß mit seiner Nase daran. Aber es blieb an der Nase hängen, und wie es sich aufrichtete, sah es zu seinem Schrecken, daß es noch eine zweite Nase war, die an der seinen festhing. Da hub es an zu schreien und zu heulen, aber das half nichts, es mußte immer auf seine Nase sehen, wie die so weit hinausstand. Da lief es in einem Geschrei fort, bis es dem heiligen Joseph begegnete, dem fiel es zu Füßen und bat so lange, bis er ihm aus Mitleid die Nase wieder abnahm und noch zwei Pfennige schenkte.

Als es daheim ankam, stand vor der Türe seine Mutter und fragte: »Was hast du geschenkt gekriegt?« Da log es und antwortete: »Einen großen Sack voll Gelds, aber ich habe ihn unterwegs verloren.« — »Verloren!« rief die Mutter, »oh, den wollen wir schon wiederfinden«, nahm es bei der Hand und wollte mit ihm suchen. Zuerst fing es an zu weinen und wollte nicht mitgehen, endlich aber ging es mit. Doch auf dem Wege kamen so viele Eidechsen und Schlangen auf sie beide los, daß sie sich nicht zu retten wußten. Sie stachen auch endlich das böse Kind tot, und die Mutter stachen sie in den Fuß, weil sie es nicht besser erzogen hatte.

Die Kuh der alten Frau
Ein bretonisches Märchen

Zur Zeit, als unser Herr Jesus Christus, vom heiligen Petrus und vom heiligen Johannes begleitet, seinen Rundgang um die Welt machte, kamen sie schließlich auch in die Basse-Bretagne. Sie gingen zu jedem, zum Armen wie zum Reichen, und taten Gutes auf ihrem Wege. Alle Tage predigten sie in den Kirchen und Kapellen und besonders auf öffentlichen Plätzen vor dem versammelten Volk, und sie gaben so manchen guten Rat und empfahlen vor allem, Barmherzigkeit und Toleranz zu üben.

Eines Tages, mitten im Sommer, erklommen sie eine steile, sich weit hinziehende Anhöhe. Die Sonne war heiß, sie hatten Durst und fanden kein Wasser. Als sie oben auf der Höhe angelangt waren, sahen sie am Wegrand ein Häuschen mit einem Strohdach. »Gehen wir in diese Strohhütte, um nach Wasser zu fragen«, sagte Sankt Peter.

Und sie gingen hinein. Drinnen sahen sie eine kleine alte Frau auf dem Herdstein sitzen, und auf der Lehnbank neben dem Bett säugte eine Ziege ein kleines Kind. »Bitte etwas Wasser, Großmutter«, bat Sankt Peter.

»Ja, gewiß, Ihr braven Leute; ich habe Wasser, gutes Wasser; aber das ist auch alles, was ich habe.«

Sie nahm eine hölzerne Schöpfkelle, ging zu ihrem Krug und reichte den drei Reisenden frisches, klares Wasser. Nachdem sie getrunken hatten, traten sie näher, um das kleine Kind auf der Bank zu betrachten, welches von einer Ziege gesäugt wurde.

»Dies ist doch wohl nicht Euer Kind, Großmutter?« fragte unser Heiland.

»Nein, gewiß nicht, Ihr braven Leute, und doch ist es ganz so, als ob es meines wäre. Das liebe Engelchen gehört meiner Tochter, aber ach! seine arme Mutter ist tot, als sie es zur Welt brachte, und so ist es mir auf dem Halse geblieben.«

»Und sein Vater?« fragte Sankt Peter.

»Sein Vater lebt und geht alle Tage früh weg; er arbeitet tagsüber in einer reichen Burg in der Nachbarschaft. Er verdient acht Sous am Tage und sein Essen, und das ist alles, was wir drei zu leben haben.«

»Und wenn Ihr nun eine Kuh hättet?« fragte unser Heiland.

»Oh, wenn wir eine Kuh hätten, dann wären wir glücklich! Ich würde sie am

Wegrand grasen lassen, und wir könnten Milch und Butter auf dem Markt verkaufen. Aber ich werde nie eine Kuh haben.«

»Vielleicht doch, Großmutter, so Gott will. Gebt mir doch mal Euren Stock.«

Unser Heiland nahm den Stock der Alten und schlug damit dreimal auf den Herdstein, indem er ich weiß nicht welche lateinischen Worte sprach; und sofort trat eine sehr schöne gesprenkelte Kuh heraus, deren Euter von Milch nur so strotzte.

»Jesus Maria!« rief die Alte, als sie das sah, »wie ist diese Kuh hierhergekommen?« – »Durch Gottes Gnade wird sie Euch geschenkt, Großmutter.«

»Möge Gottes Segen auf Euch ruhen, Ihr guten Herren! Ich werde für Euch zu Gott beten, morgens und abends.«

Und die drei Reisenden machten sich wieder auf den Weg. Als die Alte allein war, wurde sie nicht müde, ihre Kuh zu betrachten.

»Die schöne Kuh«, sagte sie, »und wieviel Milch sie hat! Aber wie ist sie nur hierhergekommen und woher? Wenn ich mich nicht irre, hat einer von den drei Fremden sie aus dem Herdstein herauskommen lassen, indem er mit meinem Stock einmal daraufschlug … Der Stock ist mir geblieben; auch der Herdstein ist immer noch da. Wenn ich noch eine solche Kuh hätte! … Vielleicht brauche ich dazu nur mit meinem Stock auf den Herdstein zu schlagen wie der andere … Ich will es mal versuchen.« Und so schlug sie einmal heftig mit ihrem Stock auf den Herdstein und sprach einige Worte, die sie vielleicht für Latein hielt, aber die zu keiner Sprache gehörten. Und sofort erschien ein riesiger Wolf, der die Kuh auf der Stelle erwürgte. Und die Alte, ganz entsetzt, läuft hinter den drei Reisenden her und schreit: »Ihr Herren! Ihr Herren!«

Da sie noch nicht weit weg waren, hörten sie die Alte und blieben stehen, um auf sie zu warten. »Was ist Euch denn geschehen, Großmutter?« fragte sie unser Heiland.

»Ach, Ihr guten Herren, kaum wart Ihr fort, als ein großer Wolf in mein Haus kam und meine schöne gesprenkelte Kuh erwürgt hat!«

»Es verhält sich so, daß Ihr selbst den Wolf gerufen habt, Großmutter. Kehrt nach Hause zurück, und dort werdet Ihr Eure Kuh lebendig und gesund vorfinden. Aber in Zukunft seid klüger: begnügt Euch mit dem, was Gott schickt, und versucht nicht noch einmal, etwas zu tun, was Gott allein tun kann.« Die Alte kehrte nach Hause zurück und fand ihre schöne gesprenkelte Kuh lebendig und gesund; und erst jetzt erkannte sie, daß der liebe Gott selber in ihrem Hause gewesen war.

Der Schneider im Himmel

Es trug sich zu, daß der liebe Gott an einem schönen Tag in dem himmlichen Garten sich ergehen wollte und alle Apostel und Heiligen mitnahm, also daß niemand mehr im Himmel blieb als der heilige Petrus. Der Herr hatte ihm befohlen, während seiner Abwesenheit niemand einzulassen. Petrus stand also an der Pforte und hielt Wache. Nicht lange, so klopfte jemand an. Petrus fragte, wer da wäre und was er wollte. »Ich bin ein armer ehrlicher Schneider«, antwortete eine feine Stimme, »der um Einlaß bittet.« — »Ja, ehrlich«, sagte Petrus, »wie der Dieb am Galgen, du hast lange Finger gemacht und den Leuten das Tuch abgezwickt. Du kommst nicht in den Himmel, der Herr hat mir verboten, so lange er draußen wäre, irgend jemand einzulassen.« — »Seid doch barmherzig«, rief der Schneider, »kleine Flicklappen, die von selbst vom Tisch herabfallen, sind nicht gestohlen und nicht der Rede wert. Seht, ich hinke und habe von dem Weg daher Blasen an den Füßen, ich kann unmöglich wieder umkehren. Laßt mich nur hinein, ich will alle schlechte Arbeit tun. Ich will die Kinder tragen, die Windeln waschen, die Bänke, darauf sie gespielt haben, säubern und abwischen und ihre zerrissenen Kleider flicken.« Der heilige Petrus ließ sich aus Mitleid bewegen und öffnete dem lahmen Schneider die Himmelspforte so weit, daß er mit seinem dürren Leib hineinschlüpfen konnte. Er mußte sich in einen Winkel hinter die Türe setzen und sollte sich da still und ruhig verhalten, damit ihn der Herr, wenn er zurückkäme, nicht bemerkte und zornig würde. Der Schneider gehorchte, als aber einmal der heilige Petrus zur Tür hinaustrat, stand er auf und ging voll Neugierde in allen Winkeln des Himmels herum und besah sich die Gelegenheit. Endlich kam er zu einem Platz, da standen viele schöne und köstliche Stühle und in der Mitte ein ganz goldener Sessel, der mit glänzenden Edelsteinen besetzt war; er war auch viel höher als die übrigen Stühle, und ein goldener Fußschemel stand davor. Es war aber der Sessel, auf welchem der Herr saß, wenn er daheim war, und von welchem er alles sehen konnte, was auf Erden geschah. Der Schneider stand still und sah den Sessel eine gute Weile an, denn er gefiel ihm besser als alles andere. Endlich konnte er den Vorwitz nicht bezähmen, stieg hinauf und setzte sich in den Sessel. Da sah er alles, was auf Erden geschah, und bemerkte eine alte häßliche Frau, die an einem Bach stand und wusch und zwei Schleier heimlich beiseite tat. Der Schneider erzürnte sich bei diesem Anblicke so sehr, daß er den goldenen

Fußschemel ergriff und durch den Himmel auf die Erde hinab nach der alten Diebin warf. Da er aber den Schemel nicht wieder heraufholen konnte, so schlich er sich sachte aus dem Sessel weg, setzte sich wieder an seinen Platz hinter der Türe und tat, als ob er kein Wasser getrübt hätte.

Als der Herr und Meister mit dem himmlischen Gefolge wieder zurückkam, ward er zwar den Schneider hinter der Türe nicht gewahr, als er sich aber auf seinen Sessel setzte, mangelte der Schemel. Er fragte den heiligen Petrus, wo der Schemel hingekommen wäre. Der wußte es nicht. Da fragte er weiter, ob er jemand hereingelassen hätte. »Ich weiß niemand«, antwortete Petrus, »der dagewesen wäre, als ein lahmer Schneider, der noch hinter der Türe sitzt.« Da ließ der Herr den Schneider vor sich treten und fragte ihn, ob er den Schemel weggenommen und wo er ihn hingetan hätte. »O Herr«, antwortete der Schneider freudig, »ich habe ihn im Zorne hinab auf die Erde nach dem alten Weibe geworfen, das ich bei der Wäsche zwei Schleier stehlen sah.« – »O du Schalk«, sprach der Herr, »wollt ich richten, wie du richtest, wie meinst du, daß es mir schon längst ergangen wäre? Ich hätte schon lange keine Stühle, Bänke, Sessel, ja keine Ofengabel mehr hier gehabt, sondern alles nach den Sündern hinabgeworfen. Fortan kannst du nicht mehr im Himmel bleiben, sondern mußt wieder hinaus vor das Tor, da sieh zu, wo du hinkommst. Hier soll niemand strafen denn ich allein, der Herr.«

Petrus mußte den Schneider wieder hinaus vor den Himmel bringen, und weil er zerrissene Schuhe hatte und die Füße voll Blasen, nahm er einen Stock in die Hand und zog nach Warteinweil, wo die frommen Soldaten sitzen und sich lustig machen.

Die himmlischen Jungfern und Junggesellen

Die alten Jungfern bekommen, wenn sie gestorben sind, vom lieben Gott eine besondere Anstellung: jeden Abend, wenn die Sonne am westlichen Himmelsrande untergegangen ist, müssen sie mit Scheren und Messern daran und aus der alten Sonne die Sterne zuschneiden. Und die sie fertig haben, werfen sie den verstorbenen alten Junggesellen zu, die schon darauf warten. Die haben im Osten eine Leiter an das Himmelsgewölbe gestellt, an der müssen sie die ganze Nacht auf- und niedersteigen und die Sterne zum Himmel hinaufblasen. Ehe aber der Morgen kommt und die Menschen wieder an das Tagewerk gehen, müssen sich die himmlischen Jungfern und Junggesellen sehr beeilen, daß sie alle Sterne wieder einfangen und einsammeln und eine neue Sonne daraus zusammenballen. Und die müssen sie dann an den östlichen Himmelsrand wälzen. Dort heben die Jungfern sie auf ihre Schultern, und die Junggesellen helfen ihnen dabei. Der blasse Schimmer, den man vor Sonnenaufgang im Osten sieht, soll von den Seelen dieser himmlischen Jungfern herrühren, welche die Sonne da emporheben. Sie bringen nun die Sonne in Schwung, und die läuft ihren Weg allein weiter, die Seelen aber und ihr Widerschein verschwinden.

Warum der Petrus glatzköpfig ist
Ein Märchen aus dem Donauland

Wegen was der Petrus glatzkopfet ist?
Unser Herr und der Petrus gingen fechten, und wie sie so wanderten, kam ihnen der Geruch von Gebackenem in die Nase und tat ihnen wohl.
»Na, geh nur zuhi«, sagte unser Herrgott, »du kriegst schon was.«
»Geh, bitt' dich gar schön, Bäurin«, sagte der Petrus, »ich und mein Herr sind so voll Hunger, geh, schenk uns ein weng was.« Da waren Schnitten, aber was für welche, große, wie sie's im Heiligen Land machen, in Öl ausgebacken. So hat ihm die Bäuerin drei gegeben. Jetzt tat der Petrus geschwind eine unter den Hut hinauf und ging zu seinem Herrn, denn der wartete auf ihn. »So«, sagte er, »jetzt hat sie mir zwo gegeben, da hast du eine und eine ich.« — »So so«, sagt unser Herrgott, »hat sie dir nicht mehr gegeben?« — »Nein«, sagte der Petrus und leugnete. Sagt unser Herr: »Hiaz tuast 'n Huat aber. Wem g'hört denn nachher der dritte? Gel'«, sagte er, »hiaz han ich nix davon und du nix davon«, weil die Schnitten voller Haar' gewesen ist. »So«, sagte er dann, »das ist die Straf' fürs Lüagen: von heunt an bist' glatzkopfet.«

Allerhand Teufelsgeschichten

Die drei Fragen des Teufels

Es war einmal ein armer Tagelöhner, der hatte viele Kinder und wenig Brot für sie. Einmal, als die Not zu bitter über ihn kam, ging er in den Wald hinaus und setzte sich auf einen Stock und weinte heiße Tränen. Da trat ein Mann zu ihm heran und fragte ihn, was ihm fehle; und wie er hörte, daß er nichts zu essen habe für seine hungrigen Kinder, erbot er sich, ihm zu geben, daß er genug daran habe für sich und Weib und Kind, wenn er ihm eins seiner Mädchen überlassen wolle: sie solle es gut bei ihm haben. Der arme Vater war des Handels froh und zeichnete seinen Namen in das dargebotene Buch. Mit einem großen Sack voll Geld ging er heim, und die Not hatte ein Ende. Zu dem Mädchen aber sprach er: »Geh mit mir in den Wald.« Sie gingen, und als sie zu dem Stocke gekommen waren, auf dem er am Tage zuvor gesessen hatte, hieß er seine Tochter dort niedersitzen und warten, bis ein Herr komme, der sie mitnehmen werde: sie solle es gut bei ihm haben.

So blieb das Mädchen sitzen und wartete. Da kam eine schöne, große, milde Frau in blauem Mantel — es war Unsere Liebe Frau — und sagte zu ihm: »Kind, es wird jemand kommen und dich mitnehmen wollen; erst aber wird er drei Fragen an dich stellen. Die Antworten darauf will ich dir sagen. Du könntest es nicht wissen. Zum ersten wird er dich fragen: ›Was ist süßer als Zucker?‹ Darauf antworte: ›Die Liebe meiner Mutter.‹ Die zweite Frage: ›Was ist linder als Federflaum?‹ Darauf sage ihm: ›Der Schoß meiner Mutter, auf dem ich gesessen.‹ Das dritte Mal sollst du ihm Bescheid geben, was härter sei als Stahl und Eisen? Die Antwort ist: ›Das Herz meines Vaters, der mich dem bösen Feind verkaufen will.‹«

Damit verschwand Unsere Liebe Frau, und gleich darauf erschien der fremde Herr und tat die drei Fragen an das Kind und erhielt von ihm die Antworten, wie es sie gelernt hatte.

»Das hat dir die blaue Frau geraten, daß du mir so antwortest!« schrie der Herr, »sonst wärest du mein eigen gewesen«; und alsbald war er verschwunden.

Der Schmied und der Teufel

Einmal ging unser Herr mit St. Peter auf Reisen, da verlor der Esel, auf dem der Herr ritt, ein Hufeisen. Als sie es merkten, waren sie gerade vor einer Schmiede. Der Meister sah es und rief: »Kommt herein und setzt euch, ihr sollt gleich bedient sein.« Der Herr und St. Peter traten in die Schmiede, und da beschlug der Schmied den Esel mit silbernen Hufeisen, denn er verdiente viel Geld und war ein guter, lustiger Kerl, der gern mal recht nobel war. Und als die beiden fragten, was es kostete, sagte er: »Nichts!« Denn er meinte, es wären zwei arme Schlucker. Unser Herrgott wußte es wohl, daß der Schmied dies dachte. Und ehe sie weiter zogen, sprach er: »Weil ihr so gut seid, dürft ihr auch drei Wünsche tun.« — »Schön«, sagte der Schmied und fing an nachzudenken. — »Wähl dir den Himmel!« flüsterte ihm St. Peter zu. — »Zuerst«, fing der Schmied an, »ich hab da hinterm Ofen einen Lehnstuhl, in den setzen sich immer die Bauern, wenn sie sich etwas machen lassen, und sind nicht wieder herauszukriegen; ich wünsche mir also, daß jeder, der sich hineinsetzt, nicht wieder aufstehen darf, bevor ich es will. Zweitens« — »Wähl dir doch den Himmel!« sprach Petrus lauter zu ihm und zupfte ihn am Ärmel — »wünsche ich mir, daß die Bengels, die da immer auf

meinen großen Apfelbaum steigen, alle darauf festsitzen und nicht wieder herunter dürfen, bevor ich es will. Und drittens« – »Wähl dir doch den Himmel, Dummkopf!« rief Petrus ganz ärgerlich. »Ach da bin ich nicht bange drum, der kann mir nicht entgehen. Drittens wünsch' ich mir, daß alles, was in meine Ledertasche hineinkommt, nicht wieder hinaus kann, bevor ich es will.« Da sprach der Herr: »Es soll alles so geschehen, wie ihr es wünscht« und zog weiter mit St. Peter, der dem Schmied ein bitterböses Gesicht machte.

Der Schmied aber lebte weiter lustig in den Tag hinein und meinte, es sollte immer so fort gehen, aber eines Tages hatte er sein letztes Geld vertan und sein letztes Eisen verschmiedet, saß ärgerlich in seiner Werkstatt und dachte, hättest du dir doch Geld gewünscht statt der drei Schnurrpfeifereien, die dir bis jetzt noch gar nichts genützt haben! Das merkte aber auch der Teufel, denn der spioniert alles aus, und dachte, da sei was zu holen. Und wie noch der Schmied saß und spintisierte, hörte er draußen Pferdegetrappel; er trat in die Tür und sah einen vornehmen Herrn auf die Schmiede zugeritten kommen. Der Fremde hielt vor der Tür und fragte, ob der Schmied ihm sein Pferd beschlagen wolle. »Gern«, sagte der Schmied, »wenn Ihr nur warten wollt, bis ich mir im nächsten Dorf Kohlen und Eisen geborgt habe.« — »Wenn dir weiter nichts fehlt«, sprach der Reiter, »da will ich dir bald geholfen haben; unterschreib nur dieses Blatt mit deinem Blut!« Auf dem Pergament aber stand, daß der Schmied nach 10 Jahren dem Teufel gehören sollte, wenn ihn der mit Kohle und Eisen versorgte. ›10 Jahre ist lang‹, dachte der Schmied und sprach: »Gib her, lieber die Seele dem Teufel verschreiben als noch länger so dasitzen und nichts tun und Hunger leiden!« Ging in die Schmiede, schlug mit dem Knöchel gegen den Amboß, daß ihm das rote Blut heraussprang, und unterschrieb das Pergament. Und als er wieder hinauskam, lag so viel Eisen und Kohle auf dem Hof, daß er gar nicht wußte, wohin damit. Nun beschlug er das Pferd, und der Herr ritt fort. Der Schmied aber arbeitete nun wieder lustig drauflos, bekam bald große Kundschaft und hatte ein gutes Leben und kümmerte sich den Teufel was um den Teufel. Aber die 10 Jahre gingen rasch herum, und pünktlich kam der feine Herr, um den Schmied zu holen. »Ihr seid sicher müde, setzt Euch ein bißchen hintern Ofen in den Lehnstuhl, geduldet Euch nur noch so lange, bis ich gegessen habe. Es schmeckt mir wohl so bald nicht wieder.« Der feine Herr grinste, und der Schmied grinste auch. Der Herr ließ sich gemütlich in den Großvaterstuhl nieder, und der Schmied aß gemütlich weiter, und als er fertig war, sagte er: »So, nun kann die

Reise losgehen.« Der Teufel wollte auf ihn los, kam aber nicht auf und brüllte einen Fluch, so lang wie Jakobstag. Der Schmied aber hatte unterdessen eine Eisenstange geholt und zählte ihm was auf, bis der Teufel schrie: »Hör auf, laß mich los, ich will dir noch 10 Jahre geben!« – »Das läßt sich hören, nun mach, daß du fortkommst!« sprach der Schmied, und fort war der Teufel. Nun fing der Schmied das alte herrliche Leben von neuem an, aber die 10 Jahre gingen wieder rasch herum; diesmal schickte der Oberteufel seinen ältesten Gesellen. »Ich bin gleich fertig«, sagte der Schmied, »aber ein paar Äpfel sollten wir uns doch mitnehmen, sie sind grade so schön reif, so was gibt's in der Hölle nicht, da könnten wir sie so gut braten. Du kannst gewiß gut klettern; bring vier, wenn du nicht gern drei bringst.« Der Teufel war flink hinauf wie eine Katze, aber mit dem Herunterkommen hatt's lange Zeit. »Kommst du noch nicht bald wieder?« spottete der Schmied. »Ich kann ja nicht!« brüllte der Teufel; der Schmied aber setzte eine Leiter an und bearbeitete den Teufel so lange, bis der schrie: »Hör auf, ich will dir noch 10 Jahre geben!« — »So, nun mach, daß du fortkommst!« rief der Schmied, und fort war des Teufels Altgeselle.

Aber diese 10 Jahre waren auch wieder schnell vergangen, und nun kam der Oberteufel in eigener Person, um den Schmied zu holen. »Meinetwegen«, sagte der Schmied, »aber es ist mir doch etwas genierlich, wenn nachher alle Leute im Dorfe sagen, der Teufel hat den Schmied geholt. Ich habe gehört, du könntest dich so groß und so klein machen, wie du wolltest. Wenn das wahr wäre, könnte ich dich ja in meinen Ranzen nehmen und dich ein Ende tragen, bis wir zum Ort hinaus sind. Aber ich glaube nicht, daß ihr solche Kunststücke versteht. Bis jetzt hast du mir nur so dumme Teufel geschickt.« Der Teufel traute wohl dem Schmied nicht recht, aber er konnte sich nicht denken, daß da ein Betrug hintersteckte, und außerdem war er rein besessen, sehen zu lassen, was er konnte. Er machte sich also ganz klein und fuhr in die Schmiedetasche hinein, und der Schmied schnallte sie bedächtig zu. Dann ging er damit in die Schmiede, legte sie auf den Amboß, rief seine Gesellen und hämmerte mit ihnen darauf los, daß der Teufel schrie, als ob die Erde berste, und ganz jämmerlich um Gnade winselte. »Erst gib meine Unterschrift wieder heraus!« — »Ja ja!« schrie der Teufel. Da machte der Schmied die Tasche ein bißchen auf, und der Böse reckte die Verschreibung heraus. Der Schmied nahm sie. »So, nun mach, daß du fortkommst«, rief er, und fort war der Oberteufel.

»Gott sei Dank, den bin ich los!« sprach der Schmied. Nun lebte er noch einige

Jahre friedlich und gemächlich. Dann spürte er, daß sein letztes Stündlein kam, hängte sich seine Ledertasche um, setzte sich in seinen Lehnstuhl und starb mit unbeschwertem Gewissen. Dann kam er zum Himmel und klopfte ruhig an die Tür. Aber als St. Peter den Mann sah, der nicht auf seinen Rat hatte hören wollen, sagte er barsch: »Dickkopf, du kommst hier nicht herein! Warum hast du dir damals nicht den Himmel gewünscht!« und schlug die Tür vor ihm zu. »Dann bleibt mir nichts übrig, als nach der Hölle zu gehen«, sagte der Schmied. Als er ankam und anklopfte, guckte der Teufel, der gerade an dem Tage das Pförtneramt hatte, erst durch den Türspalt, und das war eben einer von denen, die der Schmied so jämmerlich verprügelt hatte; als der den schrecklichen Schmied sah, war er so entsetzt, daß er fast in Ohnmacht fiel und kaum noch den andern zurufen konnte, sie sollten ihm helfen, festzumachen, der Schmied wär vor der Tür. Da rief der Oberteufel: »Der mit der Ledertasche? Laßt ihn ja nicht herein!« Und die andern wußten vor Schrecken gar nicht, wo sie den Riegel von der Höllentür hingetan hatten; da steckte rasch einer seine lange Nase statt des Riegels vor, daß er nur nicht hineinkäme. Der Schmied wartete und klopfte lange und rüttelte, aber die Höllenpforte blieb ihm verschlossen, und er mußte zuletzt wieder nach dem Himmel zurückwandern. Er klopfte zum zweitenmal, und St. Peter schnaubte ihn zum zweitenmal und noch barscher an, für ihn wäre hier kein Platz. Da bat ihn der Schmied, dann möchte er ihn doch nur mal durch die Spalte sehen lassen, wie schön es im Himmel wär. Der Apostel mochte ihm das nicht abschlagen und tat die Tür ein wenig auf, da steckte der Schmied seinen Arm durch. »Au, au!« schrie er, »mach doch etwas weiter auf, daß ich meinen Arm zurückziehen kann!« St. Peter tat es, da steckte der Schmied flugs auch seinen Kopf durch. »Unverschämte Seele!« rief der Pförtner, »zieh deinen Kopf zurück!« – »Ich kann nicht, du quetschst mich ja – um Gottes willen, noch etwas weiter auf!« St. Peter mußte die Tür noch etwas mehr öffnen. — Im Nu sprang der Schmied in den Vorhof der seligen Wohnungen, warf seine Ledertasche hin und setzte sich drauf. »Heraus mit dir, du frecher Patron«, rief St. Peter. »Ich sitze auf dem Meinen«, antwortete der Schmied ganz ruhig. Rot vor Zorn eilte St. Peter zu seinem Herrn und Meister und erzählte es ihm. Und unser Herr stieg nieder von seinem Sitz, um die böse Seele zu sehen und hinauszutreiben. Als er aber den Schmied erkannte, der ihm einst so nobel den Esel beschlagen hatte, lachte er und sprach zu dem Apostel: »Laß ihn sitzen, er sitzt gut.«

Die Pantoffeln aus Lausleder
Ein russisches Märchen

Es waren einmal ein Zar und eine Zarin, die hatten eine einzige Tochter. Und als man eines Tages der Zarevna den Kopf absuchte, fand man dabei eine Laus. Die wurde nun auf ein Schaf gesetzt, aber die Laus wurde größer als das Schaf; dann legte man sie auf einen Hammel, aber die Laus wurde auch größer als der Hammel. Der Zar befahl, sie zu töten und das Fell zu gerben. Aus dem Fell aber wurden für Nastassja, die Zarentochter, Lauslederpantoffel gemacht, und in alle Reiche erging die Botschaft:

»Wer erraten wird, aus welchem Leder die Pantoffeln gemacht sind, dem geb ich meine Tochter zur Frau.«

Von allen Seiten kamen die jungen Burschen angefahren. Einer riet auf Bocksleder, der andere auf Seehundsleder, aber keiner konnte es erraten.

Da hörte der Teufel von diesem Handel, ging hin und erklärte, daß Nastassja, die Zarentochter, Pantoffel aus Lausleder habe. Der Zar mußte sein Wort halten und die Tochter dem Teufel geben; man bestimmte darauf den Tag der Hochzeit.

Der Zar dachte tief bekümmert nach, wie er seine Tochter wohl vor dem Teufel verbergen könnte. Er beschloß, sie auf einen Ziegenbock zu setzen und fortzuführen. Man stellte die Tische auf und setzte eine Puppe in den Kleidern der Braut an einen Tisch.

Der Teufel fuhr zur Hochzeit, der Bock aber kam ihm entgegen; da fragte des Teufels Hochzeitsgefolge:

> »Ziegenböckchen, Ziegenböckchen,
> Heu und Futter trägst du,
> mit dem Bärtchen wackelst du,
> ist Nastassja, die Zarentochter, zu Haus?«

Der Bock lief vorbei und rief:

> »Zu Haus, zu Haus, zu Haus,
> in drei Öfen backt sie,
> an drei Tüchern näht sie,
> euch Gäste längst erwartet sie.«

Der zweite Wagen kam heran, und wieder fragte man und ebenso beim dritten, und auch der Teufel selbst fragte schließlich:

>Ziegenböckchen, Ziegenböckchen,
Heu und Futter trägst du,
mit dem Bärtchen wackelst du,
ist Nastassja, die Zarentochter, zu Haus?«

Der Ziegenbock lief und rief:

>Zu Haus, zu Haus, zu Haus,
in drei Öfen backt sie,
an drei Tüchern näht sie,
euch Gäste längst erwartet sie.«

Der Teufel fuhr auf den Hof des Zaren. »Warum, Nastassja, Zarentochter, kommst du mir nicht entgegen und grüßt mich nicht?«

Und er geht in die Stube. Dort sieht er Nastassja hinter dem Tisch; er begrüßt sie, doch sie antwortet nicht. Da schlägt der Teufel sie aufs Ohr — und die Puppe fällt mit Geklapper zu Boden. Der Teufel aber schrie: »Ach, man hat mich mit allem betrogen!« Er fing an, die Braut in allen Räumen zu suchen, aber er konnte sie nirgends finden. Da erriet der Teufel, daß sie auf dem Ziegenbock verborgen war, und machte sich auf, den Bock zu verfolgen.

Die Zarentochter aber sah ihn kommen und rief: »Ziegenböckchen, fall nieder zur feuchten Mutter Erde: Ist nicht der Teufel schon hinter uns her?« — »Er kommt, er kommt, er kommt und ist schon nah!«

Da warf die Zarentochter einen Kamm hinter sich und sprach dazu: »Werde ein undurchdringlicher Wald, für keinen Vogel zu durchfliegen, für kein Tier zu durchlaufen, für den Teufel nicht zu durchfahren.« Der Teufel kam heran und stieß auf den Wald. Äxte brachte man ihm und Sägen; sie hieben und schlugen und bahnten einen Weg, und weiter verfolgte er Nastassja, die Zarentochter.

Da sagte sie wieder: »Ziegenböckchen, Ziegenböckchen, fall nieder zur feuchten Mutter Erde: Ist nicht der Teufel schon hinter uns her?« — »Er kommt, er kommt, er kommt und ist schon nah!«

Da warf die Zarentochter einen Stein hinter sich und sprach dazu: »Werd ein Berg bis zum Himmel, für keinen Vogel zu überfliegen, für kein Tier zu überklettern, für den Teufel nicht zu ersteigen!« Der Berg stand da.

Der Teufel kam, fing an zu hauen und zu schlagen, hieb sich einen Weg hindurch und eilte der Zarentochter nach.

Und wieder sagte Nastassja, die Zarentochter: »Ziegenböckchen, Ziegenböckchen, fall nieder zur feuchten Mutter Erde: Ist nicht der Teufel schon hinter uns her?« Der Ziegenbock sprach: »Er kommt, er kommt, er kommt und ist schon nah!«

Da warf die Zarentochter ein Feuerzeug hinter sich und sprach dazu: »Werd ein brennender Fluß, damit der Teufel nicht durch kann!«

Der Teufel kam heran, für ihn gab's kein Hinüberkommen; da sagte er: »Reich mir ein Handtuch, Nastassja, Zarentochter, und zieh mich über den Fluß, zur Frau werd ich dich nicht nehmen.«

Sie reichte ihm ein Stück Leinwand, zog ihn bis zur Mitte des Flusses und ließ dann los: der Teufel fiel in den Fluß und ertrank. Nastassja, die Zarentochter, aber kam in ein anderes Reich und heiratete dort. Sie wurde rasch getraut, und es gab ein Gastmahl, daß der Rauch bis zum Himmel stieg und in den Wolken hangenblieb. Als ich aber von dem Gastmahl fortging und auf diese Wolke guckte, batet ihr um ein Märchen, nun habe ich euch eins erzählt, nicht zu lang und nicht zu kurz: so wie von mir bis zu euch. Würd' euch gern noch mehr erzählen, aber ich weiß nichts weiter.

Der Teufel und der Schneider
Ein bretonisches Märchen

Im Monat August herrscht drückende Hitze, und wenn Ställe in den Häusern sind, gehen einem die Fliegen auf die Nerven und lassen einem keinen Augenblick Ruhe. Sie summen in einem fort um einen herum und zerstechen einem nicht nur Hände und Gesicht, sondern sogar die Beine durch den hellen Hosenstoff. Da war ein kleiner Schneider namens Rudecônes, der tagsüber auf einem Bauernhof arbeitete; dem setzte die Bosheit dieser verflixten Fliegen dermaßen zu, daß er sich mit seiner Arbeit in den Garten unter einen Pflaumenbaum setzte. Die Pflaumen waren reif, und alle Früchte, die in seine Reichweite herunterfielen, aß der Schneider gierig auf, um den Durst zu löschen, der ihn verzehrte.

Da er jedoch fürchtete, krank zu werden, wenn er zuviel davon aß, schwor er schließlich: »Der Teufel soll mich holen, wenn ich noch mehr davon esse!«

Im gleichen Augenblick fiel ihm eine schöne Pflaume auf die Schulter; sie sah so appetitlich aus, daß sie in seinem Mund verschwand.

»Jetzt ist es aber aus«, rief er, »der Teufel soll mich holen, wenn ich noch eine esse!«

Da fiel ihm eine Frucht zwischen die Beine, die war noch schimmernder und schöner als die vorige, und die Versuchung war so groß, daß er die Pflaume ihrer Vorgängerin nachschickte. Plötzlich hörte der Schneider ein Geräusch hinter sich, und als er den Kopf wandte, sah er den Teufel, der auf ihn zukam, ihm einen Sack hinhielt und ihm ein Zeichen gab, hineinzusteigen. Rudecônes tat, als verstünde er nicht, aber Satan ergriff ihn beim Ohr und sagte: »Gevatter, du gehörst mir; hast du nicht geschworen, der Teufel soll mich holen, wenn ich noch eine Pflaume esse? Und du hast zwei gegessen.« Trotz des Widerstands des armen Mannes steckte er ihn in seinen Sack, den er auf seine Schultern lud. Als Satan über eine Wiese kam, fiel ihm ein, daß er auf einer Hochzeit zu tun hatte; also legte er seine Bürde unter einen Ginsterstrauch, in der Absicht, sie dort wieder abzuholen. Ein Schäfer, der seine Tiere auf die Weide führte, fand den Sack. Er gab ihm einen Fußtritt und hörte ein Gejammer.

»Wer ist denn da?« fragte er.

»Ich bin der Schneider Rudecônes, den der Teufel in den Sack gesteckt hat. Bitte, befreie mich!«

»Was gibst du mir dafür?«

»Ich nähe dir gratis alle Röcke und flicke dir deine Klamotten, solange ich lebe.«

»Unter dieser Bedingung bin ich einverstanden; schwöre es.«

»Ich schwöre es.«

Und der Schäfer band den Sack auf, aus dem der Schneider schneller herauskam, als er hineingegangen war.

»Wenn du willst«, fuhr der Bauer fort, »werden wir dem Teufel einen Streich spielen.«

»Wie denn?«

»Ich habe einen Ziegenbock, der ist so boshaft, daß mein Herr ihn loswerden will. Zur Strafe stecken wir ihn an deiner Statt in den Sack und schicken ihn in die Hölle.«

»Gute Idee.«

Sie packten das Tier bei den Hörnern und steckten es in den Sack.

Als der Abend dämmerte, kam Satan zurück, um seinen Gefangenen zu holen, warf den Sack über die Schultern und zog damit in sein Reich.

In der Hölle angelangt, wurde der Ziegenbock freigelassen; aber da ihm der

Boden die Füße verbrannte, machte er wilde Sprünge und trat vier kleine Teufelchen, die sich beim Hinkespiel vergnügten.

»Was hast du uns da mitgebracht?« schrien die anderen Teufel.

»Aber das ist ein Schneider, der sich, wie ich sehe, in einen Ziegenbock verwandelt hat.«

»Wirf ihn schleunigst hinaus und bringe uns keinen Schneider mehr.«

Der Ziegenbock wurde aus der Hölle gejagt, und da von diesem Augenblick an die Schneider nicht mehr in die Hölle hineinkönnen, wird ihnen manchmal der Zutritt ins Paradies gestattet.

Die beiden Fleischhauer in der Hölle

Es waren einmal zwei Brüder, beide Fleischhauer, der eine reich, der andere arm, der reiche bösen Sinnes, der arme gutmütig. Weil aber der Arme nicht selbst schlachten konnte, so half er seinem Bruder und empfing dafür immer einen kleinen Lohn. Einmal hatte der Reiche wieder geschlachtet, und zwar sehr viel, und der arme Bruder hatte sich müde gearbeitet; doch der Reiche gab ihm wieder nur eine kleine Wurst. »Gib mir noch ein Würstchen, ich habe es wohl verdient!« sprach der Arme. »Nun, so nimm«, rief der Reiche unwillig und warf ihm eins hin, »und geh damit zum Teufel!« Der Arme ging ruhig nach Hause und schlief bis zum anderen Morgen, dann briet er eine Wurst, um sie auf den Weg zu nehmen, hing die andere an einen Stab, so wie es die Zigeuner machen, wenn sie sich vom Markte Fleisch holen, nahm diesen auf den Rücken und ging geradenwegs zum Teufel. Aber weil die Hölle, wie ihr euch denken könnt, sehr weit ist, so langte er erst am anderen Morgen an; die Teufel waren gerade zur Arbeit ins Holz gefahren, nur die Teufelsgroßmutter war zu Hause geblieben, und diese schaute eben zum Fenster heraus. Da grüßte der Fleischhauer freundlich: »Guten Morgen, alte Großmutter. Na, wie geht es Euch noch?« – »Gut, mein Sohn, aber was hat denn dich hergeführt; sonst kommt kein Menschenkind aus freien Stükken hierher!« – »Auch ich wäre nicht gekommen«, sprach der Fleischhauer, »allein mein Bruder schickte mich mit dieser Wurst!« Damit langte er mit seinem Stabe hin, und die Teufelsgroßmutter nahm die Wurst zum Fenster hinein und dankte dafür und rief ihn hinein in die Hölle. »O wie gerne«, sprach der Arme, »will ich das tun; bei eurem großen Feuer kann ich mich und meine Wurst erwärmen, denn hier draußen ist es verteufelt kalt!«

Die Teufelsgroßmutter tat ihm alles mögliche zu Gefallen, und gegen Abend verbarg sie ihn unterm Bett, damit die hungrigen Teufel, wenn sie heimkämen, ihn nicht finden sollten. Bald kamen diese und schrien: »Essen her, Essen her! O weh, welch eine Pein ist doch der Hunger! Ha, hier riecht es nach Menschenfleisch, nicht?« Dabei schnupperten alle im Zimmer herum. Die alte Großmutter beschwichtigte sie aber gleich, denn sie stellte.die dampfende Schüssel auf den Tisch und sagte, es sei wohl ein Mensch dagewesen, allein der sei entwischt, davon rieche es noch. Damit waren sie zufrieden. Sie aßen sich nun satt, torkelten darauf nach ihren Betten und schliefen bis an den Morgen und fuhren dann wieder ins Holz. Jetzt rief die alte Großmutter den Fleischhauer unterm Bett hervor und sprach: »Nun kannst du unbesorgt nach Hause gehen!« Dann nahm sie ein Haar, das in der Nacht von einem der Teufel auf das Polster gefallen war, schenkte es ihrem Gast und sprach: »Wenn du zu Hause bist, wirst du erst sehen, was für einen Schatz du daran hast!« Der Fleischhauer dankte für die freundliche Aufnahme und das Geschenk, sagte in seiner Gemütlichkeit noch zu guter Letzt: »Gott segne dich, alte Großmutter!« und zog dann heim. Als er zu Hause anlangte, wurde das Haar plötzlich so groß wie ein Heubaum und war von purem Golde. Dadurch wurde er ein reicher Mann, viel, viel reicher als sein Bruder, schlachtete von nun an für sich und hielt noch viele Gesellen.

Da wurde sein Bruder neidisch und konnte es nicht länger verwinden, daß er ärmer sein sollte. Er hatte aber erfahren, wie sein Bruder reich geworden; und eines Tages nahm er eine große, große Wurst und zog damit in die Hölle; er langte auch erst am andern Morgen an und sah die Teufelsgroßmutter im Fenster. »Was machst du denn hier, du alte Hexe?« rief er spöttisch, ohne ihr einen guten Morgen zu bieten. »Ich warte auf deine Wurst, her damit!« — »Daran wirst du deine grünen Wackelzähne nicht wetzen, die bringe ich für den Teufel, und ich will dafür einen goldenen Heubaum.« — »Gut denn, so komme herein und warte hier; auf den Abend kommen die Teufel aus dem Holze nach Hause.« Der Fleischhauer ging hinein und setzte sich auf einen Stuhl hinter die Türe. Als am Abend die Teufel wieder hungrig nach Hause kamen, schrien sie: »Essen her, Essen her! O weh, welch eine Pein ist doch der Hunger!« Bald aber witterten sie den Fremden und riefen: »Es riecht nach Menschenfleisch!« — »Hinter der Tür ist der Braten!«

sprach die Teufelsgroßmutter. Da fielen die hungrigen Teufel über den Fleischhauer her und zerrissen ihn auf einmal in tausend Stücke.

Der früher so arme, jetzt aber reiche Fleischhauer erbte nun auch das Vermögen seines geizigen und habsüchtigen Bruders. So geht es oft in der Welt; wenn es nur immer so ginge!

Des Teufels Erbsenmus
Ein schweizer Märchen

Beim stärksten Schneegestöber kommt ein armer Bauer heim und setzt sich auf die Bank beim warmen Ofen. »Wie ist es dir denn gegangen in der Stadt, daß du so dreinschaust?« sagt die Frau. »Schlecht genug«, sagt betrübt der Mann. »Ich will dir erzählen. Aber zuerst muß ich ein wenig Wärme haben, denn ich bin schier erfroren. Bei Wind und Wetter – he, du weißt ja wohl selbst, wie's heute draußen war – komme ich in die Stadt zu unserm Herrn und sage ihm, daß es mir unmöglich sei, die dreihundert Franken bis zum Sonntag aufzubringen. Ich habe gebettelt und gebeten, er möchte mir doch noch Zeit geben bis zum Sommer, denn bis dahin werden mir die Leute meine Schmiedearbeit wohl zahlen. Er aber sagt, er könnte keine Minute länger warten als bis zum Sonntag. Und wenn ich ihm dann das Geld nicht bringe, so läßt er mir das Haus und den Hof samt meiner kleinen Schmiede am Montag verkaufen und mich und dich und alle Kinder zum Haus hinausjagen. Jetzt, was meinst du, Frau? Es ist unmöglich, daß wir bis übermorgen dreihundert Franken zusammenbringen. Zwar hat mir da unser Nachbar sechzig Franken gegeben, aber es bleiben doch immer noch zweihundertvierzig übrig. Wenn mir doch der Teufel Geld ins Haus brächte! Wenn ich ihm schon ein paar Jahre dienen müßte, so wäre ich doch unsern Herrn los, und der leidige Teufel in der Hölle kann auch nicht ärger sein als der in der Stadt.«

Kaum hat der Mann das gesagt, so hat's schon draußen angefangen zu brausen und zu stürmen, daß es dem armen Bauern schier das Häuschen umgeweht hat, und der Wind hat durchs Haus auf- und abgetost und gepfiffen, daß es ein Graus gewesen ist. Wie das nach ein paar Minuten aufgehört hat, so hören der Bauer und seine Frau, daß außen an der Tür geklopft wird. Geschwind geht der Bauer hinaus, macht auf. Da steht ein schwarzer Mann mit einem roten Mantel vor der Tür und sagt: »Nun, Bauer, du hast vorhin gewünscht, daß dir der Teufel Geld bringt. Jetzt schau her, da sind zweihundertvierzig Franken funkelnagelneu. Es fehlt kein Rappen dran, zähl es nur. Aber holla, eh ich's dir gebe, mußt du mir versprechen, mit mir zu kommen und sechs Jahre bei mir in der Hölle zu dienen.« Der Bauer, erschrocken, aber von der Not gezwungen, sagt: »ja« und heißt den Teufel hereinkommen und sich am Ofen wärmen, bis er seine paar Hemden zusammengepackt hätte, um mit in die Hölle zu gehen. Währenddem sieht er, daß der Teufel an seinem Pferdefuß das Eisen verloren hat und sagt: »Guter Freund, schaut Euch Euer Fußwerk an. Ihr habt auf dem Weg das Eisen verloren. Wenn Ihr wollt, so kommt mit in die Schmiede. Ich will Euch ein neues aufmachen.«

Der Teufel geht mit ihm und zieht noch selber den Blasbalg. Wie das Eisen soweit ist, sagt der Bauer: »Tut jetzt den Fuß da in diese Klammer, damit ich's Eisen besser anmachen kann. Denn ich weiß wohl, rechte Leute müssen auch gut bedient sein.« Der Teufel denkt sich nichts Böses, hebt den Fuß in die Klammer, und der Bauer schraubt sie zu. Steckt aber den Schraubenschlüssel in die Tasche und sagt: »So, Gevatter Schwarz, jetzt wollen wir erst sehen, wie lange ich dir für diese zweihundertvierzig Franken dienen will.«

Auf das ist halt der Hörnermann böse geworden und hat getan wie ein Verrückter. Doch zuletzt hat er nachgegeben und ist mit dem Bauern übereingekommen, daß er ihm nur drei Jahre dienen müsse. Sobald der Bauer den Teufel wieder losgeschraubt hat, so hat er mit ihm in die Hölle fahren müssen. Wie sie da hingekommen sind, da stellt der Teufel den Bauern als Feuerschürer an. Am zweiten Tage geht der Schwarze mit der Ellermutter fort und sagt zu ihm: »Wenn du trinken oder essen willst oder wenn du etwas Geld brauchst für einen armen Mann, der dich darum bittet, so geh nur dort zu der kleinen Kiste und sag:

Chistli, Chistli mi,
gimm mer Brot und Wi,
alls uf's Tüfels Gheiß,
in der Hell isch heiß!

Und was dein Herz nur wünscht, das wird sofort in goldenen Platten und Flaschen zu deinen Füßen sein.«

Wie der Teufel fortgeht, ist unser Bäuerlein allein in der Hölle und hat gedacht, jetzt will ich einmal sehen, was wohl in den großen Kesseln ist, wo ich alleweil drunterfeuern muß. Beim letzten, den er aufdeckt, sieht er seinen eigenen Gläubiger, der ihn vor ein paar Jahren gedrückt und gedrängt hat. Voll Zorn legt der Bauer geschwind noch sechs Scheit Holz auf und sagt zu dem alten Schelm: »Wart, ich will dir jetzt das Bad schon heiß machen. Du hast mich einst auch schwitzen gemacht.«

Am dritten Tag kommt denn der Teufel wieder heim. Da sagt der Bauer zu ihm: »Hör, mein lieber Rotmantel. In Eurer Burg da innen riecht's, es ist ein Graus. Die Augen hab ich den ganzen Tag voll Wasser gehabt, und ich müßt noch einmal heimgehen, mir ein Taschentuch holen, damit ich mir die Augen auswischen und das Maul verbinden kann, wenn's hier so galgenmäßig riecht.« Da hat der Teufel die Stirn gerunzelt und gesagt: »Hör, Bauer, ich kenn dich, du bist ein Arger. Allein kann ich dich nicht heimlassen, sonst könntest du mir vielleicht nicht mehr zurückkommen. Aber ein Taschentuch brauchst du, das sehe ich, sonst könntest du mir noch blind werden. Drum ist es am besten, wir gehen miteinander.«

Nach ein paar Stunden kommt der Bauer mit dem Rotmantel wieder zu seinem alten Häuschen zurück, wo die Frau und die Kinder noch trauerten und weinten um ihren Vater. Der lange Weg und das geschwinde Laufen haben aber den Bauer und den Teufel hungrig gemacht. Drum hat der Hörnermann gesagt: »Sag deiner Frau, sie soll uns beiden ein Erbsenmus kochen, aber von lauter schwarzen Erbsen.« Der Bauer sagt's, befiehlt ihr aber, auch von den Knallerbsen dreinzutun, die über dem Bett in einem Papier liegen.

Wie das Erbsenmus weichgekocht ist, da sitzen denn die zwei Reisenden zu Tisch, und der Bauer schöpft auf und füllt ihm mit Fleiß die Knallerbsen dazu. Was geschieht? Die Erbse wird länger und größer und zerspringt zuletzt, und es fahren ganze Haufen weiße, mit spitzen Dornen besetzte Erbsen dem Teufel ins Gesicht und haben ihn so jämmerlich zerstochen, daß er vor Weh laut aufgebrüllt hat. Der Bauer besinnt sich nicht lange und sagt: »Wenn du mir die letzte Zeit erläßt und mir die Wunschkiste gibst und versprichst, mir und den Meinigen nichts anzutun, so will dich erlösen.« Von der Not gezwungen, schreit der Teufel: »Ja, freilich!« Und wie die Kiste auf dem Tisch steht, da sagt der Bauer:

> »Erbsi, Erbsi, groß und chli,
> lönd das Stäche nume si;
> eue Hörnlima seit Jo,
> jetzt wollen mer ihm au lo goh.«

Darauf springt der Teufel mit einem Satz zum Fenster hinaus und hat sich wohl gehütet, in Zukunft wieder zu diesem Hause zu kommen.

Der Teufel und sein Lehrling

Ein jugoslawisches Märchen

Es war einmal ein Mann, der hatte einen einzigen Sohn. Eines Tages sprach der Sohn zu seinem Vater:

»Vater, was sollen wir tun? Ich kann so nicht mehr leben! Laß mich in die Welt ziehen, auf daß ich einen Beruf erlerne. Du siehst ja selbst, wie die Zeiten heute sind: Selbst der kleinste Handwerker lebt besser als jeder Bauer.«

Der Vater versuchte, ihn davon abzubringen, und sprach zu ihm, daß auch das Gewerbe allerlei Sorgen und Mühen kennt. Schließlich könnte er doch den Vater nicht allein lassen. Da sich aber der Sohn auf keine Weise von seinem Vorhaben abbringen ließ, willigte der Vater schließlich ein, er möge ausziehen und einen Beruf erlernen. So erhob sich denn der Sohn und ging in die Welt.

Als er so wanderte, kam er an ein Gewässer. Er ging immerzu am Wasser entlang, und da begegnete ihm auf einmal ein Mann in grünen Kleidern. Der Fremde fragte ihn, wohin er gehe. Er antwortete ihm:

»Ich gehe in die Welt, um einen Meister zu suchen und ein Handwerk zu erlernen.« Darauf antwortete ihm jener Mann in den grünen Kleidern:

»Ich bin auch ein Meister. Komm zu mir und lerne mein Handwerk, wenn dein Herz so sehr danach begehrt.«

Der Knabe konnte es kaum erwarten und zog mit ihm. Als sie so am Wasser entlanggingen, sprang der Meister auf einmal hinein, fing an zu schwimmen und rief dem Knaben zu:

»Komm mit! Spring ins Wasser und lerne schwimmen!«

Der Knabe zögerte: er könne nicht, er dürfe nicht, er wage es nicht, er fürchte sich vor dem Ertrinken. Der Meister dagegen ermutigte ihn:

»Fürchte dich nicht, sondern spring hinein.«

Da sprang der Knabe ins Wasser und begann, neben dem Meister einherzuschwimmen. Als sie inmitten des Gewässers waren, faßte der Meister den Knaben beim Nacken und verschwand mit ihm auf den Grund.

Dieser Meister war nämlich der Teufel. Er brachte den Knaben in sein Schloß und übergab ihn einer Alten, auf daß sie ihn unterweise. Er selbst kehrte wieder zurück auf diese Welt. Nachdem die Alte mit dem Knaben allein geblieben war, sprach sie zu ihm:

»Mein Junge! Du dachtest wohl, dieser Mann sei ein Meister wie jene Meister auf der anderen Welt? Nein! Er ist kein solcher Meister, sondern der Teufel. Auch mich hat er auf diese Weise überlistet und mich von jener Welt hierhergeschleppt; denn auch ich bin eine getaufte Seele. Hör mich an, was ich dir sage. Ich werde dich in seinem Handwerk unterweisen. So oft er kommt und dich fragt, ob du schon etwas gelernt hast, antworte ihm stets: ›Nein.‹ Sag, du habest noch nichts gelernt und du wärest endlich froh, wenn du von hier weg und auf jene Welt zurück könntest.«

Nach einiger Zeit fragte der Teufel den Knaben:

»Was hast du schon gelernt?« Und er antwortete ihm:

»Noch nichts.«

Und so vergingen drei volle Jahre. Und so oft der Meister den Knaben fragte, was er gelernt habe, antwortete ihm dieser stets, er habe nichts gelernt. Schließlich fragte ihn der Teufel wieder einmal:

»Hast du denn nun schon etwas gelernt?« Der Knabe antwortete ihm:

»Noch gar nichts. Vielmehr habe ich selbst das vergessen, was ich früher wußte.«

Da erzürnte sich der Teufel und sagte: »Wenn du bis jetzt noch nichts gelernt hast, so wirst du auch nie in deinem Leben etwas lernen. Verschwinde von hier! Einerlei, wohin dich deine Augen führen und deine Beine tragen.«

Der Knabe, der sich in des Teufels Handwerk schon gut auskannte, sprang sogleich ins Wasser und fing an zu schwimmen. Nachdem er ans Ufer kam, kehrte er zu seinem Vater zurück. Der Vater war sehr erfreut, als er ihn wiedersah, lief ihm von weither entgegen und sagte:

»Um Gottes willen, Sohn, wo bist du denn so lange gewesen?« Und der Sohn antwortete ihm:

»Ich habe ein Handwerk gelernt.«

Danach verging eine gewisse Zeit, bis in einem benachbarten Ort der Jahrmarkt stattfand. Da sprach der Sohn zu seinem Vater:

»Vater! Laß uns auf den Markt gehen.« Der Vater entgegnete ihm:

»Womit sollen wir denn auf den Markt gehen, wo wir doch nichts zum Handeln haben?«

»Mach dir darüber keine Sorgen«, erwiderte darauf der Sohn. So gingen beide auf den Jahrmarkt.

Unterwegs sprach der Sohn zum Vater:

»Sobald wir in die Nähe des Marktplatzes kommen, werde ich mich in ein schönes Pferd verwandeln, daß es ein schöneres auf dem ganzen Jahrmarkt nicht geben wird. Alle Leute werden sich darüber wundern. Da wird mein Meister erscheinen, um das Pferd zu kaufen. Er wird dir dafür geben, was du verlangst. Aber spaße nicht und gib ihm ja nicht das Halfter, sondern, sobald du das Geld in den Händen hast, nimm mir rasch das Halfter vom Kopf und schlag damit auf den Boden.«

Als sie in die Nähe des Marktes kamen, verwandelte sich der Sohn in ein Pferd, wie es ein schöneres nicht gab. Der Alte führte das Pferd auf den Jahrmarkt, und alle Leute versammelten sich um ihn und bestaunten das edle Tier. Doch niemand wagte sich zu fragen, was es kostet. Indes siehe, da erschien der Meister. Er hatte sich in einen Türken verkleidet, den Turban auf dem Kopf, und sein Hosenboden schleifte fast auf der Erde. Da er das Pferd erblickte, sagte er:

»Ich werde dieses Pferd kaufen. Sprich, Alter, was kostet es?« Der Türke bezahlte, was der Alte verlangte, mit barem Geld, ohne ein Wort zu verlieren. Sobald der Alte das Geld in den Händen hatte, nahm er dem Pferd das Halfter ab und schlug damit auf den Boden. In diesem Augenblick verschwand sowohl das Pferd als auch der Käufer. Der Alte kam mit dem Geld nach Hause und traf dort auch seinen Sohn an.

Nach einer gewissen Zeit war abermals ein Jahrmarkt. Wiederum sprach der Sohn zu seinem Vater:

»Nunmehr werde ich mich in einen Kaufladen verwandeln: Ein Zelt voll Ware, wie es schönere und in einer größeren Fülle auf dem Markt nicht gibt. All das wird niemand kaufen können. Jedoch mein Meister wird erscheinen und wird dir dafür bieten, was du verlangst. Aber spaße nicht und gib ihm die Schlüssel nicht; sondern sobald du das Geld in den Händen hast, schlage mit dem Schlüsselbund auf den Boden.«

So geschah es auch. Nachdem er sich in einen schönen Kaufladen verwandelt hatte, begannen alle Leute sich zu wundern, doch keiner hatte das Geld, ihn zu kaufen. Da erschien auf einmal sein früherer Meister. Wiederum hatte er sich in einen Türken verwandelt, genau wie zuvor. Er fragte den Alten: »Was kostet dieser Laden?« Er bezahlte, was der Alte verlangte. Nachdem der Alte das Geld in den Händen hatte, schlug er mit dem Schüsselbund auf den Boden. Im gleichen Augenblick verschwand sowohl der Laden als auch der Käufer. Aus dem Laden wurde eine Taube und aus dem Türken ein Sperber, der die Taube jagte. Während die beiden sich so nach allen Seiten hin jagten, trat die Zaren-

tochter vor das Schloß und sah ihnen zu. Da flog die Taube wie ein Pfeil dem Fräulein auf die Hand und verwandelte sich in einen Ring an ihrem Finger. Der Sperber jedoch sank zu Boden, verwandelte sich in einen Menschen, ging zum Zaren hin und bot ihm seinen Dienst an. »Ich will dir drei Jahre lang dienen und nichts von der Welt haben, weder Speise noch Trank noch Kleider. Jedoch danach mögest du mir jenen Ring von der Hand deiner Tochter schenken.« Der Zar nahm ihn in seinen Dienst auf und versprach ihm den Ring. So diente jener, während das Fräulein den Ring trug, der ihr sehr lieb war, denn tagsüber war es ein Ring und nachts ein schöner Jüngling. Dieser sprach einmal zu ihr:
»So die Zeit kommt, da man mich dir nehmen will, gib mich niemandem in die Hand, sondern wirf mich auf die Erde.« Als drei Jahre um waren, kam der Zar zu seiner Tochter und bat sie, ihm den Ring zu geben. Da warf sie den Ring, wie vor Zorn, zu Boden, dieser barst, und aus ihm ergossen sich Gerstenbrotkrümchen. Ein Krümchen rollte unter den Stiefel des Zaren. Doch siehe da, der Diener verwandelte sich plötzlich in einen Sperling und fing an, ganz überstürzt die Krümchen aufzupicken. Nachdem er alle Krümchen aufgepickt hatte, schickte er sich an, auch das letzte, das unter dem Stiefel des Zaren lag, zu erhaschen. Indes das Krümchen verwandelte sich urplötzlich in einen Kater, der den Sperling beim Schopf packte und ihn auffraß. Der Kater blieb auch weiterhin der Liebling der Zarentochter.

Der Bauer und der Teufel

Es war einmal ein kluges und verschmitztes Bäuerlein, von dessen Streichen viel zu erzählen wäre: Die schönste Geschichte ist aber doch, wie er den Teufel einmal drangekriegt und zum Narren gehabt hat.
Das Bäuerlein hatte eines Tages seinen Acker bestellt und rüstete sich zur Heimfahrt, als die Dämmerung schon eingetreten war. Da erblickte es mitten auf seinem Acker einen Haufen feuriger Kohlen, und als es voll Verwunderung hinzuging, so saß oben auf der Glut ein kleiner schwarzer Teufel. »Du sitzest wohl auf einem Schatz?« sprach das Bäuerlein. »Jawohl«, antwortete der Teufel, »auf einem Schatz, der mehr Gold und Silber enthält, als du dein Lebtag gesehen hast.«

— »Der Schatz liegt auf meinem Feld und gehört mir«, sprach das Bäuerlein. »Er ist dein«, antwortete der Teufel, »wenn du mir zwei Jahre lang die Hälfte von dem gibst, was dein Acker hervorbringt: Geld habe ich genug, aber ich trage Verlangen nach den Früchten der Erde.« Das Bäuerlein ging auf den Handel ein. »Damit aber kein Streit bei der Teilung entsteht«, sprach es, »so soll dir gehören, was über der Erde ist, und mir, was unter der Erde ist.« Dem Teufel gefiel das wohl, aber das listige Bäuerlein hatte Rüben gesät. Als nun die Zeit der Ernte kam, so erschien der Teufel und wollte seine Früchte holen, er fand aber nichts als die welken Blätter, und das Bäuerlein, ganz vergnügt, grub seine Rüben aus. »Einmal hast du den Vorteil gehabt«, sprach der Teufel, »aber für das nächste Mal soll das nicht gelten. Dein ist, was über der Erde wächst, und mein ist, was darunter ist.« — »Mir auch recht«, antwortete das Bäuerlein. Als aber die Zeit zur Aussaat kam, säte das Bäuerlein nicht wieder Rüben, sondern Weizen. Die Frucht ward reif, das Bäuerlein ging auf den Acker und schnitt die vollen Halme bis zur Erde ab. Als der Teufel kam, fand er nichts als Stoppeln und fuhr wütend in eine Felsenschlucht hinab. »So muß man die Füchse prellen«, sprach das Bäuerlein, ging hin und holte sich den Schatz.

Der höllische Torwartel
Ein Märchen aus dem Donauland

Es wollte sich ein recht schmutziger Bub gar nie waschen lassen und ging immer mit seinem unsauberen Gesichte herum. Kein Warnen und Zureden half hier, und so wurde er täglich noch schmutziger. Wenn aber die Leute recht unrein sind und so ungewaschen herumwandern, bekommt der Böse über sie Gewalt. Das hat schon mancher zu bitterm Leide erfahren und zu spät bereut. So ging es auch diesem Buben. Auf einmal war er verschwunden, man konnte von ihm weder Laub noch Staub sehen, und kein Mensch konnte ihn mehr erfragen.
Sieben Jahre waren seitdem vergangen, und er war fast ganz vergessen, als er nach so langer Zeit auf einmal wieder um die Wege war. Er war aber so verändert, daß ihn seine besten Bekannten nur mehr mit Mühe erkennen konnten. Seine Hautfarbe war ganz schwarz und sein Haar ganz struppig. Auch war er

sehr stille und einsilbig geworden, und man brachte nicht viel aus ihm heraus. Nur das erzählte er öfters, besonders den Kindern, daß er wegen seiner Scheu vor dem Waschen in die Gewalt des Teufels gekommen sei und deshalb als Torwartel am Höllentor habe dienen müssen. Da hat er nun alle gesehen, welche in dieser ganzen Zeit durch dies feurige Tor eingezogen waren, und es waren ihrer so viele, daß sie niemand hätte zählen können. Reiche und Vornehme, Arme und Niedrige, Männer und Weiber mußten am Torwartel vorüberziehen, und er wußte Gott sei Dank, daß er nicht selbst durch das Tor gemußt und seine Dienstzeit nur sieben Jahre gedauert hatte. Auch hatte er gute Vorsätze gemacht, sich fleißig zu waschen und nicht mehr den Schmutz an sich zu leiden. — Und diese hat er auch fleißig erfüllt, denn er wollte nie und nimmermehr höllischer Torwartel werden und die Verdammten vorbeiziehen sehen.

Der Teufel ist tot

Ein Bauer hatte einen Sohn, der hieß Hans, das war aber ein Tunichtgut. Sein Vater gab ihn oft bei andern Leuten in Dienst, aber nach ein paar Tagen lief Hans immer wieder weg und kam nach Hause. Da sagte der Vater endlich zu ihm: »Wenn du dich durchaus nicht schicken willst, so will ich dich noch bei dem Teufel vermieten.« Nach einiger Zeit kam nun ein Mann und suchte einen Diener; da vermietete der Bauer Hans bei ihm, aber sagte, er sollte ihn doch gut unter Aufsicht nehmen, Hans sei ein Taugenichts und laufe immer wieder weg. »Das hat bei mir keine Not«, sagte der Mann, »denn ich bin der Teufel.« — »Da sollte er auch gerade hin«, sagte der Vater. Hans folgte seinem neuen Herrn. Den ersten Tag, als der Teufel ausgehen wollte, sagte er zu Hans: »Nun kannst du während der Zeit mir meine Bücher abstäuben, aber ich rate dir, lies nicht darin.« Der Teufel ging aus, und Hans verrichtete sein Geschäft, stäubte alle Bücher ab von oben bis unten, als er aber damit fertig war, fing er an darin zu lesen und las ganz emsig. Abends kam der Teufel nach Hause. »Hast du auch gelesen?« fragte er. »Ja freilich, aber ich habe doch auch gut geputzt«, antwortete Hans. Da gab der Teufel ihm einen Verweis und drohte ihm. Am andern Tage ging der Teufel wieder aus und sagte zu Hans, er sollte ihm seine Bücher putzen, aber läse er darin, so würde es ihm schlecht gehen. Hans ging an sein Geschäft, und als er die Bücher geputzt, las er noch eifriger darin als am ersten Tage. Abends fragte ihn der Teufel: »Hast du auch gelesen?« – »Ja freilich«, sagte Hans, »aber ich habe auch gut geputzt.« Das half aber alles nichts, Hans bekam eine arge Tracht Schläge. Am dritten Tage ging der Teufel wieder aus und sagte: »Liest du heute wieder in meinen Büchern, so drehe ich dir den Hals um.« Hans las den ganzen Tag in den Büchern, als es aber gegen Abend ging, daß der Teufel wieder nach Hause kommen sollte, dachte er, nun wird's Zeit, daß ich wieder nach Hause komme, lief fort und ging wieder zu seinem Vater. Sein Vater aber nahm ihn unsanft auf und schalt und war sehr böse; aber Hans sagte: »Sei nur nicht böse, lieber Vater, ich habe so viel bei dem Teufel gelernt, daß wir uns selber helfen können.« Also blieb Hans nun bei seinem Vater.

Am andern Morgen sagte er zu seinem Vater: »Nun will ich mich in einen Hengst verwandeln, du mußt nur einen Zaum schaffen, dann führ mich zu Markt und verkaufe mich, aber ja nicht mit dem Zügel, sonst bin ich verloren.« Der Vater schaffte nun einen Zaum, Hans verwandelte sich in einen schönen Hengst, und der Vater brachte ihn zu Markt. Da stellte sich bald ein Käufer ein, der aber niemand anders als der Teufel selber war, handelte mit dem Bauern, und sie wurden endlich einig um eine große Summe Geldes. Aber den Zügel wollte der Teufel durchaus mit haben. Das wollte der Vater nicht, aber endlich gab er's doch zu, denn er dachte, der Junge ist doch ein Taugenichts. Nun ritt der Teufel auf seinem Hengst zu einem Schmied und wollte ihn beschlagen lassen. Weil aber der Schmied gerade bei seiner Mahlzeit war, so nötigte er den Teufel, doch so lange hereinzukommen. Der Teufel band seinen Hengst vor der Schmiede an und ging hinein. Da aber wußte es Hans während der Zeit so zu machen, daß er vom Zügel frei ward, und nun verwandelte er sich in einen Hasen und lief spornstreichs davon. Als das aber der Teufel sah, machte er sich schnell zu einem Windhund und lief hinter dem Hasen drein, und bald hatte er ihn eingeholt. Da machte sich der Hase schnell zu einem kleinen Vogel und flog davon, aber der Teufel verwandelte sich in einen Falken und war bald dem kleinen Vogel ganz nahe. Zum Glück erblickte der am offenen Fenster eines Klosters eine Nonne, die sich mit Nähen beschäftigte; da schlüpfte er schnell ins Fenster, der Nonne in den Schoß, und wie die den kleinen, niedlichen Vogel sah, warf sie schnell das Fenster zu, und der Falke mußte draußen bleiben. Da verwandelte sich Hans in einen Fingerring, und die Nonne steckte ihn an den Finger. Da kam der Teufel und wollte der Nonne den Ring abkaufen; aber die Nonne sagte: »Nein, den Ring verkaufe ich in meinem Leben nicht.« Und der Teufel mußte unverrichteter Sache wieder abziehen. Abends aber, als sie zu Bette ging, nahm Hans seine rechte Gestalt an und sagte zu seiner Freundin: »Wenn morgen der Teufel wiederkommt, so verkaufe ihm nur den Ring, laß dir aber erst das Geld geben, bevor du ihm den Ring reichst. Wenn du ihm aber diesen hinlangst, so laß ihn fallen; dann werden da drei Gerstenkörner liegen, da setze schnell deinen Fuß auf eins davon.« Bald kam auch der Teufel wieder; da ging der Handel vor sich, ganz so, wie Hans gesagt hatte. Die Nonne empfing zuerst Geld, dann langte sie dem Teufel den Ring hin, ließ ihn aber fallen; da lagen drei Gerstenkörner am Fußboden, und die Nonne setzte schnell ihren Fuß auf eins von den Körnern. Da verwandelte sich der Teufel in ein Huhn und pickte die zwei Gerstenkörner auf, aber das dritte konnte er nicht bekommen, doch pickte er danach. Da machte sich das Körnchen schnell zu einem Fuchs, sprang auf das Huhn los und fraß es auf, und seit der Zeit ist der Teufel tot und aus der Welt.

Von Riesen und Zwergen

Die Wichtelmänner

I

Es war ein Schuster ohne seine Schuld so arm geworden, daß ihm endlich nichts mehr übrigblieb als Leder zu einem einzigen Paar Schuhe. Nun schnitt er am Abend die Schuhe zu, die wollte er den nächsten Morgen in Arbeit nehmen; und weil er ein gutes Gewissen hatte, so legte er sich ruhig zu Bett, befahl sich dem lieben Gott und schlief ein. Morgens, nachdem er sein Gebet verrichtet hatte und sich zur Arbeit niedersetzen wollte, so standen die beiden Schuhe ganz fertig auf seinem Tisch. Er verwunderte sich und wußte nicht, was er dazu sagen sollte. Er nahm die Schuhe in die Hand, um sie näher zu betrachten: Sie waren so sauber gearbeitet, daß kein Stich daran falsch war, gerade als wenn es ein Meisterstück sein sollte. Bald darauf trat auch schon ein Käufer ein, und weil ihm die Schuhe so gut gefielen, so bezahlte er mehr als gewöhnlich dafür, und der Schuster konnte von dem Geld Leder zu zwei Paar Schuhen erhandeln. Er schnitt sie abends zu und wollte den nächsten Morgen mit frischem Mut an die Arbeit gehen, aber er brauchte es nicht, denn als er aufstand, waren sie schon fertig, und es blieben auch nicht die Käufer aus, die ihm so viel Geld gaben, daß er Leder zu vier Paar Schuhen einkaufen konnte. Er fand frühmorgens auch die vier Paar fertig. Und so ging's immer fort: was er abends zuschnitt, das war am Morgen verarbeitet, also daß er bald wieder sein ehrliches Auskommen hatte und endlich ein wohlhabender Mann ward.

Nun geschah es eines Abends nicht lange vor Weihnachten, als der Mann wieder zugeschnitten hatte, daß er vor dem Schlafengehen zu seiner Frau sprach: »Wie wär's, wenn wir diese Nacht aufblieben, um zu sehen, wer uns solche hilfreiche Hand leistet?« Die Frau war's zufrieden und steckte ein Licht an. Darauf verbargen sie sich in den Stubenecken, hinter den Kleidern, die da aufgehängt waren, und gaben acht. Als es Mitternacht war, da kamen zwei kleine, niedliche, nackte Männlein, setzen sich vor des Schusters Tisch, nahmen alle zugeschnittene Arbeit zu sich und fingen an, mit ihren Fingerlein so behend und schnell zu stechen, zu nähen, zu klopfen, daß der Schuster vor Verwunderung die Augen nicht abwenden konnte. Sie ließen nicht nach, bis alles zu Ende gebracht war und fertig auf dem Tische stand. Dann sprangen sie schnell fort.

Am anderen Morgen sprach die Frau: »Die kleinen Männer haben uns reich gemacht, wir müßten uns doch dankbar dafür bezeigen. Sie laufen so herum, haben nichts am Leib und müssen frieren. Weißt du was? Ich will Hemdlein, Rock, Wams und Höslein für sie nähen, auch jedem ein Paar Strümpfe stricken. Mach zu jedem ein Paar Schühlein dazu.« Der Mann sprach: »Das bin ich wohl zufrieden«, und abends, wie sie alles fertig hatten, legten sie die Geschenke statt der zugeschnittenen Arbeit zusammen auf den Tisch und versteckten sich dann, um mit anzusehen, wie sich die Männlein dazu anstellen würden. Um Mitternacht kamen sie herangesprungen und wollten sich gleich an die Arbeit machen. Als sie aber kein zugeschnittenes Leder, sondern die niedlichen Kleidungsstücke fanden, verwunderten sie sich erst, dann aber bezeigten sie eine gewaltige Freude. Mit der größten Geschwindigkeit zogen sie sich an, strichen die schönen Kleider am Leib und sangen:

»Sind wir nicht Knaben glatt und fein?

Was sollen wir länger Schuster sein!«

Dann hüpften und tanzten sie und sprangen über Stühle und Bänke. Endlich tanzten sie zur Tür hinaus. Von nun an kamen sie nicht wieder. Dem Schuster aber ging es wohl, solang er lebte, und es glückte ihm alles, was er unternahm.

II

Es war einmal ein armes Dienstmädchen, das war fleißig und reinlich, kehrte alle
Tage das Haus und schüttete das Kehricht auf einen großen Haufen vor die Türe.
Eines Morgens, als es eben wieder an die Arbeit gehen wollte, fand es einen Brief
darauf, und weil es nicht lesen konnte, so stellte es den Besen in die Ecke und
brachte den Brief seiner Herrschaft. Und da war es eine Einladung von den Wichtelmännern, die baten das Mädchen, ihnen ein Kind aus der Taufe zu heben. Das
Mädchen wußte nicht, was es tun sollte; endlich auf vieles Zureden und weil sie
ihm sagten, so etwas dürfte man nicht abschlagen, so willigte es ein. Da kamen drei
Wichtelmänner und führten es in einen hohlen Berg, wo die Kleinen lebten. Es war
da alles klein, aber so zierlich und prächtig, daß es nicht zu sagen ist. Die Kind-
betterin lag in einem Bett von schwarzem Ebenholz mit Knöpfen von Perlen. Die
Decken waren mit Gold gestickt, die Wiege war von Elfenbein, die Badewanne
von Gold. Das Mädchen stand nun Gevatter und wollte dann wieder nach Haus
gehen, die Wichtelmänner baten es aber inständig, drei Tage bei ihnen zu bleiben.
Es blieb also und verlebte die Zeit in Lust und Freude, und die Kleinen taten ihm
alles zuliebe. Endlich wollte es sich auf den Rückweg machen, da steckten sie ihm
die Taschen erst ganz voll Gold und führten es hernach wieder zum Berge heraus.
Als es nach Hause kam, wollte es seine Arbeit beginnen, nahm den Besen in die
Hand, der noch in der Ecke stand, und fing an zu kehren. Da kamen fremde Leute
aus dem Haus, die fragten, wer es wäre und was es da zu tun hätte. Da war es
nicht drei Tage, wie es gemeint hatte, sondern sieben Jahre bei den kleinen
Männern im Berge gewesen, und seine vorige Herrschaft war in der Zeit gestorben.

III

Einer Mutter war ihr Kind von den Wichtelmännern aus der Wiege geholt und ein
Wechselbalg mit dickem Kopf und starren Augen hineingelegt, der nichts als essen
und trinken wollte. In ihrer Not ging sie zu ihrer Nachbarin und fragte sie um Rat.
Die Nachbarin sagte, sie sollte den Wechselbalg in die Küche tragen, auf den Herd
setzen, Feuer anmachen und in zwei Eierschalen Wasser kochen, das bringe den
Wechselbalg zum Lachen, und wenn er lachte, dann sei es aus mit ihm. Die Frau
tat alles, wie die Nachbarin gesagt hatte. Wie sie die Eierschalen mit Wasser über
das Feuer setzte, sprach der Klotzkopf:

>Nun bin ich so alt
wie der Westerwald
und hab nicht gesehen,
daß jemand in Schalen kocht«

und fing an, darüber zu lachen. Indem er lachte, kam auf einmal eine Menge von Wichtelmännern, die brachten das rechte Kind, setzten es auf den Herd und nahmen den Wechselbalg wieder mit fort.

Vom Mannl Spanneland

Einmal war ein armes Mädel, dem sind Vater und Mutter gestorben gewesen. Und wie es halt keinen Menschen nirgends mehr hatte, da wollte es von daheim fortgehen, anderswohin in Dienst. Da mußte es durch einen großen Wald gehen, und wie es drinnen war, hat es den Weg verloren und hat sich nicht mehr zurechtgefunden. Jetzt hat sich halt das Mädel recht gefürchtet, und dazu ist es finstere Nacht geworden. Zum größten Glücke hat 's Mädel noch ein kleines Häusel gefunden, da ist es hineingegangen und hat gedacht, daß es dort würde vielleicht über Nacht bleiben können. In dem Häusel war kein Mensch daheim, und alles hat so liederlich drin herumgelegen. Da hat halt 's Mädel angefangen, ein bissel Ordnung zu machen. Danach hat sie sich in einen Winkel gesetzt und hat gewartet, wer da kommen würde. Auf einmal tut die Türe aufgehn und kommt ein ganz kleines Mannl herein mit einem langmächtigen Bart, den es hinten nachgezogen hat. Tut sich überall umgucken und sagt: »Hm, hm.« Wie's aber 's Mädel in dem Winkel sieht, fängt das Mannl mit einer starken Stimme an:

>Ich bin das Mannl Spanneland,
hab einen Bart drei Ellen lang,
Mädel, was willste?«

Da hat das Mädel gebeten, das Mannl sollt sie doch in der Nacht dabehalten. Da hat 's Mannl wieder angefangen:

>Ich bin das Mannl Spanneland,
hab einen Bart drei Ellen lang,
Mädel, mach mir 's Bett.«

Jetzt ist halt das Mädel gegangen und hat dem Mannl das Bett gemacht. Danach sagt 's Mannl wieder:

> »Ich bin das Mannl Spanneland,
> hab einen Bart drei Ellen lang,
> Mädel, richt mir ein Bad.«

Da hat 's Mädel Feuer gemacht und hat einen Topf voll Wasser aufgesetzt und eine Wanne geholt, und wie 's Wasser warm war, hat sie's 'neingegossen und hat 's Mannl hineingesetzt und hat's halt gebadet. Und nachher hat sie's ins Bett gelegt. Und dann sagt das Mädel: »Mit deinem alten langen Bart, da fällst du ja drüber, Mannl Spanneland« und tut eine Schere nehmen und tut dem Mannl den Bart schnell wegschneiden. Da ist das Mannl auf einmal immer größer und schöner geworden und hat gesagt: »Mädel, du hast mich erlöst und sollst auch schön dafür bedankt sein. Nimm dir meinen Bart mit zum Andenken und spinn ihn daheim.« Da war 's Mannl verschwunden. Den andern Tag ist 's Mädel wieder heimgegangen und hat den Bart mitgenommen, und daheim hat sie ihn auf den Rocken gesteckt und hat angefangen zu spinnen. Und da hat der Bart selber immer weiter gesponnen, und das schönste Garn ist es geworden, wie helles Gold, und ist gar nicht weniger geworden. Da haben alle Leute solches Garn haben wollen, und 's Mädel hat gar nicht genug verkaufen können. Da ist es sehr reich geworden und hat geheiratet, und wenn es nicht gestorben ist, so lebt es heute noch.

Trillevip
Ein nordisches Märchen

Ein Mädchen auf Fünen war eines Sonntags in der Kirche gewesen und ging auf dem Heimweg durch einen Wald, der zu einem großen Herrenhof gehörte. Sie ging in Gedanken und zählte auf zwanzig; aber wie sie sich umschaute, sah sie den Sohn vom Herrenhofe mit der Büchse dicht hinter sich hergehn, und sie wurde rot, weil sie überzeugt war, daß er ihr Selbstgespräch gehört hatte. Er fragte sie auch gleich, was es bedeuten solle, daß sie so vor sich hin zähle; und in ihrer Verlegenheit antwortete sie ins Blaue hinein und sagte: »Ich habe mir nur ausgerechnet, wieviel Spindeln Garn ich jeden Abend spinnen kann.« Er kam heim und erzählte seiner Mutter, mit was für einem Mädchen er im Wald gesprochen hätte; sie könne zwanzig Spindeln an einem Abend spinnen; das sei eine andere als ihre Mädchen. Die Frau hatte nichts Eiligeres zu tun, als nach dem Mädchen zu schicken und ihr das Blaue vom Himmel herunter zu versprechen, wenn sie als Spinnmädchen zu ihr kommen wolle. Und das Mädchen sagte gleich zu, denn sie dachte nicht, daß die Frau jene verflogenen Worte kannte. Sie trat den Dienst an, und am Abend kam die Frau mit Garnrollen an für zwanzig Spindeln Garn. »Denn ich habe gehört, daß du so viele spinnen kannst.«

Das Mädchen spann und spann, soviel es nur konnte, und es wurde spät, es ging auf Mitternacht, und sie war weder halb noch ganz fertig. Das arme Mädchen! Sie spann und weinte und kam doch gar nicht zu Streich. Um Mitternacht kam auf einmal ein kleiner Knirps mit einer roten Mütze und sagte: »Warum sitzest du denn und weinst? Kann ich dir helfen?« — »Ja, das ist so und so«, sagte sie, »alles das hätte ich heute abend spinnen sollen, und ich bin noch nicht einmal halb fertig; wenn du mir helfen könntest, so wäre ich sehr froh.« — »Damit hat es keine Not«, sagte der Kleine, »wenn du fürs erste meine Liebste werden willst und später meine Frau.« Und in ihrer Not gab das Mädchen das Versprechen mit angstvollen Gedanken an die Zukunft. Und eins, zwei, drei war die ganze Arbeit getan. Aber von da an half ihr der Kleine jeden Abend bei ihrer Arbeit. Die Frau konnte sie so gut leiden, daß sie gar nicht mehr als Magd gehalten war; sie sollte wegen ihrer Tüchtigkeit den Sohn zum Manne bekommen. Das war schlimm, denn sie hatte sich ja dem kleinen Knirps versprochen, und das wagte sie nicht zu sagen. Die Hochzeit wurde vorbereitet, aber je näher der bestimmte Tag kam, um so trauriger wurde das Mädchen, so daß der Knirps merken mußte, daß etwas nicht in Ordnung war. Sie erzählte ihm, wie die Geschichte stand, und er brummte ein wenig. Dann aber sagte er ihr, wenn sie seinen Namen raten könne, so wolle er sie freigeben. Sie dürfe dreimal raten und habe drei Tage Bedenkzeit. Sie wolle es probieren, obgleich sie durchaus nicht wußte, wie sie es anstellen sollte. Da traf es sich aber zum Glück, daß der Jäger vom Hof, der jeden Tag nach Wild für die Hochzeit jagen mußte, am Abend spät an einen nahen Hügel kam, und da sah er ganz unheimlich viel Lichter innen in dem Hügel, und das kleine Bergvolk tanzte. Das Knirpschen war ganz besonders übermütig und sprang umher und sang:

> »Ich spinn und hasple fleißig,
> eine schöne Jungfrau weiß ich,
> Trillevip heiß ich!«

Inzwischen vertraute das Spinnmädchen einer Magd ihr heimliches Verlöbnis an und die Verlegenheit, in der sie wegen des Bergmännchens war; und die andere Magd hatte eben gehört, wie der Jäger von seinem Erlebnis an jenem Abend erzählt hatte, und sie berichtete die ganze Geschichte von Anfang bis zu Ende wörtlich der Spinnerin. Wie nun das Bergmännchen kam und sie heiraten sollte, wollte sie sich von vornherein nichts anmerken lassen und rief das erstemal: »Peter!« und das andere Mal: »Paul« und der Kleine tanzte und glänzte vor Vergnügen wie ein neues Geldstück. Aber das Vergnügen sollte nicht lang dauern, denn als sie zum drittenmal raten sollte, sagte sie: »Trillevip bist du genannt.« Und da war's vorbei mit des Knirpschens Freierei. Bekommen konnte er sie nun nicht mehr, aber er wollte ihr doch noch einmal helfen, und er wußte wohl, daß sie es recht nötig haben würde. Denn der junge Herr hatte sie ja gewollt, weil sie so gut spinnen konnte, und er würde in helle Wut geraten und sie verstoßen, wenn er hinter den wahren Sachverhalt käme. Deshalb sagte der Bergmann im Weggehen zu ihr: »An deinem Hochzeitstag werden drei alte Weiber in die Stube treten, wenn ihr beim Mahle sitzt. Die erste mußt du ›Mutter‹ nennen und die zweite ›Großmutter‹ und die dritte ›Urgroßmutter‹, und wenn sie auch noch so greulich aussehen und dein Mann noch so ungehalten ist, so mußt du sie doch bewirten, so gut du nur kannst.« Und es kam, wie er gesagt hatte; sie tat, wie er ihr geraten hatte, obgleich sie durchaus nicht einsah, zu was das gut sein sollte. Die erste, die kam, war ein greuliches altes Weib mit zwei großen roten Augen, die ihr weit über die Wangen herunterhingen. Und als der junge Mann sie fragte, wie das gekommen sei, daß ihre Augen so rot seien, sagte sie: »Das kommt davon, daß ich nächtelang aufgesessen bin und gesponnen habe.« Als diese gegangen war, kam die zweite, und das war auch ein häßliches altes Weib: sie hatte einen Mund bis fast zu den Ohren. »Von was kommt es denn, daß Ihr so einen großen Mund habt?« fragte der junge Ehemann. »Ja, das kommt davon, weil ich so oft meinen Finger lecken mußte, wenn ich spann, denn sonst wäre der Faden nicht glatt geworden. Und ich habe so viele Jahre gesponnen, Tag und Nacht, daß es ein Wunder ist, daß mein Mund nicht noch größer wurde.« Schließlich kam die allergreulichste von den dreien: sie humpelte auf zwei Stöcken daher und konnte weder stehen noch gehen, so schwach waren ihre Beine. »Was fehlt Euch denn, Mütterchen?« sagte der Mann, »weil Ihr gar so mühsam daherschleicht?« — »Ja, ich bin so schwach geworden vom Treten; ich spinne nun seit Menschengedenken, und ich möchte nicht wünschen, daß jemand das eggen sollte, was ich gepflügt habe, und auch so elend werden sollte wie ich.« Als auch diese ihres Weges gehumpelt war, sagte der junge Herr zu der Spinnerin, die nun seine Frau war: »Du sollst von jetzt an nie mehr spinnen; denn ich möchte um keinen Preis, daß du so aussiehst wie deine Mutter oder deine Großmutter oder deine Urgroßmutter.« Nun begriff sie, was das Bergmännchen bezweckt hatte, und war froh, daß sie seinen Weisungen so pünktlich gefolgt war.

Die schwarzen Männlein

Eine Hausfrau hatte einmal eine große Wäsche vor und wollte schon frühmorgens damit anfangen und sagte der Magd, sie sollte ja die Zeit nicht verschlafen. Nein, sagte die Magd, das wollte sie gewiß nicht, und nahm sich, ehe sie einschlief, recht fest vor, daß sie beizeiten aufwachen wollte. Und da wachte sie auch schon mitten in der Nacht wieder auf, meinte aber, es sei schon ganz spät, sprang deshalb flink aus dem Bett heraus und zog sich an und ging in die Waschküche. Aber wie erschrak sie da, als sie die Tür aufmachte! Da war es in der Küche ganz hell, und am Feuerherde sah sie mehrere kleine schwarze Männlein, die hatten hohe Häfen auf dem Herde stehen und winkten ihr, daß sie zu ihnen kommen möchte. Da ging sie auch in die Küche, und nun gaben ihr die kleinen Männlein durch Zeichen und Winke zu verstehen, daß sie mit der Schaufel die brennenden Kohlen, die da lagen, nehmen und in die Häfen werfen sollte. Da warf sie einige Schaufeln voll hinein, und nun waren die schwarzen Männlein plötzlich verschwunden. Die Magd hatte aber einen solchen Schrecken bekommen, daß sie kaum noch ihren Hausherrn wecken und ihm erzählen konnte, was sie gesehen hatte. Dann mußte sie sich wieder ins Bett legen und war mehrere Tage recht krank.

Am andern Morgen, als der Hausherr die Waschküche untersuchte, sah er, daß die Feuerkohlen in den Häfen in helles blankes Gold verwandelt waren. Das wagte er jedoch nicht anzurühren, sondern ließ es bis zum folgenden Tag in den Häfen stehen. Als es aber auch da noch ebenso drin lag, glaubte er es nehmen zu dürfen und brachte es der Magd, die nun mit einem Male unermeßlich reich geworden war. Und weil sie schon lange den Sohn ihres Hausherrn ganz lieb gehabt hatte und er sie, so hat der Vater jetzt nichts mehr dagegen gehabt, daß die beiden sich geheiratet haben.

Kürdchen Bingeling

Kürdchen Bingeling hat an seiner Mutter Brust sieben Jahre getrunken. Davon ist er so gewaltig groß geworden und hat so viel essen können, daß er nicht zu sättigen ist. Alle Menschen aber hat er genarrt. Nun versammelt sich die ganze Gemeinde und will ihn fangen. Aber Kürdchen Bingeling merkt es, setzt sich unter das Tor und sperrt den Weg, so daß kein Mensch hindurch kann. Nachher geht er in ein anderes Dorf, ist aber noch derselbe Schlingel. Und da macht sich die ganze Gemeinde auf, um ihn zu greifen. Er aber, weil kein Tor da ist, was er verrammeln kann, springt in einen Brunnen. Jetzt stellt sich die Gemeinde herum und beratschlagt, und sie beschließen endlich, ihm einen Mühlstein auf den Kopf zu werfen. Mit großer Mühe rollen sie einen herbei und werfen ihn hinunter. Wie sie meinen, er sei tot, steckt Kürdchen Bingeling den Kopf aus dem Brunnen, den hat er durch das Loch des Steins gesteckt, so daß dieser ihm auf den Schultern liegt, wobei er ruft: »Ach, was hab ich einen schönen Dütenkragen!« Wie sie das sehen, ratschlagen sie von neuem und schicken dann hin und lassen ihre große Glocke aus dem Kirchturm holen und werfen sie hinab. Sie solle ihn gewiß treffen. Wie sie aber meinen, er liege unten erschlagen, und gehen auseinander, kommt er auf einmal aus dem Brunnen gesprungen, hat die Glocke auf dem Kopf und ruft ganz freudig: »Ach, was für eine schöne Bingelmütze« und läuft davon.

Alter Riesenhupf
Ein nordisches Märchen

Es waren eimal zwei Nachbarn; der eine war reich und der andere arm. Sie hatten eine große Wiese gemeinschaftlich, die sie miteinander mähten und deren Heu sie teilen mußten.
Aber der Reiche wollte die Wiese für sich allein haben und sagte zu dem Armen, er wolle ihn von Haus und Hof vertreiben, wenn er nicht auf den Vertrag eingehe, daß der, der an einem Tag das größte Stück mähen könne, die ganze Wiese haben solle.

Nun trieb der Reiche so viele Schnitter auf, als er nur konnte, aber der Arme konnte nicht eines einzigen habhaft werden. Schließlich wurde er ganz verzweifelt und weinte, weil er nicht wußte, wo er auch nur ein bißchen Heu für die Kuh herbekommen sollte.

Da trat ein großer Mann auf ihn zu und sagte: »Sei nur nicht betrübt. Ich weiß schon, was du tun mußt. Wenn ihr zu mähen anfangt, so rufe dreimal hintereinander ›Alter Riesenhupf!‹, dann wird's nicht fehlen, du wirst schon sehen.« Und damit war er verschwunden. Aber dem armen Manne war das Herz leichter geworden, und er machte sich weiter gar keine Sorgen mehr.

Eines schönen Tages kam nun der Reiche mit nicht weniger als zwanzig Leuten, und sie mähten einen Strich nach dem andern nieder. Aber der Arme nahm sich nicht einmal die Mühe anzufangen, als er sah, wie die andern zu Werk gingen und daß er allein gar nicht zurechtkommen konnte. Da fiel ihm der große Kerl ein, und er rief: »Alter Riesenhupf!« Aber es kam niemand. Und die Schnitter verlachten und verspotteten ihn und meinten, er sei von Sinn und Verstand. Da rief er noch einmal: »Alter Riesenhupf!«

Aber auch diesmal ließ sich kein Riesenhupf sehen. Und die Schnitter konnten nicht einen einzigen Sensenzug tun, denn sie lachten, daß sie fast platzten. Aber nun rief er zum drittenmal: »Alter Riesenhupf!« Und da kam ein greulich großer Kerl mit einer Sense so groß wie ein Mastbaum.

Nun war es aus mit der Freude bei den Schnittern des reichen Bauern. Denn wie der Große anfing, zu mähen und um sich zu arbeiten, kam ihnen ein Schrecken, weil er so gewaltig zu Werk ging. Und ehe sie sich's versahen, war die halbe Wiese abgemäht.

Da kam der reiche Bauer in Wut und schoß herbei und gab dem Riesen einen Fußtritt hinten drauf. Aber das half ihm weiter nichts, als daß sein Fuß hängenblieb. Der Riese spürte den Tritt nicht mehr als einen Flohstich und schaffte ruhig weiter. Aber nun dachte sich der Reiche einen Schlich aus, wie er loskommen könnte, und gab dem Riesen auch mit dem anderen Fuß einen Schups. Da blieb auch dieser kleben, und der Bauer hing da wie eine Zecke. Und der alte Riesenhupf mähte die ganze Wiese zu Ende und fuhr dann in die Luft hinauf, und der Reiche hinten im Schlepptau mußte mit. So blieb der Arme allein Herr im Haus.

Stompe Pilt

Ein nordisches Märchen

Ein Stück vom Baalsberg bei Filkestad im Willandshärad liegt ein Hügel, in dem früher ein Riese wohnte, der hieß Stompe Pilt.

Eines Tages traf es sich, daß ein Geißhirte mit seiner Herde auf den Hügel kam, wo Stompe Pilt hauste.

»Wer ist da?« schrie der Riese und fuhr aus dem Hügel heraus mit einem Flintstein in der Faust.

»Ich, wenn du es wissen willst!« rief der Hirte und trieb seine Geißen den Hügel hinauf.

»Wenn du herkommst, zerdrücke ich dich, wie ich hier den Stein zerdrücke!« schrie der Riese und zermalmte ihn zwischen den Fingern, daß es nur noch feiner Sand war. »Und ich zerquetsche dich, daß das Wasser herausläuft, wie hier diesen Stein!« schrie der Hirte und zog einen frischen Käse aus der Tasche und drückte ihn aus, daß ihm das Wasser die Finger entlanglief.

»Hast du keine Angst?« sagte der Riese.

»Vor dir gewiß nicht!« gab der Bursche zur Antwort.

»Dann wollen wir miteinander kämpfen!« schlug der Riese vor.

»Meinetwegen«, sagte der Hirte, »aber zuerst wollen wir einander schelten, daß wir richtig in Zorn kommen, denn im Schimpfen kommt der Zorn, und im Zorn kommt's dann zum Kampf.«

»Aber ich will mit dem Schimpfen anfangen«, sagte der Riese.

»Meinetwegen«, sagte der Bursche, »aber dann komme ich an die Reihe.«

»Einen krummnäsigen Troll sollst du bekommen!« schrie der Riese.

»Und du einen fliegenden Teufel«, sagte der Hirte und schoß mit seinem Bogen dem Riesen einen scharfen Pfeil in den Leib.

»Was war das?« fragte der Riese und suchte den Pfeil aus seinem Fleisch herauszureißen.

»Das war ein Schimpfwort!« sagte der Hirte.

»Warum hat es Federn?« fragte der Riese.

»Damit es besser fliegen kann«, antwortete der Hirte.

»Und warum sitzt es fest?« fragte der Riese weiter.

»Weil es in deinem Körper Wurzel geschlagen hat«, gab der Hirte zur Antwort.

»Hast du noch mehr solche Schimpfwörter?« fragte der Riese.

»Da hast du noch eines«, rief der Bursche und schoß einen neuen Pfeil auf den Riesen.

»Au, au«, schrie Stompe Pilt, »bist du noch nicht so weit im Zorn, daß wir uns prügeln können?«

»Nein, ich habe dir noch nicht genug Schimpfwörter gegeben«, antwortete der Hirte und legte einen neuen Pfeil auf.

»Führ deine Geißen, wohin du willst! Ich komme schon gegen deine Schimpfworte nicht auf, noch viel weniger gegen deine Hiebe«, schrie Stompe Pilt und sprang in den Hügel hinein.

Auf diese Art blieb der Hirte Sieger, weil er sich von dem einfältigen Riesen nicht bange machen ließ.

Das Erdmänneken

Es war einmal ein reicher König gewesen, der hatte drei Töchter, die waren alle Tage im Schloßgarten spazierengegangen, und der König war so ein Liebhaber von allerhand schönen Bäumen gewesen; und einen hatte er lieb gehabt, daß er denjenigen, der von den Äpfeln naschte, 100 Klafter unter die Erde verwünschte. Als es nun Herbst war, da wurden die Äpfel so rot wie Blut. Die drei Töchter gingen alle Tage unter den Baum und sahen zu, ob der Wind nicht einen Apfel heruntergeschlagen hätte, aber sie fanden ihr Lebtag keinen, und der Baum, der saß so voll, daß er brechen wollte, und die Zweige hingen bis auf die Erde. Da gelüstete es dem jüngsten Königskind gewaltig nach den Äpfeln, und sie sagte zu ihren Schwestern: »Unser Vater, der hat uns viel zu lieb, als daß er uns verwünschen würde, ich glaube, daß er es nur der fremden Leute wegen getan hat.« Damit pflückte das Kind einen ganz dicken Apfel ab und sprang zu seinen Schwestern und sagte: »Ah, nun schmeckt mal, meine lieben Schwestern, ich hab mein Lebtag nicht so was Schönes gegessen.« Da bissen die anderen beiden auch mal in den Apfel. Plötzlich versanken sie alle drei unter die Erde, und kein Hahn krähte mehr danach.

Als es Mittag ist, da will sie der König zu Tisch rufen, da sind sie nirgends zu finden. Er sucht überall im Schloß und im Garten, aber er kann sie nicht finden. Da wurde er so betrübt und ließ das ganze Land aufbieten, und wer seine Töchter wiederbrächte, der sollte eine davon zur Frau haben. Da zogen viele junge Leute aus und suchten, denn jeder hatte die drei Kinder gern gehabt, weil sie gegen jedermann freundlich gewesen waren und auch schön von Angesicht. So zogen auch drei Jägerburschen aus, und als sie wohl acht Tage gereist waren, da kamen sie in ein großes Schloß, da waren so hübsche Stuben drinnen, und in einem Zimmer war ein Tisch gedeckt, darauf standen schöne Speisen, die waren so warm, daß sie dampften, aber im ganzen Schloß war kein Mensch zu hören noch zu sehen. Da warteten sie noch einen halben Tag, und die Speisen blieben immer warm und dampften. Zuletzt waren sie so hungrig, daß sie sich hinsetzten und aßen und machten miteinander aus, sie wollten auf dem Schloß wohnen bleiben und wollten darum losen, daß der eine im Haus blieb und die beiden anderen die Töchter suchten. Das taten sie auch, und das Los traf den Ältesten, so mußte er zu Hause bleiben. Am Mittag kommt da so ein kleines Männeken und bittet um ein Stückchen Brot, da nimmt er von dem Brot und schneidet ein Stückchen ab und will es ihm geben, als er es aber hinreicht, läßt es das kleine Männeken fallen und sagt, er solle doch so gut sein und ihm das Stück aufheben. Da bückt er sich und will es tun, mitdem nimmt das Männeken einen Stock und packt ihn bei den Haaren und gibt ihm wüste Schläge.

Den andern Tag, da ist der zweite zu Haus geblieben, dem geht es nicht besser. Als die beiden anderen nach Haus kamen, da sagte der Älteste: »Na, wie ist es dir denn gegangen?« – »Oh, es geht mir ganz schlecht!« Da klagten sie einander ihre Not, aber dem Jüngsten sagten sie nichts, sie mochten ihn nicht recht leiden und hießen ihn immer den dummen Hans. Am dritten Tag, da blieb der Jüngste zu Haus, da kommt das kleine Männeken wieder und bettelt um sein Stückchen Brot; als er ihm das gegeben hat, ließ er es auf die Erde fallen und sagte, er möchte doch so gut sein, es ihm reichen. Da sagte der Hans zu dem kleinen Männeken: »Was, du kannst das Stück nicht selber aufheben? Wenn du dir nicht mal die Mühe um deine tägliche Nahrung machen willst, so bist du auch nicht wert, daß du ißt.« Da ward das Männeken fuchsteufelswild, Hans aber auch nicht faul, nahm mein liebes Männeken und drosch es tüchtig durch. Da schrie das Männeken: »Hör auf, hör auf, ich will dir auch sagen, wo die Königstöchter sind.« Wie er das hörte, hielt er auf, und das Männeken erzählte ihm, er wäre ein Erdmänneken, und solche gäbe es mehr als tausend, er möge mit nach unten gehen, dann wollte er ihm weisen, wo die Königstöchter wären. Da wies er ihn in einen tiefen Brunnen, da war aber kein Wasser drinnen. Da sagte das Männeken zum Hans, daß seine beiden Gesellen es nicht ehrlich mit ihm meinten, er sollte die Königskinder lieber alleine erlösen. Die beiden anderen Brüder wollten wohl auch gern die Königstöchter wiederhaben, aber sie wollten davon keine Mühe und Gefahr haben. Er sollte einen großen Korb nehmen, sich hineinsetzen und sich hinunterwinden lassen; unten, da wären drei Zimmer, in jedem säße ein Königskind und hätte einen Drachen mit vielen Köpfen zu kraulen, dem müßte er die Köpfe abschlagen. Als das Erdmänneken das gesagt hatte, verschwand es.

Als es Abend war, da kamen die beiden andern und fragten, wie es ihm ergangen wäre. Da sagte er: »Oh, soweit ganz gut.« Er hätte keinen Menschen gesehen, nur des Mittags, da wär so 'n kleines Männeken gekommen, das hätte um ein Stückchen Brot gebeten, das hätte er ihm gegeben, aber das Männeken hätte es fallen lassen und habe gesagt, er sollte es wieder aufheben, und wie er das nicht tun wollte, da hätte es angefangen, wie ein Rohrspatz zu schelten, da wäre der aber an den Unrechten gekommen, er hätte das Männeken tüchtig verprügelt, und da wäre es ganz manierlich geworden und hätte ihm erzählt, wo die Königskinder wären. Da ärgerten sich die beiden andern grün und gelb. Den andern Morgen gingen sie an den Brunnen und machten Lose, wer sich als erster in den Korb setzen sollte. Da fiel das Los wieder dem Ältesten zu, er setzte sich hinein und nahm die Klingel mit. Er sagte: »Wenn ich klingele, so müßt ihr mich mit Winden wieder heraufwinden.« Als er halb herunter war, da klingelte er schon, und sie wanden ihn wieder herauf. Da setzte sich der zweite hinein und machte es ebenso. Nun kam die Reihe an den Jüngsten, der ließ sich aber ganz hinunterwinden. Drunten stieg er aus dem Korb und nahm seinen Hirschfänger und ging vor die erste Tür und horchte, da hörte er den Drachen ganz laut schnarchen. Er machte leise die Tür auf, da saß die eine Königstochter und hatte auf ihrem Schoß neun Drachenköpfe liegen und kraulte sie. Da nahm er seinen Hirschfänger und schlug zu, bis alle neun Köpfe ab waren. Die Königstochter sprang auf, fiel ihm um den Hals und drückte und küßte ihn. Da nahm sie ihr Brusttuch und hängte ihm das um. Dann ging er zu der zweiten Königstochter, die hatte einen Drachen mit sieben Köpfen zu kraulen, und erlöste sie auch, ebenso die Jüngste, die hatte einen Drachen mit vier Köpfen zu kraulen. Als er sie alle erlöst hatte, da fragten sie alle so viel und drückten und küßten ihn ohne Aufhören. Dann setzte er die Königstöchter eine nach der andern in den Korb, klingelte und ließ sie heraufziehen. Als er nun an die Reihe kam, da fielen ihm die Worte von dem Erdmänneken wieder ein, daß seine Gesellen es nicht gut mit ihm meinten. Da nahm er einen großen Stein und legte ihn in den Korb. Als der Korb so ungefähr in der Mitte war, schnitten die falschen Brüder den Strick ab, daß der Korb mit dem Stein auf den Grund fiel, und meinten, jetzt wäre er tot. Nun liefen die falschen Brüder mit den drei Königstöchtern weg und ließen sie sagen, sie beide hätten sie erlöst.

Unterdessen ging der jüngste Jägerbursche ganz betrübt in den drei Kammern herum und dachte, daß er nun wohl sterben müßte. Da sieht er an der Wand eine Flöte hängen, da sagte er: »Warum hängst du da wohl, hier kann ja doch keiner lustig sein.« Er beguckte auch die Drachenköpfe und sagte: »Ihr könnt mir nun auch nicht helfen.« Er ging so oft hin und her spazieren, daß der Fußboden davon ganz glatt wurde, zuletzt, da bekommt er andere Gedanken und nimmt die Flöte von der Wand und bläst ein Stückchen. Auf einmal kommen da so viele Erdmänneken; bei jedem Ton, den er bläst, kommt eines mehr. Da bläst er so lange das Stückchen, bis das Zimmer toppevoll ist. Da fragten sie alle, was sein Begehr wäre. Er antwortete, er wollte gern wieder auf die Erde ans Tageslicht. Da faßten sie ihn alle an, ein jedes Erdmänneken ein Haar auf seinem Kopf, und so flogen sie hinauf mit ihm auf die Erde. Wie er oben war, ging er gleich auf das Königsschloß, wo gerade die Hochzeit mit der einen Königstochter sein sollte. Er ging gleich in das Zimmer, wo der König mit seinen drei Töchtern saß. Wie ihn die Kinder kommen sahen, wurde ihnen ganz schwach zumute, da ließ der König ihn gleich ins Gefängnis setzen, weil er meinte, er hätte den Kindern ein Leid getan. Als aber die Königstöchter wieder zu sich kamen, da baten sie so viel, er möchte ihn doch wieder laufen lassen. Der König fragte: »Warum?« Da sagten sie, daß sie das nicht erzählen dürften, aber der Vater sagte, sie sollten es dem Ofen erzählen. Er aber lauschte an der Tür und hörte alles. Da ließ er die beiden falschen Brüder an einen Galgen hängen, und den Jüngsten gab er der jüngsten Tochter. »Un da trok ik en paar gläserne Schohe an, un da stott ik an en Stein, da segd et ›klink!‹ da wören se kaput.«

Der Riese und der Schneider

Einem Schneider, der ein großer Prahler war, aber ein schlechter Zahler, kam es in den Sinn, ein wenig auszugehen und sich in dem Wald umzuschauen. Sobald er nun konnte, verließ er seine Werkstatt,

> wanderte seinen Weg
> über Brücke und Steg,
> bald da, bald dort,
> immer fort und fort.

Als er nun draußen war, erblickte er in der blauen Ferne einen steilen Berg und dahinter einen himmelhohen Turm, der aus einem wilden und himmelhohen Wald hervorragte. »Potz Blitz!« rief der Schneider. »Was ist das?« Und weil ihn die Neugierde gewaltig stach, so ging er frisch darauf los. Was sperrte er aber Maul und Augen auf, als er in die Nähe kam, denn der Turm hatte Beine, sprang in einem Satz über den steilen Berg und stand als großmächtiger Riese vor dem Schneider. »Was willst du hier, du winziges Fliegenbein«, rief der mit einer Stimme, als wenn's von allen Seiten donnerte. Der Schneider wisperte: »Ich will mich umschauen, ob ich mein Stückchen Brot in dem Wald verdienen kann.« — »Wenn's um die Zeit ist«, sagte der Riese, »so kannst du ja bei mir im Dienst eintreten.« — »Wenn's sein muß, warum das nicht? Was krieg ich aber für einen Lohn?« — »Was du für einen Lohn kriegst«, sagte der Riese, »das sollst du hören. Jährlich dreihundertundfünfundsechzig Tage, und wenn's ein Schaltjahr ist, noch einen obendrein. Ist dir das recht?« — »Meinetwegen«, antwortete der Schneider und dachte in seinem Sinn: ›Man muß sich strecken nach seiner Decke. Ich such mich bald wieder loszumachen.‹ Darauf sprach der Riese zu ihm: »Geh, kleiner Halunke, und hole mir einen Krug Wasser.«

»Warum nicht lieber gleich den Brunnen mitsamt der Quelle?« fragte der Prahlhans und ging mit dem Krug zu dem Wasser. »Was? Den Brunnen mitsamt der Quelle?« brummte der Riese, der ein bißchen tölpisch und albern war, in den Bart hinein und fing an, sich zu fürchten. »Der Kerl kann mehr als Äpfel braten, der hat einen Alraun im Leib. Sei auf deiner Hut, alter Hans, das ist kein Diener für dich.«

Als der Schneider das Wasser gebracht hatte, befahl ihm der Riese, in dem Wald ein paar Scheite Holz zu hauen und heimzutragen.

»Warum nicht lieber den ganzen Wald mit einem Streich,
>   den ganzen Wald
>   mit jung und alt,
>   mit allem, was er hat,
>   knorzig und glatt?«
fragte das Schneiderlein und ging das Holz hauen. »Was,
>   den ganzen Wald
>   mit jung und alt,
>   mit allem, was er hat,
>   knorzig und glatt?

Und den Brunnen mitsamt der Quelle?« brummte der leichtgläubige Riese in den Bart und fürchtete sich noch mehr. »Der Kerl kann mehr als Äpfel braten, der hat einen Alraun im Leib. Sei auf deiner Hut, alter Hans, das ist kein Diener für dich.« Wie der Schneider das Holz gebracht hatte, befahl ihm der Riese, zwei oder drei wilde Schweine zum Abendessen zu schießen. »Warum nicht lieber gleich tausend auf einen Schuß und die alle hierher?« fragte der hoffärtige Schneider. »Was?« rief der Hasenfuß von einem Riesen und war heftig erschrocken. »Laß es nur für heute gut sein und lege dich schlafen.«

Der Riese fürchtete sich so gewaltig, daß er die ganze Nacht kein Auge zutun konnte und hin und her dachte, wie er's anfangen sollte, um sich den verwünschten Hexenmeister von Diener je eher je lieber vom Hals zu schaffen. Kommt Zeit, kommt Rat. Am andern Morgen gingen der Riese und der Schneider zu einem Sumpf, um den ringsherum Weidenbäume standen. Da sprach der Riese: »Hör einmal, Schneider, setz dich auf eine von den Weidenruten, ich möchte um mein Leben gern sehen, ob du imstand bist, sie herabzubiegen.« Husch, saß das Schneiderlein oben, hielt den Atem ein und machte sich schwer, so schwer, daß sich die Gerte niederbog. Als er aber wieder Atem schöpfen mußte, da schnellte sie ihn, weil er zum Unglück kein Bügeleisen in die Tasche gesteckt hatte, zu großer Freude des Riesen so weit in die Höhe, daß man ihn gar nicht mehr sehen konnte. Wenn er nicht wieder heruntergefallen ist, so wird er wohl noch oben in der Luft herumschweben.

Die alte Kittelkittelkarre

Brüderchen und Schwesterchen gingen in den Wald, Beeren zu suchen. Da kam aber ein schlimmes Wetter, und es fing an zu donnern und zu blitzen, der Regen floß in Strömen, und bald ward es Nacht; die Kinder verirrten sich und kamen immer weiter in den Wald hinein. Als das Wetter sich endlich gelegt hatte und es schon ganz dunkel war, stieg das Brüderchen auf einen Baum und schaute um sich, ob nicht ein Lichtlein zu erspähen wäre. Und wirklich, es fand eins, stieg schnell vom Baume herunter und ging mit dem Schwesterchen darauf zu. Das Licht kam von einem kleinen Häuschen, das noch mitten im Walde lag. Da klopften sie leise an, und eine Stimme rief von innen: »Wer ist da?« Die Kinder antworteten: »Ach, wir sind es, Brüderchen und Schwesterchen, und sind beide durchnäßt von dem schlimmen Wetter und bitten um ein Unterkommen für die Nacht.« Da kam ein altes Mütterchen an die Türe und sprach: »Kinderchen, macht nur, daß ihr fortkommt, ich kann euch nicht behalten, denn mein Mann ist ein Menschenfresser, und wenn er nach Hause kommt und euch findet, seid ihr gleich des Todes.« Aber die Kinder baten so viel, daß das Mütterchen sie doch endlich hereinließ und ein wenig beim Feuer Platz nehmen hieß, um ihre Kleider zu trocknen; gab ihnen auch ein bißchen Brot und Salz und einen Trunk Wasser. »Aber behalten kann ich euch nicht«, sagte sie, »in einer Stunde muß mein Mann kommen, und der wird euch fressen.«
Als nun die Stunde beinahe um war und die Kinder sich erquickt und gewärmt hatten, sprach die Frau: »Nun macht, daß ihr fortkommt.« Da fingen die Kinder an zu weinen und sprachen: »Wo sollen wir denn die Nacht bleiben? Draußen ist es dunkel, und wir können nicht mehr den Weg nach Hause finden.« Und sie ließen gar nicht nach mit Bitten. Da sprach die Alte: »Wenn ihr's denn wagen wollt, hierzubleiben, so will ich euch in den hohlen Baum hinter unserm Haus verstecken und euch morgen auch den rechten Weg zeigen. Aber wenn er euch findet, will ich keine Schuld haben.« Nun führte sie die beiden in den hohlen Baum, und bald darauf kam der Menschenfresser nach Hause und fing gleich an zu schnuppern und zu brummen: »Norr, norr, hier ist Menschenfleisch!« — »Ach was«, sagte die Alte, »ich habe eben ein Kalb geschlachtet, komm her und iß dich satt.« Der Menschenfresser gab sich zufrieden und aß das Kalb auf, das die Frau ihm vorsetzte. Aber als er damit fertig war, fing er gleich wieder an zu schnuppern und zu brummen: »Norr, norr, hier ist Menschenfleisch!« und suchte die ganze Stube

durch, unter der Bettstelle, im Uhrgehäuse, ohne etwas zu finden, aber immer rief er: »Norr, norr, hier ist Menschenfleisch!« Die Frau sprach: »Was willst du suchen, hier ist nichts, du solltest dich schlafen legen.«

Der Menschenfresser aber hörte nicht darauf und suchte noch das ganze Haus durch, und als er das getan hatte, öffnete er auch die Hintertür und wollte in den Garten. Da sagte die Frau: »Bleib doch hier, ich habe draußen nur den Kalbskopf hängen und die Kalbsfüße und das frische Fell. Das ist nichts für dich.« Aber der Menschenfresser ging in den Garten, und »Norr, norr, hier ist Menschenfleisch!« rief er, da fand er Brüderchen und Schwesterchen im hohlen Baume. Nun waren sie in großer Not, und der Riese sprach: »Ich wußte wohl, daß es für mich noch einen Braten gäbe. Nun will ich euch in den Keller sperren, und morgen will ich euch aufhängen, ohne daß das Blut fließt, und dann will ich euch auffressen.« Die Kinderchen weinten sehr, aber der Riese sperrte sie in den Keller, da mußten sie die Nacht sitzen und taten kein Auge zu vor lauter Angst und Trübsal.

Am Morgen kam der Riese und holte sie heraus. Da hatte er schon zwei Schlingen unter dem Hahnholz gemacht, darin sollten sie aufgehängt werden, ohne daß Blut floß. Das Schwesterchen stieg zuerst auf die Bodenleiter hinauf. Wie es aber an die Schlinge kam, tat es, als wenn es den Kopf nicht hineinkriegen könnte, und zog immer mit den Händen die Schlinge zu und sprach: »Ich weiß es nicht zu machen, lieber Menschenfresser, steig doch einmal herauf und zeig es uns.« Da stieg der Menschenfresser hinauf, hielt die Schlinge auseinander, legte den Kopf hinein und sprach: »So müßt ihr's machen!« Als nun der Menschenfresser den Kopf in der Schlinge hatte, da zog das Brüderchen unten die Leiter weg, und der Menschenfresser hing unter dem Hahnenbalken. »So, Menschenfresser, da kannst du hängenbleiben«, sagten die Kinder und wollten fortgehen. Aber da fing er an zu bitten und zu betteln, sie sollten ihn da doch nicht hängenlassen und ihn wieder losmachen, er wolle ihnen auch nichts zuleide tun und beschwor sie hoch und teuer. Da sprachen die Kinder: »Und was gibst du uns denn, wenn wir dich losmachen?« Sprach der Menschenfresser:

> »Min ole Kittelkittelkaer
> mit twe Bück daerfaer
> und soeben Sack Geld achterhaer.«

Da machten die Kinder ihn los, und der Menschenfresser gab ihnen die Kittelkittelkarre mit zwei Böcken davor und sieben Sack Geld hinterher. Die Kinder setzten sich nun darauf und fuhren davon, und die Böcke liefen so schnell, daß sie bald eine weite Strecke zurückgelegt hatten. Nun trafen sie einen Mann, der war auf seinem Lande beim Kartoffelauskriegen. Da gaben sie ihm eine große Hand voll Geld und sprachen: »Wenn daer een kummt unn di fraegt na sin ol Kittelkittelkaer mit twe Bück daerfaer unn soeben Sack Geld achterhaer, so heste niks seen.« — »Nä«, sagte der Mann, »ik wull ju nich verraden.« Nun kamen sie weiter, und da trafen sie einen Mann, der war auf seinem Lande beim Wurzelauskriegen. Dem gaben sie zwei große Hände voll Geld und sprachen: »Wenn daer een kummt unn di fraegt na sin ol Kittelkittelkaer mit twe Bück daerfaer unn soeben Sack Geld achterhaer, so heste niks seen.« — »Nä«, sagte der Mann, »ik wull ju nich verraden.« Nun kamen sie weiter, und da fanden sie einen Mann, der war in seinem Garten beim Apfelkriegen. Dem gaben sie drei große Hände voll Geld und sagten zu ihm: »Wenn daer een kummt unn di fraegt na sin ol Kittelkittelkaer mit twe Bück daerfaer unn soeben Sack Geld achterhaer, so heste niks seen.« Auch dieser Mann versprach ihnen, daß er nicht sagen wollte, wohin sie gefahren wären.

Nun hatte es dem Riesen aber gleich leid getan, als die Kinder fort waren, daß er ihnen seine Karre mit den Böcken und sieben Sack Geld gegeben hatte. Da kam er ihnen nachgelaufen und wollte seine Karre wiederholen. Wie er nun zu dem Manne kam, der die Kartoffeln auskriegte, so fragte er ihn: »Hest du oek seen min ol Kittelkittelkaer mit twe Bück daerfaer unn soeben Sack Geld achterhaer?« Antwortete ihm der Mann: »Düt Jaer staet de Kartuffeln noch billig noeg.« Da war der Riese schrecklich böse und lief eilig weiter. Als er nun zu dem Wurzelauskrieger kam, so fragte er auch den: »Hest du oek seen min ol Kittelkittelkaer mit twe Bück daerfaer unn soeben Sack Geld achterhaer?« Da antwortete ihm auch der Mann: »De Worteln staet düt Jaer noch billig noeg.« Nun ward der Riese noch viel zorniger und stürmte fort, so schnell er laufen konnte; und so kam er bei dem Manne an, der die Äpfel in seinem Garten abkriegte, und fragte ihn: »Hest du oek seen min ol Kittelkittelkaer mit twe Bück daerfaer unn soeben Sack Geld achterhaer?« Da erschrak der Mann so vor dem Riesen, daß er gestand, wo die Kinder hingefahren wären. Nun eilte der Riese ihnen nach, und bald hörten sie es hinter sich prusten und schnauben. Da sprach Brüderchen zu Schwesterchen: »Sieh dich mal um, gewiß ist der Riese hinter uns.« Das Schwesterchen sah sich um und rief: »Ja, der Riese ist hinter uns, schon ganz nahe.« Eben waren sie auf einen Berg hinaufgefahren, und es war schon Abend. Da fuhren sie noch den Berg hinunter und schnell in eine Höhle hinein: »So«, sagte Brüderchen, »hier wollen wir die Nacht bleiben und morgen weiterfahren, und der Riese soll uns nicht finden.«

Nun kam der Riese auch auf den Berg und sah sich allerwärts noch einmal um und konnte nirgends die Kinder mit der Karre und den Böcken finden. Da stieg er noch den Berg hinunter, legte sich nieder und dachte, morgen wirst du sie schon einholen, du hast heute einen weiten Weg gemacht, und darauf schlief er ein. Aber nun hatte er sich gerade auf die Höhle gelegt, worin die Kinder mit den Böcken waren, so daß sein Leib ganz den Eingang verdeckte. Da wußten sie's nicht anders anzufangen, als daß sie den Riesen, indem er schlief, heimlich und ohne daß er's merkte, totmachten. Aber nun konnten sie den toten Riesen nicht von der Stelle wälzen und kamen in große Not und litten Hunger und Durst und die Böcke auch, und sie wußten gar nicht, wie sie wieder aus der Höhle kommen sollten. Da aber entstand in der Nacht ein großes Geschrei und Flügelschlagen wie von einem Raubvogel, und sie merkten, daß der Vogel von dem Riesen fresse. Nun wurden sie ruhig und warteten bis zu der nächsten Nacht. Und der Vogel kam wieder, machte ein großes Geschrei und schlug mit den Flügeln und fraß von dem Riesen, daß am andern Morgen schon der Tag durchschimmerte. In der dritten Nacht kam der Vogel noch einmal wieder und hackte das Loch noch größer, und hätte er das nicht getan, so wären Brüderchen und Schwesterchen nimmer herausgekommen und wären vor Hunger in der Höhle gestorben und die Böcke auch. Nun aber ward das Loch so groß, daß sie hindurchkonnten, und so fuhren sie denn nach Hause mit der alten Karre mit den zwei Böcken davor und den sieben Sack Geld hinterher, und ihr könnt euch denken, was Vater und Mutter sich gefreut haben, als sie endlich ihre lieben Kinderchen wiederhatten.

Wunderdinge und verzaubertes Volk

Der süße Brei

Es war einmal ein armes, frommes Mädchen, das lebte mit seiner Mutter allein, und sie hatten nichts mehr zu essen. Da ging das Kind hinaus in den Wald, und begegnete ihm da eine alte Frau, die wußte seinen Jammer schon und schenkte ihm ein Töpfchen, zu dem sollte es sagen: »Töpfchen koche«, so kochte es guten süßen Hirsebrei, und wenn es sagte: »Töpfchen steh«, so hörte es auf zu kochen. Das Mädchen brachte den Topf seiner Mutter heim, und nun waren sie ihrer Armut und ihres Hungers ledig und aßen süßen Brei, so oft sie wollten. Auf eine Zeit war das Mädchen ausgegangen, da sprach die Mutter: »Töpfchen koche.« Da kocht es, und sie ißt sich satt. Nun will sie, daß das Töpfchen wieder aufhören soll, aber weiß das Wort nicht. Also kocht es fort, und der Brei steigt über den Rand und kocht immerzu, die Küche und das ganze Haus voll und das zweite Haus und die Straße, als wollt's die ganze Welt satt machen, und ist die größte Not, und kein Mensch weiß zu helfen. Endlich, wie nur noch ein einziges Haus übrig ist, da kommt das Kind heim und spricht nur: »Töpfchen steh«, da steht es und hört auf zu kochen. Und wer in die Stadt wollte, der mußte sich durchessen.

Das Kätzchen mit den Stricknadeln

Es war einmal eine arme Frau, die in den Wald ging, um Holz zu lesen. Als sie mit ihrer Bürde auf dem Rückwege war, sah sie ein krankes Kätzchen hinter einem Zaun liegen, das kläglich schrie. Die arme Frau nahm es mitleidig in ihre Schürze und trug es nach Hause. Auf dem Wege kamen ihre beiden Kinder ihr entgegen, und wie sie sahen, daß die Mutter etwas trug, fragten sie: »Mutter, was hast du da?« und wollten gleich das Kätzchen haben. Aber die Frau gab den Kindern das Kätzchen nicht, aus Sorge, sie möchten es quälen, sondern sie legte es zu Hause auf alte, weiche Kleider und gab ihm Milch zu trinken. Als das Kätzchen sich gelabt hatte und wieder gesund war, da war es mit einem Male fort und verschwunden. Nach einiger Zeit ging die arme Frau wieder in den Wald, und als sie mit ihrer Bürde Holz auf dem Rückwege wieder an die Stelle kam, wo das kranke Kätzchen gelegen hatte, da stand eine ganz vornehme Dame dort, winkte sie zu sich und warf ihr fünf Stricknadeln in die Schürze. Die Frau wußte nicht recht, was sie denken sollte, die absonderliche Gabe schien ihr gar zu gering; doch nahm sie die fünf Stricknadeln mit nach Hause und legte sie des Abends auf den Tisch. Aber als die Frau des andern Morgens aufgestanden war, da lag ein Paar neue, fertig gestrickte Strümpfe auf dem Tische. Das wunderte die Frau über alle Maßen. Am nächsten Abend legte sie die Nadeln wieder auf den Tisch, und am Morgen darauf lagen neue Strümpfe da. Jetzt merkte sie, daß zum Lohn ihres Mitleids mit dem kranken Kätzchen ihr diese fleißigen Nadeln beschert waren, und ließ dieselben nun jede Nacht stricken, bis sie für sich und die Kinder genug hatte. Dann verkaufte sie die Strümpfe und hatte genug bis an ihr seliges Ende.

Peters drei Geschenke
Ein spanisches Märchen

Es waren einmal zwei Brüder, Peter und Hans. Und eines Tages zogen sie in die Welt hinaus, um sich ihr Brot selber zu verdienen. Sie kamen an eine Wegkreuzung, und Peter sprach zu seinem Bruder:

»Wir wollen uns hier trennen; du gehst diesen Weg und ich den dort. Und am Sonntag wollen wir uns hier wieder treffen und sehen, ob wir einen Brotherrn gefunden haben.«

Sie trennten sich. Und als Peter einen Berg hinaufging, begegnete ihm ein Herr, der fragte ihn, ob er sein Diener werden und mit ihm gehen wolle; er brauche ihm nur drei Tage zu dienen, dann würde er ihn für immer reich machen.

Peter nahm den Vorschlag an, und der Herr führte ihn in eine Höhle und zeigte ihm eine Kerze, die brannte auf einem Stein, und er sagte:

»Wenn die Kerze sich fortbewegt und auf das Bett zugeht, dann folgst du ihr und legst dich schlafen.«

Und der Herr verschwand.

Als die Kerze sich dem Bett näherte, folgte Peter ihr und legte sich hin. Kurz darauf hörte er ein lautes Getöse und bekam große Angst. Und Peter sagte:

»Sobald es hell wird, gehe ich wieder fort; dies hält kein Mensch aus.«

Als es heller wurde, erschien der Herr und gab ihm einen Eierkuchen und eine Flasche Wein. Und Peter sagte:

»Ich geh fort; das Getöse, das hier gestern abend war, ist nicht auszuhalten.«

»Wie du willst«, sagte der Herr, »aber wenn du fortgehst, bezahle ich dir nichts für die Nacht, die du hier verbracht hast.«

Peter aß den Eierkuchen, trank den Wein und sagte:

»Tja, wenn man so ißt und Ruhe hat wie jetzt, kann man in dieser Höhle schon leben.«

Die Nacht kam, und der Herr ließ Peter bei der brennenden Kerze wie das vorige Mal. Kaum hatte er sich niedergelegt, da hörte er das Getöse und sagte:

»Sobald es hell wird, mache ich mich fort von hier; dies hält kein Mensch aus.«

Es wurde hell, und der Herr gab Peter einen Eierkuchen und ein Flasche Wein. Und Peter sagte zu ihm:

»Ich gehe fort; dies ist nicht zu ertragen.«

»Wenn du fortgehst, gebe ich dir nichts für die beiden Nächte, die du hier verbracht hast. Übrigens fehlt dir ja auch nur eine Nacht, um reich zu werden.«

Peter begann vom Eierkuchen zu essen und den Wein zu trinken, dann sagte er:

»Wenn man gut ißt und Ruhe hat, kann man hier schon leben.«

Als es dunkel wurde, geschah dasselbe wie in den vorigen Nächten, er folgte der Kerze und legte sich zu Bett. Und da hörte er ein Rasseln von Ketten und eine Stimme, die sagte: »Weh, ich falle!«

Und sie sagte so oft: »Weh, ich falle!«, daß Peter schließlich sprach:

»Fall mit tausend Teufeln!«

Und es fielen die Beine eines Mannes herunter.

»Weh, ich falle!« wiederholte die Stimme.

»Fall mit dem Heiligen Johannes!«

Und es fiel der Rumpf herunter.

»Weh, ich falle!«

»So fall, fall, fall schon alles, was noch fehlt!«

Und es fiel der Kopf herunter. Diese Teile des menschlichen Körpers taten sich zusammen und bildeten zusammen einen Herrn, das war derselbe, der Peter in die Höhle geführt hatte. Und der Herr sagte:

»Dadurch, daß du den Mut hattest, hier drei Nächte zu verbringen, hast du mich gerettet. Jetzt will ich dir drei Geschenke geben, die es auf der ganzen Welt nicht zum zweiten Male gibt. Nimm diesen Gürtel! Daraus kannst du soviel Geld holen, wie du willst, und soviel du auch herausholst, er wird nie leer werden.

Nimm dieses Schwert! Mit ihm wirst du alle besiegen, mit denen du kämpfen mußt.

Nimm diese Decke! Du brauchst nur zu sagen: ›Decke da- oder dahin!‹, und schon bist du dort, wo du hinwillst.«

Peter zog sehr zufrieden mit seinen drei Geschenken los und ging an die Wegkreuzung, wo er sich mit seinem Bruder treffen wollte, und fragte ihn:

»Hast du einen Herrn, Hans?«

»Ja! Und du?«

»Ich hatte ihn und bin wieder weg von ihm.«

Und er zeigte ihm den Gürtel mit dem Geld. Und Hans fragte ihn:

»Wem hast du den gestohlen?«

»Ich habe ihn nicht gestohlen; ich verdiente ihn mir, doch ich weiß nicht, bei wem.«

Und dann holte Peter Geld aus dem Gürtel heraus und gab es seinem Bruder. Und er gab ihm so viel, daß Hans sich ein Schloß bauen und Ländereien und viele Viehherden kaufen konnte. Peter reiste auf der Decke von Ort zu Ort und gab mit vollen Händen Geld aus. Und es kam dem König zu Ohren, daß Peter den Gürtel, das Schwert und die Decke hatte, und da ließ er ihn in sein Schloß rufen. Er ging hin, und der König sagte zu ihm: »Wenn du mir die drei Dinge gibst, die du hast, gebe ich dir meine Tochter zur Frau.«

Peter, der merkte, daß der König nur eine Tochter hatte, sprach bei sich:

»Ich kann ihm die Sachen ruhig geben, denn seine Tochter wird sie wieder erben, und so kommen sie zurück, und wir haben sie alle bei uns zu Haus.«

Er überreichte dem König alle drei, doch die Tochter bekam er nicht. Als Peter sich genarrt sah, ging er hin, wo ihn niemand kannte. Und er trat als Gärtner in das Haus eines Herrn ein. Peter machte seine Arbeit sehr gut; und es kam die Zeit der Ernte, und sein Herr sagte zu ihm:

»Iß nicht von diesen Birnen oder von den Pfirsichen da; von den anderen Früchten kannst du so viel essen, wie du willst.«

Und Peter sagte:

»Warum will mein Herr nicht, daß ich diese Birnen koste? Ich will doch eine versuchen.«

Er aß sie, und es wuchsen ihm Hörner. Als er sich mit den Hörnern sah, sprach er:

»Hörner hab ich ja nun; was kann mir noch Schlimmeres widerfahren? Ich will doch sehen, wie das ausgeht, und einen Pfirsich nehmen.«

Er aß ihn, und da verschwanden die Hörner. Darauf sprach er:

»Das ist etwas für mich!«

Peter kannte eine Frau, die war Näherin, und er sagte ihr, sie solle ihm zwei kleine Säcke nähen. In den einen steckte er ein Dutzend Birnen und in den anderen ein Dutzend Pfirsiche, und dann bat er seinen Herrn um die Abrechnung. Und von dem Geld, das er ihm gab, kaufte er sich einen Ärztemantel und packte ihn in den Koffer.

Und er ging in das Schloß des Königs, um dort das Dutzend Birnen zu verkaufen. Da sie ausgezeichnet aussahen, kaufte man sie ihm ab und brachte sie noch am selben Tag auf die Tafel. Die königliche Familie aß davon, und da wuchsen ihr furchtbare Hörner.

Als die Diener den Tisch abräumten, sahen sie den König, die Königin und die Prinzessin mit den angewachsenen Hörnern. Nun kamen Ärzte von hier und von dort, aber niemand konnte von den Köpfen der königlichen Familie diese Gewächse entfernen. Peter zog den Ärztemantel an, ging ins Schloß und sagte, er verpflichte sich, die Kranken zu heilen. Man führte ihn vor den König, er untersuchte gründlich dessen Kopf und fragte:

»Warum haben die Ärzte denn nicht die Hörner an dem Tag entfernt, an dem sie entstanden sind? Jetzt sind sie schon hart, und es ist nicht leicht, sie zu entfernen. Doch trotzdem verpflichte ich mich, sie wegzubringen, wenn Ihr mir dafür einen Gürtel gebt, den Ihr besitzt.«

»Fordere, soviel du willst«, sagte der König, »aber den Gürtel geb ich dir nicht.«
»Dann behaltet den Gürtel und Eure Hörner.«

Da sagte die Königin zu dem König: »Zu sehr hängst du am Geld. Willst du lieber
wie ein Hirsch herumlaufen, als einen Gürtel entbehren?«

Der König gab ihm den Gürtel. Und Peter bat um ein Glas Wasser und legte den
Pfirsich hinein. Mit dem Wasser benetzte er die Hörner, und den Pfirsich gab er
in kleinen Stücken dem König zu essen, und die Hörner verschwanden.

Danach besah er die Hörner der Königin und sagte zu ihr:

»Ich entferne sie Euch, wenn der König mir ein Schwert gibt, das er besitzt.«

Der König antwortete ihm, daß er ihm das Schwert nicht gebe, denn das sei seine
einzige Waffe. Und die Königin sagte:

»Wo du keine Hörner mehr hast, willst du, daß ich meine behalte?«

Und der König gab ihm das Schwert, und Peter machte bei der Königin dasselbe
wie beim König und entfernte ihr die Hörner. Da trat die Prinzessin weinend
herein und flehte Peter an, er möge sie doch um Gottes willen auch von den Hörnern befreien.

»Ich entferne sie dir«, sagte Peter, »doch um sie loszuwerden, mußt du dich im
Hof auf eine Decke setzen, die dein Vater hat.«

Die Prinzessin breitete die Decke im Hof aus und setzte sich darauf. Und Peter
setzte sich an ihre Seite und sagte: »Decke, runter nach Rom!«

Und in einem Husch waren sie in Rom. Dort sagte Peter zu der Prinzessin:

»Wenn du mich heiratest, nehme ich dir die Hörner weg.«

Sie willigte ein. Da gab Peter ihr einen Pfirsich zu essen, und die Hörner waren
nicht mehr zu sehen. Dann heirateten sie und gingen in das Schloß, das sein Bruder Hans gebaut hatte, und lebten dort. Und eines Tages fragte Hans:

»Peter, wie hast du es nur angestellt, die Tochter des Königs zu rauben?«

»Ich setzte mich auf eine Decke, die ich habe, und sagte: ›Decke, runter nach Rom!‹«

Hans beneidete seinen Bruder und bekam schnell heraus, wo er die Decke aufbe-
wahrte. Er nahm sie und setzte sich darauf. Und anstatt zu sagen: »Decke, runter
nach Rom!«, sagte er: »Decke, rundherum!«

Und sogleich wurde er im Kreise herumgewirbelt und stieß sich an allen Ecken
und Kanten, bis ihm in den Sinn kam, zu sagen: »Decke, zu meinem Bruder
Peter!«

Und er langte zu Hause an. Und er verspürte nie wieder Neid auf seinen Bruder.
Und die drei lebten glücklich zusammen.

Von dem Breikessel

Sieben Meilen hinter Eulenpfingsten lebten vor alter Zeit ein Mann und eine Frau, aßen und tranken und waren allezeit guter Dinge. Der Mann aber war ein Müller; nun rate, was die Frau war. Und sie hatten eine einzige Tochter; wenn die im Sommer am Bache saß und ihre Füßchen spülte, kamen alle Fische herbei und sprangen vor Freuden aus dem Wasser, so schön war sie.

Einst wurde eine teure Zeit, und es kam nur wenig Korn zur Mühle; deshalb hatten sie nichts mehr zu essen. Da ging die Frau eines Tages hin, schüttelte alle Kisten und Kasten und klopfte alle Säcke aus, tat das letzte Salz daran, kochte einen Roggenbrei und sagte: »Dies wird die letzte Mahlzeit sein; wir können uns dann hinlegen und sterben.« Als der Brei bald fertig war, kam der Mann in die Küche, nahm den hölzernen Löffel und wollte einmal schmecken. Die Frau verwehrte es ihm, und als er Gewalt brauchen wollte, nahm sie den Kessel auf den Kopf und lief davon, daß ihr die Haare um den Nacken flogen. Der Mann mit dem Löffel in der Hand setzte hinter ihr her, und als die Tochter das sah, nahm sie ihre Schuhe in die Hand und lief hinter dem Vater her. Und sie kamen in einen Wald, da verlor das Mädchen den einen Schuh, und während es den suchte, ohne ihn finden zu können, verschwanden Vater und Mutter hinter den Bäumen. Da setzte es sich hinter einen Busch und konnte nicht mehr weiter, so müde war es, und weinte und wimmerte. Und als es daran dachte, daß es seinen einen Schuh verloren hatte, weinte es noch viel mehr. Den Schuh aber hatte der Zaunkönig gefunden, und die Frau Zaunkönig wiegte ihre Jungen darin.

Als es nun so dasaß und klagte, daß es einen Stein hätte erbarmen sollen, da stand auf einmal eine alte Frau bei ihm, die fragte: »Was fehlt dir, mein Kind?« Das Mädchen antwortete: »Ja, die Mutter nahm das letzte Mehl und kochte einen Brei davon; da wollte der Vater schmecken, die Mutter wollte es aber nicht haben. Nun ist sie davongelaufen mit dem Kessel auf dem Kopf, und der Vater läuft hinter ihr her mit dem Löffel in der Hand. Und als ich ihnen nachlief, da verlor ich den einen Schuh, und wie ich den suchte, verschwanden Vater und Mutter hinter den Bäumen. Was soll ich nun anfangen? Hätte ich nur den Schuh!« — »Hier hast du einen andern«, sagte die Frau, griff in die Tasche, holte einen funkelnagelneuen heraus und setzte hinzu: »Nun sei ruhig und tu, was ich dir sage, so wird alles gut! Geh noch ein wenig tiefer in den Wald, da kommst du an ein großes Haus, das ist ein Königsschloß, da geh hinein. Und wenn sie dir dann viele Kleider vorlegen, seidene, baumwollene und leinene, und dir sagen, du sollst dir davon eins wählen, so suche dir das schönste seidene aus; und wenn sie dich fragen, warum du dir das wählst, so antworte: ›Ich bin in Seide erzogen.‹« Das Mädchen bedankte sich und ging und kam bald an das Schloß, und als es hineinkam und ihm die vielen Kleider vorgelegt wurden, seidene, baumwollene und leinene, suchte es sich das schönste seidene aus. Da fragte es der König: »Warum wählst du dir gleich ein seidenes?« Es antwortete: »Ich bin in Seide erzogen.« Eigentlich war es aber in Leinen erzogen. Nun hatte der König einen Prinzen, der war zwölf Jahre alt und sollte heiraten, und als die Müllerstochter in dem seidenen Kleide hereinkam, lief es ihm heiß durchs Herz, und er sagte: »Lieber Vater, wenn ich doch nun einmal mit Gewalt heiraten soll, so gebt mir die; eine andere nehme ich nie und nimmermehr!« Des waren alle froh, und die Hochzeit wurde angesetzt.

Eines Tages stand die Braut oben im Saale am Fenster und besah sich die Gegend, und als sie eben noch hinuntersah, siehe, da lief ihre Mutter vorbei mit dem Kessel auf dem Kopf, daß ihr die Haare um den Nacken flogen, und hinter ihr her lief der Vater mit dem großen hölzernen Löffel in der Hand. Da konnte sie es nicht lassen, sie mußte laut auflachen. Das hörte der Prinz im Nebenzimmer und kam herein und sagte: »Schätzchen, was lachst du?« Sie wollte die Geschichte von ihren Eltern nicht gerne erzählen und antwortete: »Ich lache darüber, daß wir in diesem kleinen Schlosse Hochzeit halten sollen; denn wo wollen hier die vielen Gäste unterkommen?« Da versetzte der Prinz: »Hast du denn ein größeres?« Sie antwortete: »Ja, viel größer.« Sie hatte aber eigentlich gar kein Schloß. »Ei«, sagte der Prinz, »so laß uns die Hochzeit noch acht Tage aufschieben! Wir bestellen dann alle auf dein Schloß, fahren auch dahin und feiern dort die Hochzeit.« Damit ging er weg, um es dem Vater zu sagen. Sie aber stieg in den Hof hinab und war traurig, denn wo sollte das große Schloß herkommen? Und als sie dasaß und weinte, da war auf einmal die alte Frau bei ihr und sagte: »Was fehlt dir?« — »Ich stand gerade oben im Saale am Fenster und besah mir die Gegend, und siehe, da liefen meine Eltern unten vorbei, und da mußte ich laut auflachen. Das hörte mein Bräutigam im Nebenzimmer, und als er kam und mich fragte, warum ich gelacht habe, wandte ich vor, es sei wegen dieses kleinen Schlosses geschehen; ich hätte ein viel größeres. Nun soll dort die Hochzeit gefeiert werden, und ich habe doch gar kein Schloß.« – »Das hast du doch!« erwiderte die Alte. »Sei nur ruhig und fahre getrost mit ihm los, und wenn ihr ein bißchen gefahren seid, springt ein weißer Pudel aus dem Gebüsch, den du allein sehen kannst. Wo er hinläuft, da laß hinfahren.« Damit verschwand die alte Frau, und das Mädchen ging wieder in den Saal.

Als die acht Tage um waren und die Gäste zur Hochzeit kamen, fuhren sie über die Brücke in den Wald, und bald sprang ein weißer Pudel aus dem Gebüsch, den das Mädchen allein sehen konnte, und wo der hinlief, ließ sie ihren Wagen fahren, und die anderen Wagen kamen alle hinterdrein. Als sie eine Zeitlang unterwegs waren und es den Gästen allgemach zu lange dauerte, fragten sie: »Sind wir noch nicht bald da?« Sie antwortete: »Sogleich«, und in demselben Augenblick stand der Pudel still und verschwand in dem Gebüsch. Und wo er verschwunden war, stand plötzlich ein großes Schloß mit hohen Türmen und hellen Fenstern, und lustig drängte sich der Rauch aus allen Schornsteinen. »Das ist mein Schloß«, sagte die Braut, und alle stiegen aus und gingen hinein. Und siehe, die Tische waren gedeckt, die Betten gemacht, und die Bedienten liefen ein und aus. Da hielten sie ein halbes Jahr Hochzeit. Und am letzten Tage, als sie schon eingepackt hatten, um wieder nach dem alten Schloß zu fahren und eben zum letztenmal bei Tische saßen, da plötzlich rannte etwas gegen die Tür, daß sie krachend aufsprang. »Frau Königin! Frau Königin!« rief eine Frau, die mit einem Kessel auf dem Kopfe hereinstürzte, »Frau Königin, schützt mich; mein Mann will mich schlagen!« Und der Mann kam hereingestürzt mit einem hölzernen Löffel und war ganz wütend und wollte die Frau schlagen. Als er aber die hohen Gäste sah, ließ er es bleiben. »Das sind meine lieben Eltern!« sagte die junge Königin, und der junge König freute sich und der alte auch, denn sie hatten die schöne Frau über die Maßen lieb. Und als diese ihre ganze Geschichte erzählt hatte, mußten die Bedienten den größten hölzernen Löffel nehmen und jedem der Gäste einen Löffel voll von dem Brei, dem alle ihr Glück verdankten, auf den Teller geben, und alle aßen davon und lobten ihn. Der Müller und die Müllerin aber bekamen so viel Wein und Braten, wie sie nur essen konnten. Und das war sehr viel, denn sie hatten sich hungrig gelaufen.

Der Page und der Silberkelch
Ein englisches Märchen

Es war einmal ein kleiner Page, der diente auf einem stattlichen Schloß. Er war ein gutmütiger Bursche und erfüllte seine Pflichten so willig und gut, daß ihn jedermann gern hatte, von dem hohen Grafen, dem er täglich mit gebeugtem Knie aufwartete, bis zu dem dicken Kellermeister, dessen Aufträge er ausführte. Das Schloß stand auf einer Klippe hoch über der See, und obwohl die Mauern auf dieser Seite sehr stark waren, befand sich in ihnen eine kleine Hintertür. Sie ging auf eine schmale Treppenflucht hinaus, die an der Vorderseite der Klippe zum Ufer hinabführte, so daß jeder, der es mochte, an schönen Sommermorgen dort hinuntergehen und im schimmernden Meere baden konnte. Auf der anderen Seite des Schlosses waren Gärten und Spielgründe, die an einen langen Streifen heidebedeckten Ödlandes grenzten, und in der Ferne ragte eine Hügelkette empor. Der kleine Page liebte es sehr, die Heide aufzusuchen, wenn seine Arbeit getan war; denn dann konnte er soviel herumtollen, wie er wollte: Hummeln jagen und Schmetterlinge fangen und nach Vogelnestern ausgucken, wenn es Brutzeit war. Und der alte Kellermeister war damit sehr einverstanden; denn er wußte, wie gesund es für einen solchen Burschen war, sich viel im Freien herumzutreiben. Aber bevor der Junge hinausging, pflegte ihm der alte Mann immer eine Mahnung mitzugeben: »Paß gut auf, mein Kerlchen, und halte dich fern von dem Elfenhügel; denn dem kleinen Volk ist nicht zu trauen.«

Dieser Elfenhügel, von dem er sprach, war eine kleine grüne Anhöhe, die nicht zwanzig Ellen vom Gartentor entfernt auf der Heide lag, und die Leute sagten, sie sei die Wohnstätte von Feen, die jeden voreiligen Sterblichen, der sich ihnen näherte, bestraften. Deswegen gingen die Landleute lieber eine halbe Meile daran vorbei, selbst am hellen Tage, als daß sie Gefahr liefen, zu nah an den Feenhügel zu geraten und sich den Zorn der kleinen Geister zuzuziehen. Und nachts hätten sie die Heide überhaupt nicht durchquert; denn jeder weiß, daß die Feen in der Dunkelheit umherschweifen und die Tür zu ihrer Behausung offensteht; und der unglückliche Sterbliche, der nicht aufpaßt, kann dann hineingeraten.

Nun war der kleine Page ein kecker Bursche, und anstatt vor den Feen Angst zu haben, war er sehr begierig, sie zu sehen und ihr Versteck aufzusuchen und auszuspüren, wie es dort zuging. So schlich er sich eines Nachts, als alle im Schloß im

Schlafe lagen, durch die kleine Pforte und stahl sich die Steintreppen hinunter und am Meeresufer entlang bis schließlich herauf zum öden Heideland, und dann ging er stracks auf die Erhebung los. Zu seinem Entzücken fand er die Spitze des Feenhügels aufgekippt. Aus der klaffenden Öffnung strömten Lichtstrahlen hervor. Sein Herz schlug heftig vor Erregung, aber er nahm sich den Mut, beugte sich nieder und schlüpfte ins Innere des Hügels. Dort fand er einen weiten Raum, der von zahllosen winzigen Kerzen erleuchtet war, und um einen blanken Tisch saßen Scharen von Feen und Elfen und Gnomen, in Grün und Gelb und Rot, in Blau und Lila und Scharlach gekleidet, kurz in allen Farben, die man sich nur denken kann.

Er stand in einer dunklen Ecke und belauschte das geschäftige Treiben mit Staunen. Er wunderte sich, wie seltsam es doch sei, daß eine solche Anzahl winziger Wesen ihr eigenes, den Menschen ganz unbekanntes Leben führte, als plötzlich jemand — er konnte nicht sagen wer — einen Befehl erteilte.

»Hole den Kelch!« rief der Eigentümer der unbekannten Stimme, und sogleich flitzten zwei kleine Feenpagen, ganz in scharlachroter Livree, vom Tische zu einem kleinen Schrank im Felsen und kehrten taumelnd unter der Last eines überaus wertvollen Silberkelches zurück, der von schön getriebener Arbeit und innen mit Gold gefaßt war. Er setzte ihn mitten auf den Tisch, und unter Händeklatschen und Freudengeschrei begannen alle Feen daraus zu trinken. Der Page konnte von seinem Platz aus sehen, daß niemand Wein hineingoß und der Kelch doch ständig voll war. Sogar der Wein, der darin funkelte, blieb nicht immer derselbe, sondern jeder Elf, wenn er nach dem Fuß griff, wünschte sich den Wein, den er am liebsten mochte, und schau, im Augenblick war der Kelch voll davon.

›Es wäre eine feine Sache, hätte ich den Kelch bei mir zu Haus‹, dachte der Page. ›Niemand wird mir glauben, ich sei hier gewesen, wenn ich nicht etwas vorzuweisen habe.‹ So nahm er sich Zeit und paßte auf.

Plötzlich bemerkten ihn die Feen. Anstatt ärgerlich über seine Kühnheit und sein Eindringen zu sein, wie er wohl erwartete, schienen sie sehr erfreut, ihn zu sehen, und luden ihn ein, am Tische Platz zu nehmen. Aber allmählich wurden sie grob und unverschämt und spotteten über ihn, daß er damit zufrieden sei, bloßen Sterblichen zu dienen. Sie erzählten ihm, sie sähen alles, was auf dem Schlosse vorginge, und machten sich lustig über den alten Kellermeister, den der Page von ganzem Herzen liebte. Außerdem lachten sie über sein Essen und sagten, es wäre für Tiere gerade gut genug. Und wenn irgendeine neue Leckerei aufgetragen wurde von den scharlachroten Pagen, schoben sie die Schüssel zu ihm hinüber und meinten: »Koste einmal; denn solche Sachen bekommst du im Schloß doch nicht zu schmecken!«

Zuletzt konnte er ihre spöttischen Bemerkungen nicht länger mitanhören; außerdem wußte er, wenn er sich den Kelch sichern wollte, durfte er keine Zeit mehr verlieren. So sprang er plötzlich auf und faßte den Fuß fest mit der Hand: »Ich trinke euch mit Wasser zu!« rief er, und sofort verwandelte sich der rubinrote Wein in klares kaltes Wasser. Er hob den Kelch an die Lippen, aber er trank nicht davon. Mit einem plötzlichen Schwung schüttete er das Wasser über die Kerzen, und im Nu war der Raum in Dunkelheit gehüllt.

Er drückte den kostbaren Becher fest in die Arme, eilte zur Öffnung des Hügels, durch die er klar die Sterne schimmern sah. Es war die höchste Zeit; denn mit einem Krach schlug der Spalt hinter ihm zu. Und bald hastete er über die nasse, taubedeckte Heide, die ganze Schar der Feen auf den Fersen. Sie waren außer sich vor Ärger, und nach dem schrillen Wutgeheul, das sie ausstießen, konnte sich der Page wohl denken, daß er keine Gnade von ihren Händen zu erwarten hatte, wenn sie ihn griffen. Und ihm sank der Mut; denn war er auch flink zu Fuß, so war ihm das Elfenvolk doch weit überlegen und gewann ständig an Raum. Alles schien verloren, als eine geheimnisvolle Stimme aus der Dunkelheit ertönte:

> »Willst du an der Schloßtür stehn,
> mußt über die schwarzen Steine am Ufer gehn!«

Es war die Stimme eines armen Sterblichen, der von den Feen gefangengenommen war und der nicht wollte, daß ein gleiches Schicksal den abenteuerlustigen Pagen befiel; aber das wußte der kleine Bursch natürlich nicht. Er hatte einmal gehört, wenn jemand über den feuchten Sand ginge, über den die Wellen gerollt, so konnten ihn die Feen nicht mehr berühren, und der geheimnisvolle Vers erinnerte ihn daran.

So wandte er sich um und stürmte keuchend ans Ufer hinunter. Seine Füße sanken tief ein in den trockenen Sand, sein Atem ging stoßweise, und er merkte, er werde den Kampf aufgeben müssen. Aber er riß seine Kräfte zusammen, und gerade als die vorderste der Feen Hand an ihn legen wollte, sprang er über die Wassermarke auf den festen feuchten Sand, von dem sich die Wogen eben zurückgezogen hatten, und da wußte er, daß er gesichert war.

Das kleine Volk konnte keinen Schritt weiter vordringen, sondern stand auf dem

trockenen Sand und kreischte vor Wut und Enttäuschung, während der sieges-
stolze Page unbehelligt am Ufer entlangrannte, den köstlichen Kelch in den
Armen behende die Treppen im Felsen aufstieg und durch die Hintertür verschwand. Und noch viele, viele Jahre, lange nachdem der Page groß und ein tüch-
tiger Kellermeister geworden war, blieb der wunderbare Kelch in dem Schlosse
als Zeugnis seines Abenteuers.

Die seltsame Heirat

Vor langer Zeit hatte ein Bauer drei Söhne, von denen der älteste ein rechter
Lapp war. Man mochte ihm auftragen, was man wollte, alles tat er verkehrt.
Eines Tages war er ganz betrübt, denn seine Brüder wollten ihm die Hauswirt-
schaft nicht überlassen, weil er gar so dumm war; er wußte sich vor Ärger und
Verdruß gar nicht zu lassen und ging in den Wald hinaus, um nur seine Brüder
nicht mehr zu sehen. Als er so durch den dichten, dunklen Forst dahinwanderte,
hörte er plötzlich in der Nähe seinen Namen rufen. ›He, wer ist etwa das?‹ dachte
er und ging der Richtung nach, aus der die Stimme zu kommen schien. Er war nicht
weit gegangen, so gelangte er zu einem schönen blauen See und erblickte am Gestade eine Kröte, die ihm immer zurief: »Hansl, Hansl!« — »Was willst du denn?«
sagte Hansl ganz erstaunt. »Nichts sonst«, antwortete sie. »Ich bin so mutterseelen-
allein, und da möchte ich dich zur Gesellschaft haben.«
Der Hansl hatte Mitleid mit dem armen Tiere, setzte sich auf einen Stein und
plauderte die längste Zeit mit der Kröte. Endlich wollte es Abend werden, und ein
kühler Lufthauch strich schon über das Wasser; da dachte Hansl: ›Ich muß doch
heimgehen‹ und nahm von der Kröte Abschied. Die sagte aber: »Komm bald
wieder zum Heimgart, und dann kannst du verlangen, was du willst, ich werde es
dir geben.« Sie gab ihm auch ein Stäbchen und fuhr fort: »Nimm dieses Stäbchen,
und wenn du damit in den See hineinschlägst, weiß ich schon, daß du da bist.«
Nach diesen Worten hüpfte sie ins Wasser, daß es einen lauten Platsch tat, und
der Hansl ging freudig mit seinem Stäbchen nach Hause. In der Nacht konnte er
nicht schlafen, denn immer dachte er an die Kröte und das Stäbchen, und es
wunderte ihn gar sehr, ob wohl das, was die Kröte gesagt, wahr sei. In aller

Frühe, als die Hennen noch auf einem Fuße standen und schliefen, stand er schon auf, nahm das Stäbchen und wanderte in den dunklen Wald hinaus und ging, bis er zum See kam. Und wie er da war, tat er mit dem Stäbchen einen Hieb ins Wasser, daß es weite Wellen schlug, und sogleich hörte er die Kröte fragen: »Hansl, was wills du?« Er antwortete: »Drei Schneuztüchlein.« Kaum hatte er es gesagt, so flogen drei schöne Tücher aus dem Wasser heraus, und Hansl ging damit voll Freude nach Hause. Als er dort war, dachte er bei sich: ›Ich habe so schöne Schneuztücher und meine Brüder haben so schlechte, ich muß ihnen schon auch zwei davon geben.‹ Gedacht, getan! Das schönste Tuch behielt er für sich, die beiden andern gab er seinen Brüdern. Am andern Morgen ging Hansl wieder, bevor der Tag graute, in den Wald zum See hinaus und schlug mit dem Stäbchen ins Wasser. Da fragte die Kröte wieder: »Was willst du?« Und Hansl antwortete: »Drei schöne Schnupftabakbüchsen.« Kaum hatte er es gesagt, so kam die Kröte aus dem Wasser herausgepatschelt und sprach: »Lieber Hansl, die kann ich dir nicht geben, denn ich habe keine vorrätig. Tu aber einen andern Wunsch, und ich werde ihn erfüllen.« Da besann sich der Lapp nicht lange und sprach: »Das liebste wäre mir, wenn ich heiraten könnte und dürfte.«

Der Kröte schien dieser Wunsch zu gefallen, und sie erwiderte: »Wenn du heiraten willst, so soll dir bald geholfen sein. Du heiratest mich, und dann ist alles abgetan.« Als Hansl das hörte, hatte er die größte Freude, denn er hatte jetzt ja auch eine Braut, und es konnten jetzt die Dorfmädchen sehen, daß er doch eine gekriegt habe. Er setzte sich nun auf den Stein nieder, und die Kröte kroch auf sein Knie herauf, und sie saßen den ganzen Tag beisammen und besprachen alles, was bei solchen Gelegenheiten besprochen wird. Und als sie noch nicht alles abgeredet hatten, fing es schon an zu dunkeln. Die Kröte nahm von ihrem Hansl Abschied und sprang in den See hinein, und Hansl eilte voll Freude nach Haus. Am folgenden Morgen — es war gerade ein Samstag — ging Hansl, ohne dem Vater oder den Brüdern etwas davon zu sagen, in den Wittum und sagte dem Pfarrer, er wolle jetzt heiraten und habe mit seiner Braut alles in Ordnung. Er bat dann, der Herr Pfarrer möchte den Kündzettel schreiben und ihn morgen nach der Predigt verkünden.

Der Pfarrer glaubte anfangs, Hansl sei nicht bei Sinnen und wollte ihm nicht willfahren. Als dieser aber auf seinem Vorhaben bestand, gab der Geistliche nach und schrieb, was ihm Hansl ansagte, staunte aber nicht wenig, als der junge Bauer keine Braut nannte. Sie zu nennen, hatte ihm nämlich die Kröte verboten.

Der Pfarrer mochte fragen und tun, was er wollte, Hans erwiderte immer: »Ich darf meine Braut nicht nennen.« Am Sonntage wurde Hansl verkündet, und alle Leute lachten hell auf, daß der Lapp, ohne eine Braut zu haben, heiraten wollte. Als er aus der Kirche nach Hause kam, waren Vater und Brüder über ihn böse und verlachten ihn auch. Er kehrte sich jedoch nicht daran und ging oft zum See zu seiner Kröte hinaus.

Endlich kam der Hochzeitstag, und da hättest du die Freude des Hansl sehen sollen! Wie es noch nicht Ave Maria geläutet hatte, fuhr er schon in einer prächtigen Kutsche in den Wald hinaus, um seine Braut zu holen. Als er am See ankam, wartete die Kröte schon am Gestade, ward vom Hansl in die Kutsche gehoben, und dann ging es im schnellsten Trab über Stock und Stein, Gras und Grieß der Kirche zu. Vor der Kirchentüre ward sie wieder aus dem Wagen gehoben und patschte an der Seite ihres Bräutigams zum Altare, wo der Geistliche auf das Brautpaar schon harrte. Dieser machte keine kleinen Augen, als er die garstige Braut sah, nahm aber keinen Anstand, das seltsame Paar zu trauen. Nach dem Gottesdienste watschelte die Kröte wieder zur Kirchentüre, ward von Hansl wieder in den Wagen gehoben und fuhr dann mit ihrem Manne von dannen zum See. Wie sie dort angekommen waren, hob sie Hansl wieder aus dem Wagen, und sie sprang gar lustig in den See hinein. Da war Hansl gar traurig und wußte nicht, was er tun sollte. Er nahm endlich sein Stäbchen und schlug in das Wasser, und siehe da — eine wunderschöne Frau stieg aus dem See und eilte auf den Hansl los und halste und herzte ihn, daß er fast erdrückt wurde. Dann stiegen beide in die Kutsche und fuhren in das Dorf zurück. Da staunte jung und alt die Braut an, denn so eine schöne Frau hatte man noch nie gesehen. Es gab nun eine lustige Hochzeit, bei der der Himmel voll Geigen und der Tisch voll Speisen war, und die Braut war glückselig, daß sie erlöst war. Hansl und seine reiche schöne Frau lebten lange, lange Zeit glücklich und zufrieden beisammen und sprachen noch im Alter von ihrer seltsamen Heirat.

Hans mein Igel

Es war einmal ein Bauer, der hatte Geld und Gut genug, aber wie reich er war, so fehlte doch etwas an seinem Glück: er hatte mit seiner Frau keine Kinder. Öfters, wenn er mit den anderen Bauern in die Stadt ging, spotteten sie und fragten, warum er keine Kinder hätte. Da ward er endlich zornig, und als er nach Hause kam, sprach er: »Ich will ein Kind haben, und sollt's ein Igel sein.« Da kriegte seine Frau ein Kind, das war oben ein Igel und unten ein Junge, und als sie das Kind sah, erschrak sie und sprach: »Siehst du, du hast uns verwünscht.« Da sprach der Mann: »Was kann das alles helfen, getauft muß der Junge werden, aber wir können keine Gevatter dazu nehmen.« Die Frau sprach: »Wir können ihn nicht anders taufen als Hans mein Igel.« Als er getauft war, sagte der Pfarrer: »Der kann wegen seiner Stacheln in kein ordentliches Bett kommen.« Da ward hinter dem Ofen ein wenig Stroh zurechtgemacht und Hans mein Igel daraufgelegt. So lag er da hinter dem Ofen acht Jahre, und sein Vater war seiner müde und dachte, wenn er nur stürbe; aber er starb nicht, sondern blieb da liegen. Nun trug es sich zu, daß in der Stadt ein Markt war, und der Bauer wollte hingehen, er fragte seine Frau, was er ihr mitbringen sollte. »Etwas Fleisch und ein paar Wecke«, sprach sie. Darauf fragte er die Magd, die wollte ein Paar Toffeln und Zwickelstrümpfe. Endlich sagte er auch: »Hans mein Igel, was willst du denn haben?« »Väterchen«, sprach er, »bring mir doch einen Dudelsack mit.« Wie nun der Bauer wieder nach Haus kam, gab er der Frau, was er ihr gekauft hatte, Fleisch und Wecke, dann gab er der Magd die Toffeln und die Zwickelstrümpfe, endlich ging er hinter den Ofen und gab dem Hans mein Igel den Dudelsack. Und wie Hans mein Igel den Dudelsack hatte, sprach er: »Väterchen, geht doch vor die Schmiede und laßt mir meinen Göckelhahn beschlagen, dann will ich fortreiten und will nimmermehr wiederkommen.« Da war der Vater froh, daß er ihn loswerden sollte, und ließ ihm den Hahn beschlagen, und als er fertig war, setzte sich Hans mein Igel darauf, ritt fort, nahm auch Schweine und Esel mit, die wollt' er draußen im Wald hüten. Im Wald aber mußte der Hahn mit ihm auf einen hohen Baum fliegen, da saß er und hütete die Esel und Schweine und saß lange Jahre, bis die Herde ganz groß war, und sein Vater wußte nichts von ihm. Wenn er aber auf dem Baum saß, blies er seinen Dudelsack und machte Musik, die war sehr schön. Einmal kam ein König vorbeigefahren, der hatte sich verirrt, und

hörte die Musik; da verwunderte er sich darüber und schickte seinen Bedienten hin, er sollte sich einmal umgucken, wo die Musik herkäme. Er guckte sich um, sah aber nichts als ein kleines Tier auf dem Baum oben sitzen, das war wie ein Gockelhahn, auf dem ein Igel saß, und der machte die Musik. Da sprach der König zum Bedienten, er sollte fragen, warum er da säße und ob er nicht wüßte, wo der Weg in sein Königreich ginge. Da stieg Hans mein Igel vom Baum und sprach, er wollte den Weg zeigen, wenn der König ihm wollte verschreiben und versprechen, was ihm zuerst begegnete am königlichen Hofe, sobald er nach Hause käme. Da dachte der König: ›Das kann ich leicht tun, Hans mein Igel versteht's doch nicht, und ich kann schreiben, was ich will.‹ Da nahm der König Feder und Tinte und schrieb etwas auf, und als es geschehen war, zeigte ihm Hans mein Igel den Weg, und er kam glücklich nach Haus. Seine Tochter aber, wie sie ihn von weitem sah, war so voll Freuden, daß sie ihm entgegenlief und ihn küßte. Da dachte er an Hans mein Igel und erzählte ihr, wie es ihm gegangen wäre und daß er einem wunderlichen Tier hätte verschreiben sollen, was ihm daheim zuerst begegnen würde, und das Tier hätte auf einem Hahn wie auf einem Pferde gesessen und die schönste Musik gemacht; er hätte aber geschrieben, es sollt's nicht haben, denn Hans mein Igel könnt' es doch nicht lesen. Darüber war die Prinzessin froh und sagte, das wäre gut, denn sie wäre doch nimmermehr hingegangen.
Hans mein Igel aber hütete die Esel und die Schweine, war immer lustig, saß auf dem Baum und blies auf seinem Dudelsack. Nun geschah es, daß ein anderer König gefahren kam mit seinen Bedienten und Läufern und hatte sich verirrt und wußte nicht wieder nach Haus zu kommen, weil der Wald so groß war. Da hörte er gleichfalls die schöne Musik von weitem und sprach zu seinem Läufer, was das wohl wäre, er sollte einmal zusehen. Da ging der Läufer hin unter den Baum und sah den Gockelhahn sitzen und Hans mein Igel obendrauf. Der Läufer fragte ihn, was er da oben vorhätte. »Ich hüte meine Esel und Schweine; aber was ist Euer Begehren?« Der Läufer sagte, sie hätten sich verirrt und könnten nicht wieder ins Königreich, ob er ihnen den Weg nicht zeigen wollte. Da stieg Hans mein Igel mit dem Hahn vom Baum herunter und sagte zu dem alten König, er wolle ihm den Weg zeigen, wenn er ihm zu eigen geben wollte, was ihm zu Haus vor seinem königlichen Schlosse als erstes begegnen würde. Der König sagte ja und unterschrieb dem Hans mein Igel, er sollte es haben. Als das geschehen war, ritt er auf dem Gockelhahn voraus und zeigte ihm den Weg, und gelangte der König glücklich wieder in sein Reich. Wie er auf den Hof

kam, war große Freude darüber. Nun hatte er eine einzige Tochter, die war sehr schön, die lief ihm entgegen, fiel ihm um den Hals und küßte ihn und freute sich, daß ihr alter Vater wiederkam. Sie fragte ihn auch, wo er so lange in der Welt gewesen wäre, da erzählte er ihr, er hätte sich verirrt und wäre beinahe gar nicht wiedergekommen, aber als er durch einen großen Wald gefahren wäre, hätte einer, halb wie ein Igel, halb wie ein Mensch, rittlings auf einem Hahn in einem hohen Baum gesessen und schöne Musik gemacht, der hätte ihm den Weg gezeigt, er hätte ihm dafür versprochen, was ihm am königlichen Hofe zuerst begegnete, und das wäre sie, und das täte ihm nun so leid. Da versprach sie ihm aber, sie wollte gerne mit ihm gehen, wenn er käme, ihrem alten Vater zuliebe.

Hans mein Igel aber hütete seine Schweine, und die Schweine bekamen wieder Schweine, und es wurden ihrer so viel, daß der ganze Wald voll war. Da wollte Hans mein Igel nicht länger im Walde leben und ließ seinem Vater sagen, sie sollten alle Ställe im Dorf räumen, denn er käme mit einer so großen Herde, daß jeder schlachten könnte, der nur schlachten wollte. Da war sein Vater betrübt, als er das hörte, denn er dachte, Hans mein Igel wäre schon lange gestorben. Hans mein Igel aber setzte sich auf seinen Gockelhahn, trieb die Schweine vor sich her ins Dorf und ließ schlachten; hu! da war ein Gemetzel und ein Hacken, daß man's zwei Stunden weit hören konnte. Danach sagte Hans mein Igel: »Väterchen, laßt mir meinen Gockelhahn noch einmal vor der Schmiede beschlagen, dann reit' ich fort und komme mein Lebtag nicht wieder.« Da ließ der Vater den Gockelhahn beschlagen und war froh, daß Hans mein Igel nicht wiederkommen wollte.

Hans mein Igel ritt fort in das erste Königreich, da hatte der König befohlen, wenn einer käme auf einem Hahn geritten und hätte einen Dudelsack bei sich, dann sollten alle auf ihn schießen, hauen und stechen, damit er nicht ins Schloß käme. Als nun Hans mein Igel dahergeritten kam, drangen sie mit den Bajonetten auf ihn ein, aber er gab dem Hahn die Sporen, flog auf, über das Tor hin vor des Königs Fenster, ließ sich da nieder und rief ihm zu, er sollt' ihm geben, was er versprochen hätte, sonst so wollt' er ihm und seiner Tochter das Leben nehmen. Da gab der König seiner Tochter gute Worte, sie möchte zu ihm hinausgehen, damit sie ihm und sich das Leben rettete. Da zog sie sich weiß an, und ihr Vater gab ihr einen Wagen mit sechs Pferden und herrlichen Bedienten, Geld und Gut. Sie setzte sich hinein und Hans mein Igel mit seinem Hahn und Dudelsack neben sie, dann nahmen sie Abschied und zogen fort, und der König dachte, er kriegte sie nicht wieder zu sehen. Es ging aber anders: als sie ein Stück Wegs von der Stadt waren,

zog ihr Hans mein Igel die schönen Kleider aus und stach sie mit seiner Igelhaut, bis sie ganz blutig war, und sagte: »Das ist der Lohn für eure Falschheit, geh hin, ich will dich nicht«, und jagte sie nach Haus, und sie war beschimpft ihr Lebtag.
Hans mein Igel aber ritt weiter auf seinem Gockelhahn und mit seinem Dudelsack nach dem zweiten Königreich, wo er dem König auch den Weg gezeigt hatte. Der aber hatte bestellt, wenn einer käme wie Hans mein Igel, sollten sie das Gewehr präsentieren, ihn frei hereinführen, Vivat rufen und ihn ins königliche Schloß bringen. Wie ihn nun die Königstochter sah, war sie erschrocken, weil er doch gar zu wunderlich aussah, sie dachte aber, es wäre nicht anders, sie hätte es ihrem Vater versprochen. Da ward Hans mein Igel von ihr bewillkommnet und ward mit ihr vermählt, und er mußte mit an die königliche Tafel gehen, und sie setzte sich zu seiner Seite, und sie aßen und tranken. Wie's nun Abend ward, daß sie wollten schlafen gehen, da fürchtete sie sich sehr vor seinen Stacheln; er aber sprach, sie solle sich nicht fürchten, es geschehe ihr kein Leid, und sagte zu dem alten König, er sollte vier Mann bestellen, die sollten wachen vor der Kammertür und ein großes Feuer anmachen, und wenn er in die Kammer eingehe und sich ins Bett legen wollte, würde er aus seiner Igelhaut herauskriechen und sie vor dem Bett liegenlassen, dann sollten die Männer hurtig herbeispringen und sie ins Feuer werfen, auch dabeibleiben, bis sie vom Feuer verzehrt wäre. Wie die Glocke nun elfe schlug, da ging er in die Kammer, streifte die Igelhaut ab und ließ sie vor dem Bette liegen; da kamen die Männer und holten sie geschwind und warfen sie ins Feuer; und als sie das Feuer verzehrt hatte, da war er erlöst und lag da im Bett ganz als ein Mensch gestaltet, aber er war kohlschwarz wie gebrannt. Der König schickte zu seinem Arzt, der wusch ihn mit guten Salben und balsamierte ihn, da ward er weiß und war ein schöner junger Herr. Wie das die Königstochter sah, war sie froh, und am andern Morgen stiegen sie mit Freuden auf, aßen und tranken, und ward die Vermählung erst recht gefeiert, und Hans mein Igel bekam das Königreich von dem alten König.
Wie etliche Jahre herum waren, fuhr er mit seiner Gemahlin zu seinem Vater und sagte, er wäre sein Sohn; der Vater aber sprach, er hätte keinen, er hätte nur einen gehabt, der wäre aber wie ein Igel mit Stacheln geboren und wäre in die Welt gegangen. Da gab er sich zu erkennen, und der alte Vater freute sich und ging mit ihm in sein Königreich.

Mein Märchen ist aus
und geht vor Gustchen sein Haus.

Die Stimme im Walde

Ein Bauer wollte einmal in die Stadt zum Markt. Wie er durch den Wald kam, hörte er plötzlich so ein eigentümliches Geräusch. Er blieb stehen und horchte. Da hört er's wieder und rief: »Wat scha dat bedüden?« — und richtig, da antwortete es: »Wat frögst du dornah!« Nun wurd' es dem Bauern ganz unheimlich, aber er ging doch näher heran und rief: »Himmel Dunnerwetter! Du verfluchtes Aas, wist di melden! Ick treck min Tüffel ut!« — »Treckst du em ut, treck em uck ut«, antwortete die Stimme. Und eh' er sich's versah, kam ein großes schwarzes Tier aus dem Gebüsch, war aber ebenso schnell wieder verschwunden. Da zog der Bauer seine beiden Pantoffeln aus und warf sie hinter dem Tiere her in den Wald hinein. Sogleich ließ sich die Stimme wieder vernehmen: »Wie t'rinschallt, so scha't uck wedder rutschallen«, und zwei Pantoffeln flogen aus dem Walde heraus, aber von purem Gold! Als der Bauer das sah, sagte er: »Krüz un Bomben Granaten, nu schmiet ick min letzten Dahler uck rin.« Da rief die Stimme wieder: »Wie't silbern rinschallt, so schall't golden wedder rut«, und ein goldner Taler kam herausgeflogen, der flog aber dem Bauern so derbe an den Kopf, daß er eine dicke Brusche bekam. Doch die Sache gefiel ihm zu gut, er dachte: du versuchst es nochmal. »Himmel Krüz un Granaten, wie't Flocken vom Himmel schnieget, so kaenen die Goldstücke uck vom Himmel schniegen. Ick schmiet min Mütz vull Knöpp uck noch rin.« Und er schnitt sich alle Knöpfe von Rock und Weste ab, packte sie in die Mütze und warf alles zusammen in den Wald hinein. Da antwortete die Stimme: »Wie't hörnern un linwandsch rinschallt, so schall't diamantsch un purpursch wedder rut.« Und dabei flogen ihm diamantene Knöpfe und eine purpurne Mütze gegen den Kopf. Als der Bauer diese Herrlichkeit noch ganz erstaunt betrachtete, stand plötzlich eine schmutzige Altsche vor ihm, die sprach: »Buer, nu hest' wol nog, nu lop to Hus näh Muddern un vertell ehr, wat di passiert is.« Da packte der Bauer seine Schätze zusammen und kehrte nun nach Hause zurück und zeigte seiner Frau, was ihm so unverhofft im Walde beschert war. Und die Leute meinten, das müßte wohl die Waldfee gewesen sein, die ihn so reich beschenkt hatte.

Die sechs Diener

Vor Zeiten lebte eine alte Königin, die war eine Zauberin, und ihre Tochter war das schönste Mädchen unter der Sonne. Die Alte dachte aber auf nichts, als wie sie Menschen ins Verderben locken könnte, und wenn ein Freier kam, so sprach sie, wer ihre Tochter haben wollte, müßte zuvor einen Bund lösen, oder er müßte sterben. Viele waren von der Schönheit der Jungfrau verblendet und wagten es wohl, aber sie konnten nicht vollbringen, was die Alte ihnen auferlegte, und dann war keine Gnade, sie mußten niederknien, und das Haupt ward ihnen abgeschlagen. Ein Königssohn, der hatte auch von der Schönheit der Jungfrau gehört und sprach zu seinem Vater: »Laßt mich hinziehen, ich will um sie werben.«

»Nimmermehr«, antwortete der König, »gehst du fort, so gehst du in deinen Tod.« Da legte der Sohn sich nieder und ward sterbenskrank und lag sieben Jahre lang, und kein Arzt konnte ihm helfen. Als der Vater sah, daß keine Hoffnung mehr war, sprach er voll Herzenstraurigkeit zu ihm: »Zieh hin und versuche dein Glück, ich weiß dir sonst nicht zu helfen.« Wie der Sohn das hörte, stand er von seinem Lager auf, ward gesund und machte sich fröhlich auf den Weg. Es trug sich zu, als er über eine Heide zu reiten kam, daß er von weitem auf der Erde etwas liegen sah wie einen großen Heuhaufen, und wie er sich näherte, konnte er unterscheiden, daß es der Bauch eines Menschen war, der sich dahingestreckt hatte; der Bauch aber sah aus wie ein kleiner Berg. Der Dicke, wie er den Reisenden erblickte, richtete sich in die Höhe und sprach: »Wenn Ihr jemand braucht, so nehmt mich in Eure Dienste.« Der Königssohn antwortete: »Was soll ich mit einem so ungefügen Mann anfangen?« — »Oh«, sprach der Dicke, »das will nichts sagen, wenn ich mich recht auseinander tue, bin ich noch dreitausendmal so dick.«

»Wenn das ist«, sagte der Königssohn, »so kann ich dich brauchen, komm mit mir.« Da ging der Dicke hinter dem Königssohn her, und über eine Weile fanden sie einen andern, der lag da auf der Erde und hatte das Ohr auf den Rasen gelegt. Fragte der Königssohn: »Was machst du da?« — »Ich horche«, antwortete der Mann. »Wonach horchest du so aufmerksam?« — »Ich horch nach dem, was eben in der Welt sich zuträgt, denn meinen Ohren entgeht nichts, das Gras hör' ich wachsen.« Fragte der Königssohn: »Sage mir, was hörst du am Hofe der alten

Königin, welche die schöne Tochter hat?« Da antwortete er: »Ich höre das Schwert sausen, das einem Freier den Kopf abschlägt.« Der Königssohn sprach: »Ich kann dich brauchen, komm mit mir.« Da zogen sie weiter und sahen auf einmal ein paar Füße daliegen und auch etwas von den Beinen, aber das Ende konnten sie nicht sehen. Als sie eine gute Strecke fortgegangen waren, kamen sie zu dem Leib und endlich auch zu dem Kopf. »Ei«, sprach der Königssohn, »was bist du für ein langer Strick!« – »Oh«, antwortete der Lange, »das ist noch gar nichts, wenn ich meine Gliedmaßen erst recht ausstrecke, bin ich noch dreitausendmal so lang und bin größer als der höchste Berg auf Erden. Ich will Euch gern dienen, wenn Ihr mich annehmen wollt.« — »Komm mit«, sprach der Königssohn, »ich kann dich brauchen.« Sie zogen weiter und fanden einen am Weg sitzen, der hatte die Augen zugebunden. Sprach der Königssohn zu ihm: »Hast du blöde Augen, daß du nicht in das Licht sehen kannst?« — »Nein«, antworte der Mann, »ich darf die Binde nicht abnehmen, denn was ich mit meinen Augen ansehe, das springt auseinander, so gewaltig ist mein Blick. Kann Euch das nützen, so will ich Euch gern dienen.« — »Komm mit«, antwortete der Königssohn, »ich kann dich brauchen.« Sie zogen weiter und fanden einen Mann, der lag mitten im heißen Sonnenschein und zitterte und fror am ganzen Leibe, so daß ihm kein Glied still stand. »Wie kannst du frieren?« sprach der Königssohn, »und die Sonne scheint so warm.« – »Ach«, antwortete der Mann, »meine Natur ist ganz anderer Art, je heißer es ist, desto mehr frier' ich, und der Frost dringt mir durch alle Knochen; und je kälter es ist, desto heißer wird mir; mitten im Eis kann ich's vor Hitze und mitten im Feuer vor Kälte nicht aushalten.« — »Du bist ein wunderlicher Kerl«, sprach der Königssohn, »aber wenn du mir dienen willst, so komm mit.« Nun zogen sie weiter und sahen einen Mann stehen, der machte einen langen Hals, schaute sich um und schaute über alle Berge hinaus. Sprach der Königssohn: »Wonach siehst du so eifrig?« Der Mann antwortete: »Ich habe so helle Augen, daß ich über alle Wälder und Felder, Täler und Berge hinaus und durch die ganze Welt sehen kann.« Der Königssohn sprach: »Willst du, so komm mit mir, denn so einer fehlte mir noch.« Nun zog der Königssohn mit seinen sechs Dienern in die Stadt ein, wo die alte Königin lebte. Er sagte nicht, wer er sei, aber er sprach: »Wollt Ihr mir Eure schöne Tochter geben, so will ich vollbringen, was Ihr mir auferlegt.« Die Zauberin freute sich, daß ein so schöner Jüngling wieder in ihre Netze fiel und sprach: »Dreimal will ich dir einen Bund aufgeben, lösest du ihn jedesmal, so sollst du der Herr und Gemahl meiner Tochter werden.«

»Was soll das erste sein?« fragte er. »Daß du mir einen Ring herbeibringst, den ich ins Rote Meer habe fallen lassen.« Da ging der Königssohn heim zu seinen Dienern und sprach: »Der erste Bund ist nicht leicht, ein Ring soll aus dem Roten Meer geholt werden, nun schafft Rat.«

Da sprach der mit den hellen Augen: »Ich will sehen, wo er liegt«, schaute in das Meer hinab und sagte: »Dort hängt er an einem spitzen Stein.«

Der Lange trug sie hin und sprach: »Ich wollte ihn wohl herausholen, wenn ich ihn nur sehen könnte.«

»Wenn's weiter nichts ist!« rief der Dicke, legte sich nieder und hielt seinen Mund ans Wasser; da fielen die Wellen hinein wie in einen Abgrund, und er trank das ganze Meer aus, daß es trocken ward wie eine Wiese. Der Lange bückte sich ein wenig und holte den Ring mit der Hand heraus.

Da ward der Königssohn froh, als er den Ring hatte, und brachte ihn der Alten. Sie erstaunte und sprach: »Ja, es ist der rechte Ring; den ersten Bund hast du glücklich gelöst, aber nun kommt der zweite. Siehst du, dort auf der Wiese vor meinem Schlosse, da weiden dreihundert fette Ochsen, die mußt du mit Haut und Haar, Knochen und Hörnern verzehren; und unten im Keller liegen dreihundert Fässer Wein, die mußt du dazu austrinken; und bleibt von den Ochsen ein Haar und von dem Wein ein Tröpfchen übrig, so ist mir dein Leben verfallen.« Sprach der Königssohn: »Darf ich mir keine Gäste dazu laden? Ohne Gesellschaft schmeckt keine Mahlzeit.« Die Alte lachte boshaft und antwortete: »Einen darfst du dir dazu laden, damit du Gesellschaft hast, aber weiter keinen.«

Da ging der Königssohn zu seinen Dienern und sprach zu dem Dicken: »Du sollst heute mein Gast sein und dich einmal satt essen.« Da tat sich der Dicke voneinander und aß die dreihundert Ochsen, daß kein Haar übrigblieb, und fragte, ob weiter nichts als das Frühstück da wäre; den Wein aber trank er gleich aus den Fässern, ohne daß er ein Glas nötig hatte, und trank den letzten Tropfen vom Nagel herunter. Als die Mahlzeit zu Ende war, ging der Königssohn zur Alten und sagte ihr, der zweite Bund sei gelöst. Sie verwunderte sich und sprach: »So weit hat's noch keiner gebracht, aber es ist noch ein Bund übrig«, und dachte: ›Du sollst mir nicht entgehen und wirst deinen Kopf nicht oben behalten.‹

»Heut' abend«, sprach sie, »bring' ich meine Tochter zu dir in deine Kammer, und du sollst sie mit deinem Arm umschlingen; und wenn ihr da beisammen sitzt, so hüte dich, daß du nicht einschläfst; ich komme Schlag zwölf Uhr, und ist sie dann nicht mehr in deinen Armen, so hast du verloren.« Der Königssohn dachte: ›Der

Bund ist leicht, ich will wohl meine Augen offen behalten‹, doch rief er seine Diener, erzählte ihnen, was die Alte gesagt hatte und sprach: »Wer weiß, was für eine List dahintersteckt, Vorsicht ist gut, haltet Wache und sorgt, daß die Jungfrau nicht wieder aus meiner Kammer kommt.« Als die Nacht einbrach, kam die Alte mit ihrer Tochter und führte sie in die Arme des Königssohns, und dann schlug sich der Lange um sie beide in einem Kreis, und der Dicke stellte sich vor die Türe, also daß keine lebende Seele herein konnte. Da saßen sie beide, und die Jungfrau sprach kein Wort, aber der Mond schien durchs Fenster auf ihr Angesicht, daß er ihre wunderbare Schönheit sehen konnte. Er tat nichts anderes als sie anschauen, war voll Freude und Liebe, und es kam keine Müdigkeit in seine Augen. Das dauerte bis elf Uhr, da warf die Alte einen Zauber über alle, daß sie einschliefen, und in dem Augenblick war auch die Jungfrau entrückt.

Nun schliefen sie hart bis ein Viertel vor zwölf, da war der Zauber kraftlos, und sie erwachten alle wieder. »O Jammer und Unglück«, rief der Königssohn, »nun bin ich verloren!« Die treuen Diener fingen auch an zu klagen, aber der Horcher sprach: »Seid still, ich will horchen.« Da horchte er einen Augenblick, und dann sprach er: »Sie sitzt in einem Felsen dreihundert Stunden von hier und bejammert ihr Schicksal. Du allein kannst helfen, Langer, wenn du dich aufrichtest, so bist du mit ein paar Schritten dort.«

»Ja«, antwortete der Lange, »aber der mit den schärfsten Augen muß mitgehen, damit wir den Felsen wegschaffen.« Da huckte der Lange den mit den verbundenen Augen auf, und im Augenblick, wie man eine Hand umwendet, waren sie vor dem verwünschten Felsen. Alsbald nahm der Lange dem andern die Binde von den Augen, der sich nur umschaute, so zersprang der Felsen in tausend Stücke. Da nahm der Lange die Jungfrau auf den Arm, trug sie in einem Nu zurück, holte ebenso schnell auch noch seinen Kameraden, und eh es zwölfe schlug, saßen sie alle wieder wie vordem und waren munter und guter Dinge. Als es zwölf schlug, kam die alte Zauberin herbeigeschlichen, machte ein höhnisches Gesicht, als wollte sie sagen: »Nun ist er mein!«, und glaubte, ihre Tochter säße dreihundert Stunden weit im Felsen. Als sie aber ihre Tochter in den Armen des Königssohns erblickte, erschrak sie und sprach: »Das ist einer, der kann mehr als ich.« Aber sie durfte nichts einwenden und mußte ihm die Jungfrau zusagen. Da sprach sie ihr ins Ohr: »Schande für dich, daß du gemeinem Volk gehorchen sollst und dir einen Gemahl nicht nach deinem Gefallen wählen darfst.«

Da war das stolze Herz der Jungfrau mit Zorn erfüllt und sann auf Rache. Sie ließ am andern Morgen dreihundert Malter Holz zusammenfahren und sprach zu dem Königssohn, die drei Bünde seien gelöst, aber sie würde nicht eher seine Gemahlin werden, bis einer bereit wäre, sich mitten in das Holz zu setzen und das Feuer auszuhalten. Sie dachte, keiner seiner Diener würde sich für ihn verbrennen, und aus Liebe zu ihr würde er sich selber hineinsetzen, und dann wäre sie frei. Die Diener aber sprachen: »Wir haben alle etwas getan, nur der Frostige nicht, der muß auch daran«, setzten ihn mitten auf den Holzstoß und steckten ihn an. Da begann das Feuer zu brennen und brannte drei Tage, bis alles Holz verzehrt war, und als die Flammen sich legten, stand der Frostige mitten in der Asche, zitterte wie Espenlaub und sprach: »Einen solchen Frost hab' ich mein Lebtag nicht ausgehalten, und wenn er länger gedauert hätte, so wäre ich erstarrt.«

Nun war keine Aussicht mehr zu finden, die schöne Jungfrau mußte den unbekannten Jüngling zum Gemahl nehmen. Als sie aber nach der Kirche fuhren, sprach die Alte: »Ich kann die Schande nicht ertragen« und schickte ihr Kriegsvolk nach, das sollte alles niedermachen, was ihm vorkäme, und ihr die Tochter zurückbringen. Der Horcher aber hatte die Ohren gespitzt und die heimlichen Reden der Alten vernommen. »Was fangen wir an?« sprach er zu dem Dicken, aber der wußte Rat, spie einmal oder zweimal hinter dem Wagen von dem Meerwasser aus, das er getrunken hatte, da entstand ein großer See, worin die Kriegsvölker steckenblieben und ertranken. Als die Zauberin das vernahm, schickte sie ihre geharnischten Reiter, aber der Horcher hörte das Rasseln ihrer Rüstung und band dem einen die Augen auf, der guckte die Feinde ein bißchen scharf an, da sprangen sie auseinander wie Glas. Nun fuhren sie ungestört weiter, und als die beiden in der Kirche eingesegnet waren, nahmen die sechs Diener ihren Abschied und sprachen zu ihrem Herrn: »Eure Wünsche sind erfüllt, Ihr habt uns nicht mehr nötig, wir wollen weiterziehen und unser Glück versuchen.«

Eine halbe Stunde vor dem Schloß war ein Dorf, vor dem hütete ein Schweinehirt seine Herde; wie sie dahin kamen, sprach er zu seiner Frau: »Weißt du auch recht, wer ich bin? Ich bin kein Königssohn, sondern ein Schweinehirt, und der mit der Herde dort, das ist mein Vater; wir zwei müssen auch daran und ihm helfen hüten.« Dann stieg er mit ihr in dem Wirtshaus ab und sagte heimlich zu den Wirtsleuten, in der Nacht sollten sie ihr die königlichen Kleider wegnehmen. Wie sie nun am Morgen aufwachte, hatte sie nichts anzutun, und die Wirtin gab ihr einen alten Rock und ein paar wollene Strümpfe, dabei tat sie noch, als sei's ein großes Geschenk und sprach: »Wenn nicht Euer Mann wäre, hätt ich's Euch gar nicht gegeben.« Da glaubte sie, er sei wirklich ein Schweinehirt und hütete mit ihm die Herde und dachte: ›Ich habe es verdient mit meinem Übermut und Stolz.‹ Das dauerte acht Tage, da konnte sie es nicht mehr aushalten, denn die Füße waren ihr wund geworden. Da kamen ein paar Leute und fragten, ob sie wüßte, wer ihr Mann wäre. »Ja«, antwortete sie, »er ist ein Schweinehirt und ist eben ausgegangen, mit Bändern und Schnüren einen kleinen Handel zu treiben.« Sie sprachen aber: »Kommt einmal mit, wir wollen Euch zu ihm hinführen«, und brachten sie ins Schloß hinauf; und wie sie in den Saal kam, stand ihr Mann in königlichen Kleidern. Sie erkannte ihn aber nicht, bis er ihr um den Hals fiel, sie küßte und sprach: »Ich habe soviel für dich gelitten, da hast du auch für mich leiden sollen.« Nun ward erst die Hochzeit gefeiert, und der's erzählt hat, wollte, er wäre auch dabeigewesen.

Helge-Hal im blauen Berg
Ein norwegisches Märchen

Es waren einmal zwei unheimlich alte Leute, die wohnten unter freiem Himmel. Alles, was sie hatten, waren drei Söhne, ein alter Kochtopf, eine alte Pfanne und eine alte Katze. Da starb der Mann, und nach einiger Zeit starb auch die Frau. Nun sollte das Erbe geteilt werden. Da nahm der älteste den alten Kochtopf, der zweite die alte Pfanne, und dem Ebe Aschenpeter blieb keine Wahl mehr, er mußte die alte Katze nehmen, er wurde nicht gefragt, ob er wollte oder nicht.

»Bruder Peter darf den Kochtopf auskratzen, wenn er ihn ausgeliehen hat«, sagte Ebe. »Bruder Paul bekommt eine Brotrinde, wenn er seine Pfanne ausleiht, aber was fange ich mit der elenden Katze an?« Aber er kraulte doch die Katze und streichelte sie, und das behagte der Katze so gut, daß sie zu schnurren anfing und ihren Schwanz in die Höhe streckte.

»Wart, wart, ich will dir schon helfen«, sagte die Katze, »wart, wart, ich will dir schon helfen!«

In der Hütte war nichts zu beißen und zu brechen. Bruder Peter und Bruder Paul waren jeder nach seiner Seite davongegangen. Nun zog auch Ebe ab, die Katze voraus und er hinterdrein; aber nach einer Weile kehrte er wieder um und ging heim, um zu sehen, ob der Boden auch gekehrt war, und die Katze pfotelte allein weiter. Als sie eine Weile tipp tapp tipp tapp ihres Weges gelaufen war, kam sie auf einen großen Felsen; da traf sie ein ungeheures Rudel Rentiere. Die Katze schlich sich um das Rudel herum, und in einem Satz sprang sie dem stattlichsten Bock zwischen die Hörner.

»Wenn du nicht gehst, wie ich will, kratz ich dir die Augen aus und jage dich über Fels und Abgrund!« sagte sie. Da wagte der Bock nichts anderes zu tun, als was die Katze wollte, und es ging über Stock und Stein, von Felsklippe zu Felsklippe, dicht an Ebe vorbei, der gerade die Türschwelle zu Hause putzte, und in einem Satz ins Schloß hinein.

»Ich soll einen schönen Gruß von Ebe sagen«, sagte die Katze, und ob der Herr König vielleicht diesen Rentierbock zum Anspannen haben wolle. Ja, er könne wohl ein so frisches und stattliches Tier brauchen, wenn er einmal zu Besuch zum Nachbarkönig fahren wolle.

»Das muß aber ein stolzer und mächtiger Herr sein, dieser Ebe«, sagte der König, »wenn er mir solche Geschenke machen kann.« — »Ja, er ist der größte Herr in deinem Land und Reich«, sagte die Katze. Aber der König mochte fragen, soviel er wollte, mehr bekam er nicht heraus. »Sag ihm, ich ließe schön danken«, sagte der König und schickte ihm eine ganze Fuhre schöner Geschenke. Aber Ebe schaute an ihnen vorbei und kümmerte sich nicht darum.

»Bruder Peter darf den Kochtopf auskratzen, wenn er ihn ausgeliehen hat, Bruder Paul bekommt eine Brotrinde, wenn er seine Pfanne ausleiht. Aber was fange ich mit der elenden Katze an?« sagte er. Aber er kraulte die Katze doch und streichelte sie, und das behagte ihr so sehr, daß sie zu schnurren anfing und den Schwanz in die Höhe streckte.

»Wart, wart, ich will dir schon helfen«, sagte die Katze, »wart, wart, ich will dir schon helfen!«

Am Tage darauf zogen sie wieder beide aus, die Katze voraus und Ebe hinterdrein. Aber nach einer Weile kehrte er wieder um, um nachzusehen, ob der Klapptisch zu Hause wohl gescheuert sei. Und die Katze pfotelte allein weiter. Als sie eine Weile tipp tapp tipp tapp ihres Weges gelaufen war, kam sie an einen dichten Waldhang. Da fand sie ein ungeheures Rudel Elche. Die Katze schlich sich sachte heran und saß auf einmal dem stattlichsten Elchbullen zwischen den Hörnern.

»Wenn du nicht gehst, wie ich will, so kratz ich dir die Augen aus und jage dich über Fels und Abgrund!« sagte die Katze. Der Elch traute sich nichts anderes zu tun, als was die Katze wollte, und nun ging es wie der Blitz über Stock und Stein, von Felsklippe zu Felsklippe und gerade vorbei an Ebe, der vor dem Haus stand und die Fensterläden scheuerte, und in einem Satz ins Königsschloß hinein.

»Ich soll einen schönen Gruß sagen von Ebe«, und ob der Herr König nicht gern diesen Elchbullen haben wolle für Kurierdienste. Das war klar: Wenn der König einmal einen raschen Boten brauchte, so konnte er keinen rascheren im ganzen Reiche finden.

»Das muß ein ganz besonders vornehmer Herr sein, dieser Ebe, wenn er solche Geschenke für mich hat«, sagte der König. »Ja, das kann man schon sagen, daß er ein vornehmer Herr ist«, sagte die Katze, »sein Reichtum ist ohne Grenzen und Enden.« Und der König mochte weiter fragen, was er wollte, genauere Auskunft erhielt er nicht. »Sag ihm, ich ließe schön danken, und er möchte mich doch besuchen, wenn er hier vorbeikommt«, sagte der König und schickte ihm ein ebenso schönes Gewand, wie er es selbst trug. Ebe aber mochte das Königsgewand überhaupt nicht anziehen.

»Bruder Peter darf den Kochtopf auskratzen, wenn er ihn ausgeliehen hat, Bruder Paul bekommt eine Brotkruste, wenn er die Pfanne ausleiht, aber was hilft mir die elende Katze!« sagte er. Aber er streichelte doch die Katze und legte sie an seine Wange und kraulte sie, und das behagte der Katze so sehr, daß sie noch mehr wie die ersten Male schnurrte und ihren Schwanz kerzengrade in die Luft streckte.

»Wart, wart, ich will dir helfen«, sagte die Katze, »wart, wart, ich will dir helfen!« Am dritten Tage zogen sie wieder aus, die Katze voran und Ebe hinterdrein. Aber nach einer Weile fiel ihm ein, umzukehren und die Mäuse aus dem Haus zu lassen, damit sie in der alten Hütte nicht ganz verhungern sollten; und die Katze ging allein weiter. Als sie eine Weile tipp tapp tipp tapp ihres Weges gegangen war, kam sie in einen dichten Tannenwald; da begegnete sie einem Bären, einer Bärin und einem kleinen Bärlein. Die Katze schlich sich sachte an sie heran, und auf einmal hing sie mit den Klauen am Kopf von Meister Petz.

»Wenn du nicht gehst, wie ich will, so kratz ich dir die Augen aus und jage dich über Fels und Abgrund!« sagte die Katze und fauchte und machte einen Buckel. Da traute sich Meister Petz nichts anderes zu tun, als was die Katze wollte, und nun ging es im Sturm an Ebe vorbei, der eben alle jungen Mäuschen über die Schwelle geschafft hatte, über Stock und Stein, von Felsklippe zu Felsklippe, daß die Erde bebte und wankte. Der König stand gerade im Hauseingang und wunderte sich gar nicht wenig, als solche Gäste ankamen.

»Einen schönen Gruß von Ebe soll ich sagen«, sagte die Katze, und ob der Herr König nicht diesen Petz als General oder Reichsrat haben wolle. Dem König war es mehr als lieb, einen solchen Weisen als seinen nächsten Ratgeber zu bekommen, daran war kein Zweifel. »Sag ihm, ich ließe schön danken; aber ich weiß gar nicht, wie ich mich erkenntlich zeigen soll«, sagte der König. »Ja, er möchte gern die jüngste Prinzessin heiraten«, sagte die Katze. »Ja, das ist aber viel verlangt«, meinte der König, »aber er soll mich doch einmal besuchen.« — »Ebe geht nicht in so einfache Häuser«, sagte die Katze. »Hat er denn ein noch schöneres Schloß?« fragte der König. »Noch schöner? Dein Schloß ist wie die schäbigste Hütte im Vergleich zu dem seinigen«, gab die Katze zur Antwort. »Du wagst vor mich zu treten und zu sagen, daß jemand in meinem Reich schöner wohnt als ich, der ich doch der König bin!« schrie der König und war außer sich vor Wut. Er hätte fast der Katze den Hals umgedreht.

»Du wirst warten können, bis du es siehst«, sagte die Katze. Der König sagte, er wolle warten. »Aber wenn du mich angelogen hast, mußt du das Leben lassen, und wenn du sieben Leben hättest«, sagte er.

Am Morgen machten der König und der ganze Hof sich auf, um nach dem Schloß des Ebe Aschenpeter zu reisen. Die Katze war in dem Hüttchen und holte Ebe ab. Sie dachte, es wäre am besten, wenn sie beide sich eine Stunde früher auf den Weg machten. Als sie eine Weile gegangen waren, trafen sie Leute, die Schafe hüteten; über die ganze Ebene hin blökten die Schafe. Sie waren so groß wie stattliche Kälber und hatten so lange Wolle, daß sie auf der Erde nachschleppte. »Wem gehören die Schafe?« fragte die Katze. »Helge-Hal im blauen Berg«, sagten die Leute. »Gleich kommt der Hof hier vorbei«, sagte die Katze, »und wenn ihr da nicht sagt, daß sie Ebe gehören, so kratz ich euch die Augen aus und jag euch über Fels und Abgrund!« sagte die Katze und fauchte und machte einen Buckel und fletschte die Zähne. Da bekamen die Hirten solche Angst, daß sie sogleich versprachen zu tun, wie die Katze befahl.

»Aber wem gehören denn die vielen Schafe da?« fragte der König, als er hernach mit dem Hof vorbeikam. »Die sind ja gerade so schön wie die meinigen!« — »Die gehören Ebe«, sagten die Hirten.

Dann wanderten die Katze und Ebe eine Strecke weiter; da kamen sie an einen dichten Waldhang. Dort trafen sie Leute, die Geißen hüteten. Die Geißen hüpften und sprangen überall herum, und sie gaben so schöne Milch, daß man nirgends bessere finden konnte.

»Wem gehören die Geißen?« fragte die Katze. »Helge-Hal im blauen Berg«, sagten die Hirten. Da machte die Katze wieder ihre grimmigen Anstalten; und die Leute fürchteten sich so, daß sie nicht wagten, gegen ihren Willen zu tun. »Aber wer in aller Welt hat denn so viele Geißen?« fragte der König. »Ich selbst habe keine schöneren!« – »Die gehören Ebe«, sagten die Leute.

Nun wanderten sie wieder eine Weile; da trafen sie Leute, die Kühe hüteten. Die Kühe brüllten und glänzten, wo man hinsah, und jede gab Milch für drei. Als die Katze vernahm, daß diese Hirten auch bei Helge-Hal im Dienst standen, fauchte sie wieder und machte einen Buckel, und da waren alle Hirten gleich bereit zu sagen, was sie haben wollte.

»Aber wem um Gottes willen gehört denn das schöne Vieh?« fragte der König. »Solches Prachtvieh gibt es in meinem ganzen Land nicht!« — »Das gehört dem Herrn Ebe«, sagten die Hirten.

Dann wanderten sie ein langes, langes Stück. Da kamen sie auf eine große Ebene, dort trafen sie Pferdehirten. Auf dem ganzen Platz wieherten und tummelten sich die Pferde; und sie hatten ein so feines Fell, daß sie glänzten wie vergoldet; jedes von ihnen war ein ganzes Schloß wert.

»Für wen hütet ihr die Pferde?« fragte die Katze. »Für Helge-Hal im blauen Berg«, gaben die Leute zur Antwort. »Ja, der Hof wird gleich hier vorbeikommen«, sagte die Katze, »und wenn ihr da nicht sagt, daß ihr sie für Ebe hütet, so kratz ich euch die Augen aus und jag euch über Fels und Abgrund«, sagte die Katze und fauchte und zeigte ihnen Zähne und Klauen und war so böse, daß ihr den ganzen Rücken entlang die Haare zu Berg standen. Da bekamen die Hirten schrecklich Angst und wagten nichts anderes zu sagen, als was die Katze wollte.

»Aber wem um Himmels willen gehören denn die vielen Pferde?« fragte der König, als er mit dem Hof an dieser Stelle vorbeikam. »Die gehören Ebe«, sagten die Hirten. »So etwas habe ich mein Lebtag noch nicht gehört oder gesehen!« rief der König aus. »Was für ein vornehmer Herr dieser Ebe sein muß, das geht über meinen Verstand.«

Die Katze und Ebe waren schon lange wieder unterwegs und wanderten weit und immer weiter über Berg und Fels. Am Abend in der Dämmerung kamen sie an ein Königsschloß, das glitzerte und schimmerte, als sei es aus purem Silber und Gold. Und das war es auch. Es war düster und traurig und einsam und öde da, und nirgends fand sich eine Spur von Leben.

Hier traten sie ein, und die Katze stellte sich mit einem Kuchen aus Roggenmehl mitten unter die Tür. Plötzlich donnerte und polterte es, daß die Erde bebte und das ganze Schloß wankte; das war der Troll, der heimkam. Auf einmal wurde es wieder ruhig, und ehe man sich's versah, hatte Helge-Hal im blauen Berg drei große, greuliche Köpfe zur Tür hereingesteckt.

»Laß mich herein, laß mich herein!« schrie er, daß es nur so dröhnte. »Wart, wart ein Weilchen! Ich will dir erzählen, was der Roggen durchzumachen hatte, ehe er zu diesem Kuchen wurde«, sagte die Katze und redete ihn gar lieblich an. »Erst wurde er gedroschen, dann wurde er geklopft, dann wurde er geschlagen, dann wurde er gehauen, dann wurde er von einer Wand an die andere geworfen, dann wurde er durch ein Sieb gesiebt.«

»Laß mich herein, laß mich herein, du Plaudertasche!« schrie der Troll und war so zornig, daß die Funken von ihm sprühten. »Wart ein wenig, wart ein wenig, ich will dir erzählen, was der Roggen durchzumachen hatte, ehe er zu diesem Kuchen wurde«, sagte die Katze und redete noch zierlicher auf ihn ein.

»Erst wurde er gedroschen, dann wurde er geklopft, dann wurde er geschlagen, dann wurde er gehauen, dann wurde er von einer Wand an die andere geworfen, dann wurde er durch ein Sieb gesiebt und dahin und dorthin geschüttelt, dann kam er auf den Trockenboden und dann in den Ofen, bis es ihm so heiß wurde, daß er immer mehr aufging und heraus wollte, aber er konnte nicht!« sagte die Katze und ließ sich gute Weile.

»Scher dich weg und laß mich hinein!« schrie der Troll wieder und platzte fast vor Wut; aber die Katze tat, als ob sie nichts hörte, ging hin und her dabei, und jedesmal, wenn der Troll herein wollte, kam sie ihm unter der Tür mit dem Kuchen entgegen.

»Nein, schau nur die glänzende Jungfrau an, die da hinter dem Felsen heraufkommt!« sagte die Katze, nachdem sie lang und breit über die Leiden des Roggens gesprochen hatte. Und Helge-Hal im blauen Berg drehte seine Köpfe um und wollte die schöne Jungfrau auch sehen. Da ging die Sonne auf, und der Troll erstarrte zu Stein. Nun bekam Ebe all den Reichtum, den der Troll besessen hatte, die Schafe und die Geißen und die Kühe und alle die mutigen Pferde und das schöne goldene Schloß und auch noch etliche mächtige Säcke voll Geld.

»Jetzt kommt der König mit dem Hof«, sagte die Katze, »geh nur hinaus vor die Tür und nimm sie in Empfang!« Da machte sich Ebe auf und ging ihnen entgegen. »Du bist aber ein sehr vornehmer Herr!« sagte der König zu ihm. »Du kannst meinetwegen die jüngste Prinzessin bekommen!«

Nun fing in höchster Eile ein großes Brauen und Backen an, und alles wurde für die Hochzeit bereitgemacht. Am ersten Tag des Festes kam die Katze und bat den Bräutigam, er solle ihr den Kopf abhauen. Er wollte durchaus nicht; aber die Katze fauchte und zeigte ihre Zähne, und da wagte Ebe ihr nicht zu widersprechen. Aber als der Kopf zu Boden fiel, verwandelte sich die Katze in den allerschönsten Prinzen. Der nahm die zweite Prinzessin zur Frau, und als der Brautzug unterwegs zur Kirche war, begegnete ihnen ein Prinz, der suchte eine Frau; der nahm die älteste Prinzessin.

Nun feierten sie alle zusammen Hochzeit, daß man in zwölf Königreichen davon hörte, denn das Bier war stark und der Spielmann tüchtig dabei, und jeder tanzte und trank für ein Dutzend und zwei. Ich war bloß so lange dabei, bis das erste Bierfaß leer war. Aber das war so groß, daß der Küchenmeister fast darin ertrunken wäre, denn er kletterte hinauf und wollte sehen, wieviel noch drin sei. Da gab ihm ein Mädchen einen Puff, daß er kopfüber durchs Spundloch fiel; und wir wußten uns nicht anders zu helfen, als daß wir ganz furchtbar zu trinken anfingen, alle, wer nur ein Trinkgefäß auftreiben konnte. Schließlich konnten wir alle nicht mehr; da kam der Koch zum Hahnen herausgeschwommen mit der Zipfelmütze in der einen Hand und dem Maßkrug in der anderen. Und er lachte dröhnend laut, bis ihm die Tränen über die Backen liefen.

> Schnipp schnapp schnaus,
> hier ist das Märchen aus.

Wer lügt am besten?

So lügen wir:

Das große Ding

Ich ging mal spazieren. Da kam ich in einen großen Wald. Da begegnete mir so ein großes Ding, das hatte so einen langen, langen Schwanz, der schleifte wohl zehn Ellen dahinter her. Da war ich mutwillig und packte an den dicken Quast Haare und ließ mich hinterherschleifen. Das dauert nicht lange, da kamen wir an ein großes Schloß, da ging das Ding hinein. Ich sah nicht mal, wo es blieb. Es ging durch so viele Zimmer und schleifte mich in alle Ecken herum, daß alle Spinngewebe an mir sitzenblieben. Auf einmal bleibe ich in einer Ecke hängen, und als ich zusah, da hatte ich den großen Quast Haare in der Hand, den hatte ich dem Ding ausgerissen. Da legte ich das so neben mich und blieb da sitzen, und die Türen waren auf einmal alle um mich zu, und ich wußte nicht, wo das Ding geblieben war. Auf einmal stand da so 'n klein Männeken vor mir, das sagte: »Guten Abend!« Da sage ich: »Großen Dank!« — »Warum kommt du denn hierher?« Ich sage: »Für mein Pläsier!« Da sagt das Männeken: »Was hast du angerichtet? Du hast unserm Herrn die Macht benommen.« — »Ich?« sagte ich. »Es wollt gar nicht nachgeben, da habe ich ihm ein bißchen vom Schwanz ausgerissen.« — »Das wird wohl 'n Unglück bedeuten, es liegt da draußen und ringt mit dem Leben und will alle fingerlang verrecken.« — »Was schert mich das! Ich möcht lieber, daß ich aus diesem Ding wieder heraus wäre.« Da sagt das Männeken: »Ich bin König von sechzehn Zwergen. Was gibst du mir, wenn ich dich wieder herausbringen lasse? Sie sind alle auf der Schule gewesen und haben alles durchstudiert.« Da sage ich: »Meine Muhme hat 'ne Kuh, und ich habe eine Ziege. Eines von den Teilen sollst du haben.« Da gingen acht Zwerge mit mir. Als wir aber vor die Tür kamen, da lag da ein riesengroßer Hund. Da machten sie sich einen Stock aus Froschzähnen, damit schlugen sie ihn einmal auf die Schnute, daß er zurückfuhr. Da gingen wir eine ganze Ecke Wegs. Da kamen wir an ein großes Wasser. Da machten die Zwerge ein Seil. Das war gemacht von Frauenbart und Fischhaar, und sie zogen mich damit herüber. Da gingen wir die ganze Zeit durch den großen Wald, und sie wußten akkurat, wo ich mit dem Ding hergeschleift war. Auf demselbigen Weg kam ich bis vor meiner Muhme Tür. Da erzählte ich ihr, wo ich gewesen war. Da gab sie mir die Ziege. Da setzte ich die Zwerge nach der Reihe drauf. Den größten zuerst, bis zuletzt den kleinsten. Da saßen sie nach der Reihe wie die Orgelpfeifen. Und da gab ich der Ziege einen Schubs, daß sie nur so von hinnen stob, und ich hab sie mein Lebtag nicht wiedergesehen.

Die kleinen Leute

Es war einmal einer, der war so dünnen Leibes, daß er durch ein Nadelöhr springen konnte. Ein anderer kroch an einem in der Luft hängenden Spinngewebe behend hinauf und hinunter und tanzte künstlich darauf, bis eine Spinne kam, ihm einen Faden um den Hals spann und ihm damit die Kehle zuschnürte. Ein dritter konnte mit seinem Kopf ein Sonnenstäubchen durchbohren und ein vierter pflegte auf einer Ameise zu reiten. Es geschah aber, daß ihn die Ameise herabwarf und mit einem Fuß tottrat. Ein fünfter wollte einmal Feuer anblasen und flog mit dem Rauch zum Schornstein hinaus. Ein sechster lag bei einem Schlafenden und wurde, als dieser etwas stark schnarchte, zum Fenster hinausgetrieben. Ein siebenter endlich war so klein, daß er sich niemand nahen durfte, weil er sonst mit der Luft in die Nase gezogen wurde. – Wer es nicht glaubt, zahlt einen Taler.

Das dithmarsische Lügenmärchen

Ich will euch etwas erzählen. Ich sah zwei gebratene Hühner fliegen, sie flogen schnell und hatten die Bäuche gen Himmel gekehrt, die Rücken nach der Hölle, und ein Amboß und ein Mühlstein schwammen über den Rhein, fein langsam und leise, und ein Frosch saß und fraß eine Pflugschar zu Pfingsten auf dem Eis. Da waren drei Kerle, wollten einen Hasen fangen, gingen auf Krücken und Stelzen, der eine war taub, der zweite blind, der dritte stumm, und der vierte konnte keinen Fuß rühren. Wollt ihr wissen, wie das geschah? Der Blinde, der sah zuerst den Hasen übers Feld traben, der Stumme rief dem Lahmen zu, und der Lahme faßte ihn beim Kragen. Etliche, die wollten zu Land segeln und spannten die Segel im Wind und schifften über große Äcker hin: Sie segelten über einen hohen Berg und mußten elendig ersaufen. Ein Krebs jagte einen Hasen in die Flucht, und hoch auf dem Dach lag eine Kuh, die war hinaufgestiegen. In dem Land sind die Fliegen so groß als hier die Ziegen. Mache das Fenster auf, damit die Lügen hinausfliegen.

Das Märchen vom Schlauraffenland

In der Schlauraffenzeit da ging ich und sah: an einem kleinen Seidenfaden hingen Rom und der Lateran, und ein fußloser Mann, der überlief ein schnelles Pferd, und ein bitterscharfes Schwert, das durchhieb eine Brücke. Da sah ich einen jungen Esel mit einer silbernen Nase, der jagte hinter zwei schnellen Hasen her, und eine Linde, die war breit, auf der wuchsen heiße Fladen. Da sah ich eine alte dürre Geiß, trug wohl hundert Fuder Schmalzes an ihrem Leibe und sechzig Fuder Salzes. Ist das nicht gelogen genug? Da sah ich ackern einen Pflug ohne Roß und Rinder, und ein einjähriges Kind warf vier Mühlsteine von Regensburg bis nach Trier und von Trier hinein nach Straßburg, und ein Habicht schwamm über den Rhein: das tat er mit vollem Recht. Da hört' ich Fische miteinander Lärm anfangen, daß es in den Himmel hinaufscholl, und ein süßer Honig floß wie Wasser von einem tiefen Tal auf einen hohen Berg; das waren seltsame Geschichten. Da waren zwei Krähen, mähten eine Wiese, und ich sah zwei Mücken an einer Brücke bauen, und zwei

Tauben zerrupften einen Wolf, zwei Kinder, die wurden zwei Zicklein, aber zwei Frösche droschen miteinander Getreide aus. Da sah ich zwei Mäuse einen Bischof weihen, zwei Katzen, die einem Bären die Zunge auskratzten. Da kam eine Schnecke gerannt und erschlug zwei wilde Löwen. Da stand ein Bartscherer, schor einer Frau ihren Bart ab, und zwei säugende Kinder hießen ihre Mutter stillschweigen. Da sah ich zwei Windhunde, die brachten eine Mühle aus dem Wasser getragen, und eine alte Schindmähre stand dabei, die sprach, es sei recht. Und im Hof standen vier Rosse, die droschen Korn aus allen Kräften, und zwei Ziegen, die den Ofen heizten, und eine rote Kuh schoß das Brot in den Ofen. Da krähte ein Huhn: »Kikeriki, das Märchen ist auserzählet, kikeriki.«

Der Dreschflegel vom Himmel

Es zog einmal ein Bauer mit einem Paar Ochsen zum Pflügen aus. Als er auf den Acker kam, da fingen den beiden Tieren die Hörner an zu wachsen, wuchsen fort, und als er nach Haus wollte, waren sie so groß, daß er nicht mit ihnen zum Tor hinein konnte. Zum guten Glück kam gerade ein Metzger daher, dem überließ er sie, und sie schlossen den Handel dergestalt, daß er sollte dem Metzger ein Maß Rübsamen bringen, der wollte ihm dann für jedes Korn einen Brabanter Taler aufzählen. Das heiß ich gut verkauft! Der Bauer ging nun heim und trug das Maß Rübsamen auf dem Rücken herbei. Unterwegs verlor er aber aus dem Sack ein Körnchen. Der Metzger bezahlte ihn, wie gehandelt war, richtig aus. Hätte der Bauer das Korn nicht verloren, so hätte er einen Brabanter Taler mehr gehabt. Indessen, wie er wieder des Weges zurückkam, war aus dem Korn ein Baum gewachsen, der reichte bis an den Himmel. Da dachte der Bauer, weil die Gelegenheit da ist, mußt du schon sehen, was die Engel da droben machen, und ihnen einmal unter die Augen gucken. Also stieg er hinauf und sah, daß die Engel oben Hafer droschen und schaute das mit an. Wie er so schaute, merkte er, daß der Baum, worauf er stand, anfing zu wackeln, guckte hinunter und sah, daß ihn eben einer umhauen wollte. Wenn du da herabstürztest, das wäre ein böses Ding, dachte er, und in der Not wußte er sich nicht besser zu helfen, als daß er die Spreu vom Hafer nahm, die haufenweise dalag, und daraus einen Strick drehte. Auch griff er nach einer Hacke und einem Dreschflegel, die da im Himmel herumlagen, und ließ sich an dem Seil herunter. Er kam aber unten auf der Erde gerade in ein tiefes, tiefes Loch, und da war es rechtes Glück, daß er die Hacke hatte. Denn er hackte sich damit eine Treppe, stieg in die Höhe und brachte den Dreschflegel zum Wahrzeichen mit, so daß niemand mehr an seiner Erzählung zweifeln konnte.

So lügen die anderen:

In Rußland so:
Vom Bauern, der gewandt zu lügen verstand

Es war einmal ein Zar, der hörte nichts so gern als grobe Lügereien. Er legte einen Haufen Geld auf den Tisch und sein Schwert daneben. Nun mußte einer draufloserzählen. Rief der Zar plötzlich: »Du lügst!«, dann durfte der Erzähler sich das Gold nehmen. Kam aber der Zar nicht dazu, sich zu vergessen und seinen Ausruf zu tun, dann hieß es: »Kopf herunter!«
Ein Bauer, dem es schlecht ging und der darum Geld nötig hatte, wollte sich das Gold verdienen und ließ sich beim Zaren melden. Gerade war eine große Abendgesellschaft versammelt. Als der Bauer die glänzenden Uniformen sah, wollte er am liebsten umkehren. Aber er hatte sich Mut angetrunken, und außerdem ließ der Zar schon das Gold auf den Tisch schütten. So blieb er und mußte sich dem Zaren gegenübersetzen. Gleich fing er an. »Heute früh fuhr ich mit dem Pflug auf dem Acker. Mein Pferd wurde schwach, und ich spannte es aus. Da brach es in zwei Hälften auseinander. Der Vorderteil lief davon, der Hinterteil blieb stehen und wieherte.« Alle riefen: »Gelogen!« Der Zar aber sah den Bauern an und sagte: »Ein Bauer ist schlau, ein Bauer bringt manches fertig.«

245

Dem Bauern begann das Herz zu klopfen. Aber er behielt ein ganz ruhiges Gesicht und erzählte weiter: »Ich trieb das Hinterteil zum Vorderteil hin, nähte sie aneinander und keilte die Naht mit einem Stecken hin. Als ich die Augen wieder aufmachte, war der Knüppel auf meinem Pferde zu einem Baum hochgewachsen. Aber nicht nur so hoch wie dieser Saal, auch nicht so hoch wie die höchste Kirche, sondern bis in den Himmel hinein.« Da riefen alle: »Gelogen!« Aber der Zar legte den Kopf schief, sah den Bauern an und sagte: »Warum? So ein Bauer bringt manches fertig.«

Dem Bauern brach der Schweiß auf der Stirne aus. Er strich mit der Hand seine Haare darüber, daß man es nicht sehen sollte, und erzählte weiter: »Na, da faßte ich den Stamm an und kletterte daran in die Höhe. Immer höher, der Wind trug mir die Mütze fort, und die Vögel stießen nach meinen Augen. Aber ich konnte mich doch mit einem Satz in den Himmel hineinschwingen.« Alle fragten: »Hast du auch Gottvater gesehen?« — »Wieso denn nicht?« sagte der Bauer. »Was machte er denn da oben?« — »Er spielte mit den Aposteln Karten und trank grünen Schnaps dazu.« Alle riefen: »Gelogen! Das tut Gottvater nicht.« Der Zar aber sagte: »Warum nicht? Ich spiele ja auch mit euch Karten. Das ist alles möglich.«

Dem Bauer lief der Schweiß hinter den Ohren hinunter, er faßte aber wieder Mut und erzählte weiter: »Na, es wurde Abend, was sollte ich lange da herumlaufen? Ich mußte heim, das Pferd wieder anspannen. Aber, verflucht! Meine Weide war verdorrt und abgebrochen. Da sah ich einen Mann unten auf der Erde Hafer auf ein Sieb schütten. Die Spreu flog bis zu mir in den Himmel hinauf. Ich, nicht faul, fing sie auf und drehte mir gleich ein Seil daraus.« Alle schrien: »Aus Spreu ein Seil? Gelogen!« — »Warum nicht?« sagte der Zar, »ein Bauer kann viel.«

Dem Bauern begannen die Ohren zu sausen. Er hörte seine eigenen Worte wie von fern. Aber er schien ganz ruhig dazusitzen und erzählte weiter: »Dieses Seil nahm ich und band es an den Himmel fest. Dann ließ ich mich hinunter. Aber, Teufel auch! Es war zu kurz. Ich blieb in Kirchturmshöhe über der Erde hängen. Da schnitt ich das Seil oben ab und knotete es unten wieder an.« Alle sprangen auf und schrien: »Gelogen! Gelogen!« Der Zar trank. »Wieso denn, ein Bauer kann viel.« Dem Bauern strömte der Schweiß wie ein Sturzbach über den Rücken. »Immer noch zu kurz war das Seil. Ich wollte nicht mehr lange Umstände machen und schwupp, sprang ich einfach ab. Ich fiel in ein frisch gepflügtes Feld und bis zum Hals in die Erde. Auf keine Weise konnte ich herauskommen. Da ging ich in mein

Haus, holte meinen Spaten und grub mich frei.« Alle stampften und warfen den Tisch um: »Was? Freigraben, wenn er bis zum Hals im Morast steckt? Warum einen Spaten holen, wenn er gehen kann? Gelogen!« Der Zar aber sah den Bauer ganz ruhig an. »So ein Bauer kann viel.«

Da dachte der Bauer, die Beine brächen ihm ab vor Schwäche, obwohl er saß. Jetzt faßte er den letzten Mut: »Na, ich war voll Schmutz über und über. Ich ging also zum Bach, um mich zu waschen. Da saß ein Mann und hütete Schweine. ›Guten Tag, Schäfer‹, sagte ich; da sagte er: ›Ich bin doch kein Schäfer, ich bin doch des Zaren Vater.‹« – »Gelogen! Gelogen!« rief der Zar. »Was ist das für ein verlogenes Zeug! Mein Vater hütet doch keine Schweine.« Der Bauer trank sein Glas aus, lachte und ging davon, die Taschen schwer voll Gold.

In Finnland so:

Lügenmärchen

Wir hatten einen Herrn, der war ein Geizhals. Er aß sich bei andern satt, aber selbst lud er niemand ein. Wenn er zu Mittag aß, stand ein Wächter an der Tür und paßte auf, daß niemand hereinkam.

Nun gaben sie in einem andern Gehöft ein Gastmahl, wozu auch er eingeladen war. Vier, fünf Herren saßen zusammen und überlegten, wie sie ihn zum besten haben könnten.

Wenn sie ihm nur eine Schüssel voll wegschnappten! Da sagte der Lakai, der hinter seinem Herrn stand: »Ich will ihn zum besten haben, lieber Herr.« Und der Herr sprach zum Lakaien: »Wenn du's kannst, sollst du hundert Taler haben, aber wenn du's nicht kannst, bekommst du hundert Rutenstreiche.«

Der Lakai sprach: »Laßt den Herrn herkommen und sagt zu ihm: ›Mein Bursch will Euch zum besten haben!‹ Dabei wettet um dreihundert Rubel.« Sie riefen den Herrn und sagten zu ihm: »Der Bursch hier will Euch zum besten halten.« Da sprach der Herr: »Das wird ihm nicht gelingen«, und machte vor allen die Wette! Es war aber so verabredet, daß er nicht sagen durfte: »Das ist nicht wahr!«

Nun, der Lakai begann: »Mein Vater hatte drei Söhne, da ich der älteste davon war, habe ich von meinem Vater nichts bekommen als einen klapprigen Gaul. Ein

Beil hatte ich selbst. Ich steckte das Beil in den Gürtel und ging hin, um nach meinem Pferd zu sehen. Das Pferd wollte sich losreißen. Ich guckte, da hatten die Wölfe das halbe Pferd aufgefressen. Da griff ich zu meinem Beil, schlug einen Wolf tot, nahm sein Fleisch und drückte es dem Pferde an. Es klebte fest, und das Pferd wurde wieder gesund.« Da fragte er den Herrn: »Glaubt Ihr das?« – »Ja«, sagte der Herr.

»Dann ritt ich nach dem Wald, das Pferd fing an, langsam zu gehen, schließlich konnte es nicht mehr vom Fleck. Ich sah hinter mich, da wuchs dem Pferd aus dem Hinterteil ein Baum, so lang, daß der Gipfel bis in den Himmel reichte. Ich kletterte an dem Baum in die Höhe und kletterte so lange, bis ich im Himmel war.« Wieder fragte er den Herrn: »Glaubt Ihr das?« – »Ja«, sagte der Herr.

»Dort habe ich den und den gesehen«, erzählte der Lakai. Der Herr fragte: »Hast du auch meinen Vater gesehen?« – »Ei, freilich!« – »Was macht er denn dort?« – »Er hütet die Schweine.« Da sagte der Herr: »Du hast mich zum besten.« Und der Lakai rief: »Das Geld ist mein, ich habe ihn zum besten gehabt.« Der Herr redete dagegen, aber die andern standen auf der Seite des Lakaien. Da war nichts zu machen. Die Wette mußte er zahlen — dreihundert Rubel.

Auf dem Balkan so:
Du lügst

Es war einmal ein König. Der katte eine schöne, kluge Tochter. Schön war sie, klug auch, aber Launen hatte die — Launen! Als sie ins heiratsfähige Alter gekommen war, sagte sie zu ihrem Vater, dem König: »Ich will nur den heiraten, der mir so zu erzählen versteht, daß ich zu ihm sagen muß: Du lügst! Nur den will ich heiraten.«

Der König wollte seiner Tochter nicht zuwider sein und ließ ausrufen, die Leute möchten kommen und ihr Glück probieren.

Da kamen denn Kaisersöhne und Königssöhne, Grafen und Barone, und wenn einer so recht im Lügen war und man hätte zu ihm sagen müssen: Du lügst!, dann sagte sie nur: »Och, das kann alles sein!« Oder sie sagte: »Das ist alles schon mal

dagewesen!« oder sie sagte nur: »Das ist ja gut!« oder: »Das ist ja schlimm!« Aber keiner konnte ihr so erzählen, daß ihr über die Lippen rutschte: »Du lügst!« – Nun waren einmal zwei vornehme Edelleute, die wollten auch versuchen, des Königs Schwiegersohn zu werden.

Vor der Hauptstadt des Königs lag ein großer See. Der Weg um den See war weit, aber wer das Wasser gut kannte, konnte auch mittendurch fahren. – Die beiden Edelleute fuhren in einem herrschaftlichen Wagen und hatten herrschaftliche Pferde vorgespannt. Als sie an den See kamen, sagten sie: »Fahren wir durch. Unsre Pferde sind gut. Die schaffen's schon!«

Da kam ein junger Hirt des Wegs, und sie fragten ihn: »He, Bursch, kann man wohl durch den See fahren?« – »Können kann man schon«, sagte der, »aber außen herum ist's näher.« – »Wieso denn?« – »Ja, probiert's nur – ihr werdet schon sehen – außen herum ist's näher.« Sie aber hörten nicht auf ihn und trieben den Wagen hinein, und perdauz, versank er in Schlamm und Schlick. Und wenn der Bursch ihnen nicht herausgeholfen hätte, säßen sie wahrscheinlich heute noch drin.

Da merkten sie, daß er den Mund auf dem rechten Fleck hatte, und fragten ihn, ob er nicht auch sein Glück probieren wollte. »Wollen will ich schon«, sagte er, »aber wenn ich besser schwindle als ihr, was habt ihr davon?« – »Ei, wir haben doch unsern Spaß dabei!« Den Burschen putzten sie herrschaftlich heraus. Ein hübscher Bengel war er schon ohnehin, aber jetzt im Doman, wahrhaftig, er sah aus wie ein Königssohn. – Als sie an das Schloß kamen, stand der Herr König gerade vor dem Hoftor. Der Bursche ging hin, machte eine Verbeugung und sagte: »Ach, Herr, ich bin gekommen, um mich mit dem Fräulein Königstochter zu unterhalten. Wo finde ich sie wohl?« – »Mein Sohn«, sagte der König, »geh mal in den Garten, da steht sie gerade bei den Kohlbeeten.« – Der Bursche bedankte sich und ging. Richtig fand er das Fräulein Königsstocher bei den Kohlbeeten mit einem Buch in der Hand. Er machte ihr eine Verbeugung und begrüßte sie. Sie machte auch eine Verbeugung. – »Sie haben aber einen schönen Kohl, Fräulein«, fing der Bursche die Unterhaltung an. »Ja, der Kohl ist diesmal besonders schön«, sagte sie. – »Ja, aber mein Vater hatte im vorigen Jahr einen Kohl, so 'n Kohl gibt's überhaupt nicht wieder. Der war so groß, daß unter jeder Staude drei Schmiede ihre Werkstatt aufstellen und schmieden konnten, ohne daß einer den andern hörte.« – »Das war ja sehr gut«, sagte sie. »Nein, das war gar nicht sehr gut, denn als mein Vater den Kohl zum Wintervorrat zurechtmachen wollte, konnte er gar kein passendes Faß dafür finden.« — »Das war ja schlimm.« — »Also schlimm war es auch wieder nicht, denn mein Vater überlegte, und fiel ihm auch was ein. Er kaufte einen ganzen Eichwald und stellte tausend Böttcher an, jeden mit drei Gesellen und drei Lehrlingen. Die hieben den Eichwald um und machten ein Faß daraus. Drei Tagesreisen hoch, ein und eine halbe Tagesreise lang.« — »Das war ja gut! Dann hattet ihr jedenfalls Kohl genug für den Winter.« — »Das war gar nicht sehr gut, denn wir mußten uns sehr plagen, bis wir den ganzen Kohl mit Steinen gepreßt hatten. Hundert Wagen mußten einen ganzen Monat lang Steine fahren. Hundert Pferde standen dabei um, und hundert Leute haben sich lahm gearbeitet.« – »Das war ja schlimm.« — »Also schlimm war es auch wieder nicht, denn beim Steinegraben trafen wir auf eine Salzquelle und kamen so zu Salz!« – »Das war ja gut.« — »Das Salz, ja das Salz war gut, aber schlimm stand es mit dem Faß. Der Kohl nämlich verfaulte und fing ganz gotterbärmlich an zu stinken.« – »Oh, das war ja schlimm.« — »So schlimm war es auch wieder nicht, denn mein Vater und ich machten uns an das Faß, rollten es auf den Acker und düngten damit.« – »Das war ja gut.« — »Sehr schlimm war es, denn als wir näher zusahen, hatten wir einen verkehrten Acker gedüngt.« – »Das war ja schlimm.« — »Na, schlimm war es auch wieder nicht. Wir hoben nämlich den Acker wie eine Decke auf, trugen ihn zu unserm Acker und schütteten ihn da aus.« — »Das war ja gut.« — »Oder auch nicht gut, denn das verfaulte Kraut verpestete die Luft derart, daß 1000 Dörfer auf einmal auswandern mußten.« — »Das war ja schlimm.« — »Schlimm war es auch wieder nicht, denn das Kraut witterte aus, und dann düngte es den Boden so gut, so gut, sage ich Euch, daß hunderttausend Mann die Ernte nicht einbringen konnten.« – »Das war ja gut.« – »Nein, schlimm war es, denn mein Vater wurde ganz verrückt vor lauter Geld. Denkt mal, wie verrückt er wurde. Er bildet sich also ein, er will nicht um den See herum fahren, sondern mittendurch. Wir hauen also auf die Stute ein, und die Stute zieht, und perdauz, versinkt der Wagen in Schlamm und Schlick. Wir also hauen auf die Stute ein aus Leibeskräften — mein Vater auf der einen und ich auf der andern Seite. Da gibt's auf einmal einen Donnerkrach, dem Gaul platzt eine Seite, ein Papier fällt heraus. Darauf steht: Euer Vater, der jetzige König, war bei meinem Vater zehn Jahre als Schweinehirt in Dienst!« – »Du lügst, das ist nicht wahr!« – »Ja, wenn es so steht, dann gebt mir nur eure Hand – dann seid Ihr meine Braut.«

Und sie gab ihm ihre Hand und führte ihn zum König-Vater. Und dann gab's

Verlobung, Ringwechsel und Hochzeitsschmaus! Ich bin auch dabeigewesen und hab so viel getrunken, daß mir jetzt noch der Mund feucht davon ist!

Nun noch eine kleine Negerlügerei:
Der Elefant und die Spinne

»Hört, eine Fabel.« — »Die Fabel möge kommen!«
Die Fabel kam von weither und fiel auf den Leoparden, die Spinne und den Elefanten. Der Leopard fand einen Topf mit Honig, da nahm er Baumwollgarn färbte es mit dem Honig und webte ein Tuch daraus — ein süßes Honigtuch. Bald darauf hatte die Spinne in ihrer Familie einen Todesfall. Sie ging zum Leoparden und bat ihn, er möchte ihr doch das Tuch leihen, damit sie zur Totenfeier gehen könne. Der Leopard gab es ihr. Gut!
Als die Spinne mit den Ihren von der Totenfeier kam, fing es an zu regnen. Da rollte sie das Tuch zusammen und legte es sich auf den Kopf. Der Regen schlug auf das Tuch, drang ein und rann über ihr Gesicht in ihr breites Maul! Da merkte sie, daß es süß war, von dem Honig, wißt ihr! Nun sagte die Spinne zu den Ihren, sie sollten vorangehen, sie käme gleich nach. Sie sollten nur zugehen, sie müßte eben mal verschwinden. Damit ging sie hinter einen Stein und fraß das ganze Tuch auf und ging ruhig nackt weiter. Bald darauf trafen sie den Elefanten. Da ging die Spinne hin und bat, er möchte doch so gut sein und ihr ein Stück von seinem Ohr geben, damit sie etwas hätte, womit sie ihre Blöße bedecken könnte. Der Elefant sagte, sie sollte sich ein Stück mit ihrem langen Arm abmessen. Das schlug sie um sich. Als die Spinne nach Hause kam, stand da Frau Spinne am Kochherd und kochte eine Suppe. Da warfen sie das Ohr in die Suppe, kochten es und fraßen es auch auf. Da hatten sie alles aufgefressen.
Kurze Zeit darauf schickte der Elefant einen Boten: er möchte sein Ohr gern wiederhaben. Die Fliegen plagten ihn so sehr. Der Bote kam natürlich ohne das Ohr wieder. Da machte sich der gute Elefant selber auf, das Ohr zu holen. Als die Spinne den Elefanten kommen sah, verabredete sie mit ihrer Familie, sie wollten alle zusammen in eine Schnupftabakdose kriechen. Der Elefant kam, und der Spinnenmann unterhielt sich mit ihm. Mitten in der Unterhaltung rief er sein jüng-

stes Kind und sprach: »Höre, Söhnchen, bring mal Großväterchen ein bißchen Schnupftabak.« Das aber war nur ein Stichwort. Das Kind kroch weg und schlüpfte in die Schnupftabakdose. Dann schickte er das zweite Kind und das dritte Kind und das vierte Kind. Und alle miteinander schlüpften sie in die Schnupftabakdose. Zuletzt schickte er Frau Spinne. Die aber war ungeschickt und klemmte sich ihren dicken Kopf. Da sagte der Spinnenmann, jetzt müsse er gehen, den Schnupftabak holen, und als er hinkam, gab er Frau Spinne einen Schubs, daß sie hineinflog, und sprach:

> »Frau Spinne, du Breit-, du Breit-, du Breitkopf,
> schnell hinein«,

und kroch hinterher. Nun saßen sie alle drin. Der gute Elefant wartete. Es kam aber niemand. Da ging er ins Haus, sie suchen. Er fand aber nichts als die Schnupftabakdose. Da sprach er: »Jetzt will ich ihm die Schnupftabakdose wegnehmen. Dann kann er wenigstens nicht mehr schnupfen.« Und steckte sie in seine große Tasche.

Unterwegs aber fing die Spinne an, ein Totenklagelied zu singen: »Aoh! Aoh! Die Elefantenmutter ist gestorben.« – »Wieso?« sagte der Elefant. »Als ich von zu Hause wegging, war meine Mutter doch ganz wohl. Und jetzt soll sie tot sein?« Die Spinne mit den Ihren sang aber lustig weiter. Da merkte der Elefant, woher die Stimmen kamen, nahm die Schnupftabakdose und zerschmetterte sie am nächsten Stein. Die Spinne mit den Ihren kroch heraus und versteckte sich unter dem Stein. Da wurde der Elefant sehr böse und schickte nach Leuten, welche die Spinne hervorholen sollten.

Die Spinne aber hatte ein scharfes Messer, gegen das fliegt keine Fliege, und fliegt sie dagegen, so wird sie in sieben Stücke geschnitten. Das Wildschwein und die Hyäne erboten sich endlich, die Spinne hervorzuholen. Kaum aber wühlte das Wildschwein mit seinem Rüssel unter dem Stein, so hieb ihm die Spinne den Rüssel ab, und laut aufquiekend lief es davon. Und kein Tier wagte sich mehr an die Spinne. Die Spinne aber lebt seitdem am liebsten unter Steinen. Seitdem sagt man auch: Undank ist der Welt Lohn.

Mit dieser Geschichte hat mich gestern ein altes Weib betrogen, und heute betrüge ich euch damit.

Nach all der Lügerei wird nun Schluß gemacht mit:
Holtmul

Es war einmal ein König, der hatte drei Töchter. Die älteste hieß Rosine, und die war so leicht auf ihren Füßen wie ein lütjer Hirsch, wenn er durch den Busch springt. Die zweite hieß Korinthe und war so häßlich wie die Nacht, aber sie hatte feine, feine Hände, so fein wie sie kein andrer hat auf Gottes Erdboden. Die dritte hieß Holtmul und hatte schöne goldne Haare und lachte immer und wies die blanken Zähne. Diese drei Mädchen waren nun so groß geworden, daß sie heiraten konnten, und der Vater ritt aus, um Königssöhne für sie zu finden. Aber bevor er fortritt, sagte er zu seinen Mädchen: »Was soll ich euch mitbringen von der Reise?« Daß er sie an den Mann bringen wollte, sagte er nicht, denn Kinder müssen nicht alles wissen.

Da sagte Rosine, die so leicht auf den Füßen war und in einer Nacht drei Paar Schuhe durchtanzte: »Ja, was willst denn dran wenden? Du weißt ja, daß ich gern einen tanze, und wenn du mir ein Paar goldne Schuhe mitbringen würdest, dann wärst du mein liebster, bester Vater, und ich will dann nochmal soviel springen und tanzen, aber an den goldnen Schuhen müssen zwei hohe Hacken sein mit rotem Leder bezogen.« Da lachte der Vater und sagte: »Wenn's weiter nichts ist, das sollst du haben. Aber was willst denn du?« so sagte er zu seiner zweiten Tochter, die Korinthe hieß. Da zieht sie ihr schiefes Maul bis ans linke Ohr, besinnt sich und sagt: »Was ich haben will? Ein Spinnrad möcht ich wohl, aber kein so ein hölzernes Ding, nein ein goldnes müßte es sein mit roten Steinen und einer silbernen Spindel. Und dann wollte ich wohl noch was, aber das kannst du doch nicht anschaffen.« — »Nu«, sagt der Vater, »das wär ja schlimm. Für Geld und gute Worte ist viel zu haben. Und sagen kannst du es ja auf alle Fälle.« — »Ja«, sagt das Mädchen, »Flachs möchte ich, aber so schier und klar muß er sein, daß kein Stengelchen herausrieselt, wenn er über die schwarze samtene Altardecke gebreitet wird.« — »Nu«, sagt der Vater, »da läßt sich wohl Rat schaffen. Das sollst du haben.«

Dann fragt er die dritte Tochter, was sie haben will, und die lachte ihn an und wies ihm ihre blanken Zähne und sagte: »Bring mir einen goldnen Kamm und einen silbernen Spiegel mit, dann will ich mir die Haare mit dem Kamm vor dem Spiegel noch viel schnieker kämmen.« — »Das sollst du haben«, sagte der Vater, und so reitet er weit weg ins Land hinein, und sieht zu, wo er die richtigen Bräutigame finden könne. In der nächsten Stadt kauft er ein Paar goldne Schuhe, akkurat so, wie sie seine Tochter Rosine bestellt hat, in der zweiten Stadt kauft er für die Korinthe das Spinnrad und den schieren Flachs. In der dritten Stadt kauft er den goldenen Kamm und den silbernen Spiegel für die dritte Tochter — ja, wie hieß die dritte noch mal?

»Holtmul.«

Ja, mein liebes Kind, wenn ich das Maul halten soll, so hat diese Geschichte nun ein Ende und dieses Buch auch. Aber alles, was ein Ende hat, geht anderwärts von vorne wieder an.

Nachwort

Ein Wort an die Eltern und Erzieher
der kleinen Märchenfreunde

Es ist eine altbekannte Tatsache, daß vielgebrauchte Dinge sich mit der Zeit ab-
nutzen, ihren Glanz verlieren und wieder aufpoliert werden müssen. Wenig
gebrauchte Dinge dagegen stauben ein oder setzen eine Schimmelschicht an, so daß
sie an Ansehen und Geschmack einbüßen. Das gilt für materielle Dinge, aber ebenso
für geistige. Zum Beispiel für das Märchen.
Wenn wir heute das Wort Märchen hören, so verbinden sich damit ganz bestimmte
Vorstellungen. Die Kinderzeit taucht auf – Bilder von Ludwig Richter, auf denen
der Großmutter zu Füßen eine Kinderschar sitzt und den »lieben, alten« Geschichten lauscht. Kurz, eine vergangene, kleinbürgerliche Welt, die es heute nicht mehr
gibt in dieser Form, wie ja auch die Großmütter im Lehnstuhl mit Brille und Häub-
chen ausgestorben sind.
Vieles ist anders geworden in unserer modernen Welt, und Altes wird mit anderen
Augen gesehen, aber die Staub- und Schimmelschicht über den Märchen ist noch
nicht weggeblasen. Heute noch leben die Märchen in unserem Bewußtsein als

Kindergeschichten, die man bedenkenlos in die Hand der Kinder gibt, während sich die Heranwachsenden – oft sogar schon die Zehnjährigen – darüber erhaben dünken. Für die Erwachsenen kommen sie als Lektüre nicht in Frage, es sei denn für Gelehrte, die im Märchen einen Gegenstand ihrer wissenschaftlichen Forschung sehen, was aber nur einen begrenzten Kreis interessiert.

Früher – und viele Jahrhunderte hindurch – haben die Märchen in allen Schichten der Bevölkerung gelebt und waren von alt und jung, von groß und klein gefragt und geliebt. In einer Zeit, in der noch viele unkundig des Lesens und Schreibens waren, bildeten sie den Ersatz für Bücher, Zeitungen, Magazine, Radio und Fernsehen. – Sie waren kein schlechter Ersatz – diese erzählten Geschichten mit dem Namen »Märchen«, denn sie erforderten weit mehr Anteilnahme, Aktivität und eigene Phantasie vom Erzähler und vom Zuhörer als alle bequemen Errungenschaften der Zivilisation, die eher den Geist und die Phantasie einschläfern und abstumpfen als sie beschwingen.

Es gibt ein lustiges irisches Märchen, von dem jungen Mann, der in keiner Gesellschaft gern gesehen wurde, weil er weder ein Lied noch ein Rätsel noch ein Märchen wußte. Man erwartete von jedem eine gewisse geistige Produktivität, während unsere moderne Gesellschaft den Konsumenten heranzieht, der es sich geistig so bequem wie möglich macht.

Als Märchen noch in der gesprochenen, nicht in der gedruckten Form weitergegeben wurden, wurde durchaus nicht nur von lauter kindlichen Dingen gesprochen, sondern es war die Rede von allem, was der Tag mit sich brachte, was die Herzen bewegte, von ernsten und freundlichen Erlebnissen, heiteren und erregenden Ereignissen. Da wurde mancherlei erzählt, was für Kinderohren nicht taugte. Erzählt wurde ja auch vor allem am Abend, wenn die Kinder schliefen. Da hörte man viel nachbarlichen Klatsch und Tratsch, da gab es böses Geflüster über das Mädchen mit seinem Burschen, über die Frau am Bach, die das Vieh behexte, über unheimliche Schatten, die vor dem Küster über die Turmtreppe huschten oder die Heimkehrer erschreckten, die aus dem Wirtshaus kamen. Da gab es aufregende Geschichten von Räubereien, Überfall und Mord, die prickelnden Schauer auslösten.

Damit sind wir bei der berüchtigten Grausamkeit der Märchen, die dazu geführt hat, daß manche das Märchen ganz aus der Kinderstube verbannen wollten. Ja, es gibt grausame Märchen, aber sie sind nicht grausamer als das Leben selbst. Die Märchen sind keine Verniedlichung und Schönfärbung des Daseins, sondern sie sind Spiegelbild des Lebens und der Menschen mit allen guten und bösen Seiten. Die unheimlichen und grausamen Märchen – z. B. die Blaubartgeschichten – dienten der Sensationslust der Erwachsenen: sie hat es zu allen Zeiten gegeben, und sie wird es immer geben. Sie waren nicht für Kinder bestimmt, und man sollte sie auch von Kindern fernhalten. Sie stehen aber in allen Sammlungen, und man läßt sie die Kinder lesen, denn unsere märchenfremde Zeit hält eben alles, was Märchen heißt, für Kindergeschichten.

Seltsam aber ist, daß die Kinder – einige sensible ausgenommen – solche Geschichten ganz ungerührt hinnehmen, ohne zu erschrecken. Das hat seine Gründe einmal in der Natur des Kindes, das die Realität des Bösen und Grausamen noch nicht erlebt hat und sie sich nicht vorstellen kann, zum andern aber in der Natur des Märchens, das zwar das Böse und Grausame nennt, aber es nicht beschreibt, nicht ausspinnt, keine Details gibt und auch nicht die Angst oder den Schmerz des Betroffenen ausmalt. Großmutter und Rotkäppchen schreien nicht, wenn der Wolf sie verschlingt, der Wolf spürt nichts und blutet nicht, wenn ihm der Bauch aufgeschlitzt wird, die böse Königin tanzt lautlos auf glühenden Sohlen. So wird auch nichts Gefährliches im Kind geweckt, aber sein Gerechtigkeitsgefühl wird angesprochen, denn immer wird der Gute belohnt und der Böse bestraft. Das findet das Kind in Ordnung. Jedenfalls wird Kindern, die gedankenlose Erwachsene vor den Bildschirm setzen, von Abenteuer- und Gangsterfilmen weit Schädlicheres angetan. Das Kind wird keinen Schaden an seiner Seele nehmen, wenn es Märchen liest, die über sein Auffassungsvermögen gehen; es hat auch keinen Nutzen von ihnen und vergißt sie wieder. Frage sich doch jeder selber, an wie viele Märchen er sich denn aus seiner Kinderzeit erinnert. Wenn es ein Dutzend sind, dann ist es viel, und immer sind es die altbekannten, nämlich die echten Kindergeschichten, alle andern – allein die Brüder Grimm haben ein paar hundert gesammelt – werden vergessen. Und da die erwachsenen Leser nicht mehr zum Märchen greifen, bleibt es ungenutzt; und das ist schade, denn die meisten Geschichten würden erst jetzt verstanden – sie bleiben ungenutzt, so wie sie in der Kindheit durch falschen Gebrauch abgenutzt wurden.

Für die »Märchentruhe« wurden Märchen ausgesucht, die die Herausgeberin, die als Erzählerin seit mehr als fünfzig Jahren mit den Märchen aller Völker lebt, für echte Kindergeschichten hält. Zu allen Zeiten wurden den Kindern erzählt: Geschichtchen zum Lachen und Geschichtchen zum Nachdenken, den Größeren anspruchsvollere Märchen – lustige und ernste. Es stehen auch einige Geschichten in diesem Buch, deren Tiefe oder deren Witz erst der Erwachsene voll versteht; sie lassen auch schon im Kind Saiten anklingen, deren ganze Melodie es erst später vernimmt. Wichtig aber ist, daß das Kind erfährt, daß es viele, viele Märchen gibt, die es erst später kennenlernen und verstehen wird, und daß sich alle Völker Märchen erzählen oder erzählt haben. Später wird es begreifen, daß man durch nichts schneller und unmittelbarer ein Volk kennen und verstehen lernt als durch seine Märchen.

Alte Dinge hervorzuholen ist sinnvoll, wenn dabei etwas Neues entdeckt wird, wenn der Entdecker sie blankputzt, sie von Vorurteilen befreit, sie nicht als verstaubte Museumsstücke weitergibt, sondern als neue lebendige Wirklichkeit.

Die Märchentruhe möchte den Eltern und Erziehern die Auswahl erleichtern. Sie möchte ihnen die bunte Vielfalt der Märchen zeigen und sie anregen, aus der Fülle der Märchen selber noch andere Kindergeschichten zu finden. Ein einzelner Band kann der Überfülle des Materials, dem Reichtum und der Vielfältigkeit der Märchenwelt nicht gerecht werden. Er kann aber Lust machen zu eigenen Entdeckungen. Schließlich können ja nur die Erzieher beurteilen, was für ihr Kind passend ist. Wichtig ist, daß die Kinder nicht mit Lesestoff überfüttert werden, denn das führt zum flüchtigen Lesen und zum Stoffhunger, nicht aber zum Hunger nach geistiger Nahrung, der ständig wachsen und den Menschen durchs Leben begleiten soll.

Vilma Mönckeberg-Kollmar

Inhaltsverzeichnis

Soweit die Titel der Märchen keinen weiteren Vermerk tragen, sind sie deutschen Ursprungs.
Die mit * versehenen Titel sind mit freundlicher Genehmigung des Verlages Eugen Diederichs, Düsseldorf, der dort erschienenen Sammlung »Die Märchen der Weltliteratur«, von der bisher 39 Bände vorliegen, entnommen.

Warum ist das so?

Von Tieren, großen und kleinen

Von braven und bösen Kindern

Von klugen und dummen Leuten

Vom lieben Gott und seinen Heiligen

Allerhand Teufelsgeschichten

Von Riesen und Zwergen

Wunderdinge und verzaubertes Volk

Wer lügt am besten?

Alphabetisches Inhaltsverzeichnis